Zu diesem Buch

Menschen, die unter chronischen Schmerzen leiden, stecken häufig in einem Teufelskreis: Ärger und Enttäuschung über erfolglose ärztliche Behandlungen und Therapien mischen sich mit immer höher dosiertem Medikamentenkonsum, zunehmender Passivität und Depression, was wiederum Schmerz und Verspannungen intensiviert.

Connie Peck hat in ihrer langjährigen klinischen Praxis ein Selbsthilfeprogramm entwickelt, das Menschen in die Lage versetzt, diesem Teufelskreis zu entrinnen, ihre Situation spürbar zu verbessern und Schritt für Schritt wieder mehr Lebensqualität und -freude zu gewinnen.

Dr. Connie Peck, geboren 1946 in den USA, absolvierte ihr Studium der Klinischen Psychologie an der Universität von Wisconsin, Madison. Im Anschluß an ihre Promotion (1974) arbeitete sie in einem Schmerzforschungsprogramm der Abteilung für Rehabilitationsmedizin der Universität Washington.

Umfangreiche praktische Erfahrungen konnte sie in mehreren Kliniken in den verschiedensten Bereichen der Schmerztherapie sammeln, was sich auch in einer beeindruckenden Zahl von Veröffentlichungen in medizinischen und psychologischen Fachzeitschriften niedergeschlagen hat. Außerdem ist sie gemeinsam mit Dr. Meredith Wallace Autorin eines weiteren Schmerz-Buches («Problems in Pain», Sydney 1980).

Zur Zeit lehrt Dr. Connie Peck als Dozentin für Klinische Psychologie an der Universität Melbourne, Australien, wo sie seit 1977 mit ihrem Mann lebt.

Connie Peck

Schmerz laß nach!

Selbsthilfe bei chronischen Schmerzen

Aus dem Englischen von Marion Schweizer

Bearbeitet und mit einem Vorwort versehen von Dr. med. Hubertus Kayser

rororo

Rowohlt

Die Originalausgabe dieses Buches erschien erstmals
1982 in Australien bei Fontana Paperbacks, Sydney,
unter dem Titel «Controlling chronic pain».
In Großbritannien veröffentlichte Fontana Paperbacks, London,
1985 eine überarbeitete Ausgabe.

Deutsche Erstausgabe
Redaktion Heike Wilhelmi
Veröffentlicht im Rowohlt Taschenbuch Verlag GmbH,
Reinbek bei Hamburg, Februar 1990

Umschlaggestaltung Manfred Manke (Illustration: Art & Werbeteam)
Satz Times (Linotronic 500)
Gesamtherstellung Clausen & Bosse, Leck
Printed in Germany
1280-ISBN 3 499 18584 9

Inhalt

Vorwort

Während einer Studienreise durch schmerztherapeutische Einrichtungen Neuseelands besuchte ich unter anderem das Universitätskrankenhaus von Auckland. Hier wie auch in anderen angelsächsischen Ländern hat die Therapie von Menschen, die an chronischen Schmerzen leiden, eine lange Tradition, ein Wissen, das ich gerne nach Deutschland mitnehmen wollte:

Es ist Donnerstag nachmittag, kurz vor fünf. Ich gehe den Flur eines Seitentraktes des großen Krankenhauses entlang, klopfe am Ende des kahlen Ganges an eine Tür und trete in ein freundliches Zimmer mit einer gemütlichen Couchgarnitur, einigen Sesseln und einem kleinen Küchentresen, wo gerade der uralte Teekessel pfeift. Das soll also das Konferenzzimmer sein, in dem ich an einer Doppelstunde der sogenannten ‹Pain Management Group› teilnehmen darf.

Der leitende Arzt der Schmerzabteilung hat mich vorher informiert: die Patienten der ‹Pain Management Group›, einer kleinen Gruppe von sechs bis acht Menschen mit chronischen Schmerzen unterschiedlicher Art, treffen sich an zehn aufeinanderfolgenden Wochen und lernen in Zusammenarbeit mit Ärzten, Psychologen, Krankengymnasten und Beschäftigungstherapeuten ihr chronisches Schmerzproblem besser kennen. So machen sie sich einerseits die Einflüsse ihrer chronischen Schmerzen auf das eigene Verhalten bewußt, andererseits aber auch den Einfluß ihres Verhaltens auf das Fortbestehen des Beschwerdebildes. In praktikablen Schritten lernen sie, ihren Schmerz zu kontrollieren anstatt von ihm kontrolliert zu werden.

Neugierige Blicke richten sich auf mich. Der Gastarzt aus dem fernen Europa ist ihnen schon angekündigt worden. Bei Tee und Gebäck stelle ich mich vor und lerne umgekehrt in einigen Sätzen etwas über die Schicksale der Menschen kennen, die sich hier freiwillig zusammengefunden haben, um ihre chronischen Schmerzen zu überwinden. Schnell kommen wir zur Sache. Die Physiotherapeutin stellt das Thema der heutigen Stunde vor: «Körperhaltung und Fitness – Wege aus der Inaktivität». Als Hausaufgabe hatten alle Teilnehmer das fünfte Kapitel dieses Buches von Connie Peck durchgearbeitet.

Chronische Schmerzen – nach der neuesten Definition der Internationalen Gesellschaft zum Studium des Schmerzes handelt es sich dabei um fortbestehende Schmerzen, die eine Gewebezerstörung überdauern und nicht im erwarteten Ausmaß auf die Therapie ansprechen. Der Schmerz hat hierbei seine ihm im akuten Stadium zugesprochene Warn- und Signalfunktion als Schadensmelder verloren. Dieser akute Schmerz ist in der Regel auf den Ort der Schädigung begrenzt; der Ort ist eindeutig lokalisierbar, und das Ausmaß des Schmerzes hängt direkt von der Intensität des Reizes ab. Tauchen wir z. B. eine Hand in Wasser, das wärmer als 45 °C ist, empfinden wir einen Hitzeschmerz. Sobald wir die Hand wieder herausnehmen, läßt der Schmerz nach. Tauchen wir nur einen Finger in das Wasser, schmerzt nur dieser und nicht die übrige Hand. Ist das Wasser nur wenig wärmer als 45 °C, ist der Schmerz gering; kocht das Wasser, ist der Schmerz unerträglich.

Im Unterschied dazu sind bei chronischen Schmerzen viel *mehr* noch als beim akutem Schmerz komplexe seelische und körperliche Faktoren bei Entstehung und Fortbestehen des Schmerzgeschehens beteiligt. Seit einiger Zeit spricht man deshalb von der sogenannten ‹Schmerzkrankheit› als eigenständiges Krankheitsbild. Nach und nach wenden sich chronisch schmerzkranke Menschen von ihren Hobbys und Freizeitaktivitäten ab; selbst die täglichen Verpflichtungen werden schließlich zur Qual und nur noch unvollständig oder gar nicht mehr durchgeführt. Die Lebensqualität sinkt rapide, da sich alle Gedanken nur noch um das Schmerzgeschehen drehen (siehe auch ‹Die Schonungsfalle› in Kapitel 2 sowie Kapitel 5). Hinzu kommen Veränderungen in der Gefühlswelt, zum Beispiel Angst und Depression, die sich häufig in Resignation, Gereiztheit, innerer Unruhe, Schlaf- und Appetitlosigkeit bis hin zur Apathie ausdrücken. Da depressive Menschen wiederum ein gesteigertes Schmerzempfinden haben, entwickelt sich ein Teufelskreis, aus dem ein Entrinnen unmöglich scheint (siehe ‹Die Depressionsfalle› in Kapitel 2 sowie Kapitel 6). Nicht zuletzt legt ein sich langsam steigernder Tablettenkonsum den

Grundstein für eine spätere Abhängigkeit und Sucht (siehe ‹Die Medikamentenfalle› in Kapitel 2 sowie Kapitel 7).

Vor diesem Hintergrund wird deutlich, daß eine Therapie dieser Schmerzkrankheit häufig nicht mehr nur mit den üblichen Methoden vorgenommen werden kann, da diese wenig Erfolg versprechen.

Viele Patienten mit chronischen Schmerzen kennen diese Situation aus eigener leidvoller Erfahrung nur allzu genau. Auf der Suche nach Hilfe haben sie über Jahre Ärzte und Spezialisten verschiedener Fachrichtungen ebenso wie Naturheiler konsultiert, um doch schließlich immer wieder nur enttäuscht zu werden. Daß es sich bei chronischen Schmerzpatienten nicht um Einzelfälle handelt, zeigen Zahlen, die von ca. drei Millionen chronisch schmerzkranken Menschen allein in der Bundesrepublik Deutschland sprechen, darunter ca. 500000 mit problematischen Schmerzzuständen.

In den letzten Jahren haben sich deshalb ausgehend von einer Initiative von Prof. J. J. Bonica in Seattle, USA, eine neue Haltung gegenüber dem Schmerz an sich und damit neue Therapiekonzepte durchgesetzt, die den chronisch schmerzkranken Menschen in all seinen sozialen Bezügen wie Familie, Freundeskreis und Beruf betrachten und seelische Faktoren, wie ich sie weiter oben beschrieben habe, in die Behandlung einbeziehen.

Das vorliegende Buch von Connie Peck ist ein gutes Beispiel für diese neue Denkrichtung in der Schmerztherapie. Dr. Peck hat jahrelang Erfahrungen in den wichtigsten Schmerzzentren der USA und Australiens gesammelt und daraus das vorliegende Selbsthilfeprogramm entwickelt. Connie Peck bringt Sie als Betroffenen dazu, eine aktive Rolle im Behandlungsteam zu spielen, ohne Sie sich jedoch selbst zu überlassen. Auch der behandelnde Arzt, der dieses Buch liest, kann sich mit diesem Therapiekonzept bekannt machen und seinem Patienten die notwendige Hilfestellung leisten.

Nicht zuletzt hoffe ich, daß dieses Buch auch bei uns mehr chronisch schmerzkranke Menschen anregt, sich in Schmerzbewältigungs- und Selbsthilfegruppen zusammenzufinden, so wie ich es während meines Studienaufenthaltes in mehreren Kliniken Neuseelands erlebte.

Dr. med. Hubertus Kayser
Leiter des Bereichs Schmerztherapie
St.-Joseph-Hospital, Bremerhaven

Einleitung

Im vergangenen Jahrzehnt wurden überall in der Welt Kliniken eingerichtet, die sich auf die Behandlung chronischer Schmerzen spezialisiert haben, und ihre Zahl wächst weiterhin. Diese Aktivitäten haben sich entwickelt, weil die Medizin den Schmerz als eigenes Krankheitsbild erkannt hat, und zwar als eines, unter dem eine sehr große Anzahl von Menschen leiden. Zum andern wurde die Verbreitung der Schmerzkliniken durch die Entwicklung wirkungsvoller Behandlungsmethoden begünstigt, mit denen Patienten, die unter chronischen Schmerzen leiden, zu einem glücklicheren und normaleren Leben verholfen werden soll. Die Arbeit von Dr. Wilbert Fordyce von der Medizinischen Fakultät der Universität Washington war bahnbrechend für die Entwicklung der Verbesserungen für Schmerzpatienten, die in diesem Buch dargestellt werden.

Leider gibt es noch immer nicht genügend Schmerzkliniken in der westlichen Welt, insbesondere in der Bundesrepublik Deutschland, um alle Patienten mit chronischen Schmerzen zu behandeln. Und viele dieser Kliniken sind nicht so gut ausgestattet, wie es wünschenswert wäre, so daß die gesamte Palette der Behandlungsmöglichkeiten nicht immer angeboten werden kann. Für alle, die ihren Arzt konsultieren möchten, um sich an eine der etablierten Schmerzkliniken überweisen zu lassen, findet sich im Anhang dieses Buches eine Liste der Kliniken und ihrer Adressen (siehe Seite 218ff).

Da aber das Angebot an Schmerzkliniken die entsprechende Nachfrage nicht decken kann und es außerdem Menschen gibt, für die die Behandlung in einer Klinik nicht unbedingt der beste Weg ist, versucht dieses Buch auf der Grundlage eines Selbsthilfekonzepts einige der Ideen zu vermitteln, die sich in der klinischen Arbeit als hilfreich erwiesen haben. Selbstverständlich läßt sich das Buch auch als Ergänzung zu der Behandlung in einer Schmerzklinik benutzen. Es bietet vernünftige Erklärungen und Richtlinien, die in beiden Situationen nützlich sein sollten. Wenn Sie die Absicht haben, das Buch ausschließlich zur Selbsthilfe zu benutzen, sollten Sie Ihren Arzt befragen, bevor Sie sich auf dieses Programm einlassen, um sicherzugehen, daß er mit den geplanten Maßnahmen einverstanden ist und daß dieses Programm das richtige ist für die Art von Schmerzen, unter denen Sie speziell leiden.

Schließlich ist der Ansatz dieses Buches sowohl im Hinblick auf das Problem selbst als auch im Hinblick auf die Behandlung von Schmerzen relativ neu. Die Gedanken, die sich auf das Krankheitsbild des chronischen Schmerzes und auf den Umgang damit beziehen, mögen manchen Ärzten so wenig vertraut sein wie ihren Patienten. Aus diesem Grund ist zu hoffen, daß die folgenden Informationen nicht nur denjenigen Menschen von Nutzen sein werden, die unter chronischen Schmerzen leiden, sondern auch den medizinischen, paramedizinischen und psychologischen Fachkräften, die sie betreuen.

1. Bin ich ein eingebildeter Kranker?

In seiner letzten Arbeitswoche, bevor er im Alter von 50 Jahren seinen Dienst bei der Marine quittierte, erhielt Roger von einer an einem Ladekran hängenden Kiste einen Stoß. Unmittelbar nach dem Unfall schien es ihm noch gut zu gehen, aber bereits wenige Tage später wurde er von Kopfschmerzen, Ohrensausen, Benommenheit, von Schmerzen und Taubheit sowohl in den Armen als auch in den Beinen gepeinigt. Im Lauf der folgenden drei Jahre hat er zahlreiche Ärzte konsultiert und sich verschiedensten Behandlungen unterzogen, aber nichts davon hat seine Symptome mildern können.

Vor seinem Unfall hatte Roger nicht nur bei der Marine hart gearbeitet, sondern war auch in seiner Freizeit sehr aktiv gewesen. An den Wochenenden arbeitete er gern im Garten oder trieb zusammen mit seinen fünf halbwüchsigen Kindern Sport. Seit dem Unfall jedoch hat er sich und sein Leben verändert. Er blieb jetzt zu Hause und betätigte sich nur noch gelegentlich als Koch, während seine Frau, eine Innenausstatterin, zur Arbeit ging. Nach und nach gab er immer mehr von seinen früheren Aktivitäten und Verantwortlichkeiten auf. Er fuhr nicht mehr Boot oder Auto, beschäftigte sich nicht mehr mit den Kindern, traf keine Entscheidungen innerhalb der Familie mehr und verzichtete darauf, das Familienkonto zu verwalten.

Nachdem einer von Rogers Ärzten seiner Frau gegenüber eine Andeutung gemacht hatte, daß Roger seine Symptome möglicherweise etwas übertrieb, begann sie, auf Widersprüchlichkeiten in seinem Verhalten zu achten, und fragte sich, ob er aus seinen Schmerzen nicht sogar größtmögliche Vorteile für sich zog. Roger fiel ihr Argwohn auf, und er sprach, vielleicht gerade deshalb, nunmehr ständig von seinen Kopfschmerzen. Er war verärgert, daß an ihm gezweifelt wurde. Die Beziehung zwischen Roger und seiner Frau, die bis dahin immer gut gewesen war, verschlechterte sich, ihre sexuellen Kontakte hörten ganz auf. Beide waren frustriert und wütend aufeinander, ebenso wie auf die medizinischen Fachkräfte, denen es nicht gelungen war, ihre Probleme zu lösen.

Wenn Schmerzen chronisch werden, gibt es eine ganze Reihe von Problemen, die mit hoher Wahrscheinlichkeit auf die Betroffenen zukommen. Einige dieser Probleme wiederum können die Schmerzen noch weiter verschlimmern und dabei schließlich einen Teufelskreis von zunehmenden Schmerzen und sich daraus entwickelnden neuen Problemen erzeugen. Solche Komplikationen können viele Formen annehmen. Die verbreitetsten davon sind: eine erfolglose Behandlung nach der anderen auszuprobieren; Mißtrauen gegenüber dem Arzt zu entwickeln; Mißbrauch von Medikamenten und Alkohol; die Sorge, von Medikamenten abhängig zu sein; Aktivitäten aufzugeben, die einem früher Vergnügen und Erfolgserlebnisse verschafften; Schmerzen und Krankheit werden hauptsächlicher und wichtigster Gegenstand von Gesprächen und Gedanken; Depressionen; Eheprobleme; Wut-, Schuld- und Angstgefühle und zu guter Letzt ein mangelndes Selbstwertgefühl. All dies summiert sich zu dem, was man die ‹chronische Schmerzfalle› nennt.

Schon das Verständnis dieser Symptome als eigenständige Krankheit beruhigt viele, die unter chronischen Schmerzen leiden, da sie mit Hilfe dieses Wissens dem Gefühl, sie seien mit ihrem Problem allein und kein anderer könne verstehen, was mit ihnen los ist, besser begegnen können. Familie, Freunde und Ärzte zweifeln manchmal an der Echtheit des Leidens eines chronisch Schmerzkranken und signalisieren, daß sie sich fragen, ob der Schmerz nicht vielleicht wirklich überzogen oder eingebildet ist. Das Problem derartig mißzuverstehen, trägt lediglich dazu bei, den Zustand des Schmerzpatienten zu verschlechtern, indem er wütend auf andere wird und schließlich negativ auf sich selbst reagiert. Diese Gefühle sind selbstverständlich unnötig und unproduktiv für alle, die davon betroffen sind.

Chronische Schmerzen, wie sie in diesem Buch beschrieben werden, sind Schmerzen, die länger als einige Monate andauern, häufig, in manchen Fällen ständig, auftreten und auf keine geeignete medizinische Behandlung ansprechen. Viele Leser werden jahrelang unter Schmerzen gelitten haben. Die verbreitetsten Formen sind unter anderem Schmerzen im Kreuz, Kopfschmerzen, Schmerzen im Gesicht, Nacken oder in den Schultern. Auch Unterleibsschmerzen, Schmerzen in den Armen oder Beinen und in anderen abgrenzbaren Bezirken treten häufig auf. Andere Menschen stellen fest, daß sie am ganzen Körper Schmerzen haben oder daß diese auf andere Bereiche ausstrahlen.

In manchen Fällen leiden Schmerzpatienten unter Schmerzen, die auf eine klar diagnostizierbare Ursache zurückzuführen sind, zum Beispiel Gelenkentzündung oder eine Nervenverletzung. In anderen Situationen dagegen läßt sich die Quelle der Schmerzen einfach nicht herausfinden. In der Tat gibt es drei Möglichkeiten, diese Schmerzprobleme zu kategorisieren:

1. gut erkennbare Schmerzsyndrome, bei denen spezifische Behandlungsmethoden ihre Wirkung zeigen,
2. Schmerzprobleme, bei denen die Ursache der Schmerzen diagnostizierbar ist, für die es jedoch keine befriedigende oder dauerhaft wirkende Behandlungsmethode gibt,
3. Schmerzprobleme, bei denen weder die Ursache der Schmerzen noch eine wirkungsvolle Behandlungsmethode bekannt sind.

Dieses Buch beschäftigt sich mit den letzten beiden Problembereichen, bei denen sich der Schmerz über einen unbestimmten Zeitraum hinweg fortgesetzt hat und alle Versuche, ihn zu lindern, fehlgeschlagen sind. Die «chronische Schmerzfalle» und die Behandlungsmöglichkeiten, die in diesem Buch vorgeschlagen werden, um die Auswirkungen der Schmerzen auf das eigene Leben zu verringern, gelten gleichermaßen für Schmerzen, deren Ursache identifizierbar, und für solche, bei denen der Grund nicht zu erkennen ist. Einige Abschnitte des Buches wenden sich in besonderer Weise an Patienten mit Schmerzen unbekannter Herkunft, da diese die zusätzliche Last der Frustrationen, der Ängste und manchmal des Mißtrauens zu tragen haben, die damit verbunden ist, daß sie die Ursache ihrer Schmerzen nicht kennen.

Experten geben freimütig zu, daß der Schmerz eine Sinnesempfindung ist, die die medizinische Wissenschaft bislang noch nicht vollständig durchdrungen hat und für die auch noch keine hundertprozentigen Behandlungsmethoden existieren. Die Tatsache, daß es so viele Menschen gibt, die unter chronischen Schmerzen leiden, demonstriert lediglich, daß es sich dabei um eine Krankheit handelt, die die Ärzte in vielen Fällen trotz größter Anstrengungen nicht in den Griff bekommen oder gar heilen können.

Tatsächlich besteht ein wichtiger Aspekt der ‹chronischen Schmerzfalle› in der *Erwartung* des Patienten und seiner Familie (und häufig auch der Ärzte), daß eine medizinische Behandlung den Schmerz beseitigen kann. In unserer Gesellschaft haben wir so viel Vertrauen in das medizinische Fachwissen, daß wir fest daran glauben, daß es *alle*

Antworten auf unsere Gesundheitsprobleme bereithält. Aber Schmerzen befinden sich, ebenso wie Schnupfen, Krebs oder Herzkrankheiten, häufig außerhalb des Zugriffs gängiger medizinischer Erkenntnisse.

Wenn ein Patient den Arzt aufsucht, erwartet er, daß dieser herausfindet, welche Ursache die Schmerzen haben und wie sie behandelt werden müssen. Unglücklicherweise kann es geschehen, daß der Arzt weder die eine noch die andere Antwort weiß. Einige Ärzte werden dies freimütiger zugeben als andere. Schließlich sind Ärzte auch bloß Menschen und möchten den Erwartungen ihrer Patienten gerne gerecht und von diesen als hilfreich anerkannt werden. Der Arzt, der zugibt, daß er die Ursache der Krankheit des Patienten *nicht* kennt und sie einfach als ‹nicht diagnostizierten Schmerz› etikettiert, handelt sich damit nicht selten harsche Kritik ein. Der Patient reagiert darauf vielleicht, indem er wieder geht, um sich einen ‹kompetenteren› Arzt zu suchen, von dem er sich eine Lösung erhofft. Der Spießrutenlauf von Arzt zu Arzt kann so lange andauern, bis der Patient schließlich einen Arzt findet, der eine mögliche Ursache benennt und bereit ist, eine Behandlung zu verordnen. Wenn diese Behandlung jedoch nicht so wirkungsvoll ist, wie es der Patient erwartet, beginnt die Suche nach einem neuen Spezialisten, der die *richtigen* Antworten weiß, von vorn. Dieser Prozeß kann sich so lange fortsetzen, bis ein Arzt nach dem anderen, ein Spezialist nach dem anderen aufgesucht und eine Operation nach der anderen, ein Medikament nach dem anderen und eine Therapie nach der anderen (Krankengymnastik, Akupunktur, Massage, Stützkorsetts, Biofeedback, Entspannungsübungen und so weiter) ausprobiert wurden.

Mit der Zeit schleichen sich dann Zweifel ein. Der Spezialist und die Angehörigen des Patienten, die von ihrem Glauben an die medizinische Wissenschaft nicht loskommen, beginnen anzunehmen, es sei der Fehler des *Patienten*, daß er auf die Behandlung nicht anspricht. Und sie geben ihm das meist auch auf mehr oder weniger subtile Weise zu verstehen. Müßte der Patient nicht schließlich, mit dem Besten, was die medizinische Wissenschaft zu bieten hat, und mit all diesen Ärzten und Behandlungen gesund werden? Fragen werden laut, ob der Patient simuliert, sich die Schmerzen nur einbildet, versucht, sich zu entziehen oder ‹Aufmerksamkeit zu erregen›. Plötzlich erscheinen in medizinischen Berichten Worte wie ‹funktionell› oder ‹sekundärer Krankheitsgewinn›. Langsam baut sich Mißtrauen auf.

Der Patient wird von der Familie möglicherweise auf irgendwelche verräterischen Widersprüchlichkeiten in seinem Verhalten hin genauer beobachtet, während sie vielleicht gleichzeitig Schuldgefühle plagen, derartige Zweifel überhaupt zu hegen. Solche Mißtrauens- und Schuldgefühle können im Gegenzug Mißstimmungen und Streitigkeiten innerhalb der Familie auslösen.

In der Zwischenzeit bleibt der Patient zurück mit der ihm aufgebürdeten Last, seine Unschuld beweisen zu müssen. Er wird wütend auf die Ärzte, weil sie seinen Erwartungen, ihn schmerzfrei zu machen, nicht entsprochen haben, und noch ärgerlicher darüber, daß man *ihm* die Schuld für etwas zuschiebt, bei dem seiner Meinung nach *jene* versagt haben. Er besteht immer nachdrücklicher darauf, daß er Schmerzen hat und daß er gesund werden will. Um dies unter Beweis zu stellen, sucht er noch mehr Ärzte auf, probiert noch mehr Behandlungen aus, wird immer wütender, verliert sein Vertrauen in die Ärzte und wird immer feindseliger und herausfordernder gegenüber medizinischen Fachkräften, weil er der Meinung ist, daß sie ihm etwas vorenthalten – nämlich die Erfahrung, schmerzfrei zu leben.

Kein Arzt hat es gern mit einem feindseligen, verärgerten Patienten zu tun. Die normale, menschliche Antwort darauf kann verschieden ausfallen. Die erste Möglichkeit ist vielleicht, den Patienten an einen anderen Arzt zur Behandlung zu überweisen; dies wird vom Patienten unter Umständen als Zurückweisung verstanden und führt oft zu noch größerer Verärgerung. Dies ist besonders wahrscheinlich, wenn die Überweisung an einen Psychiater oder Psychologen erfolgt, was für den Patienten implizit bedeuten kann (obwohl es meist nicht zutrifft), daß man ihn für einen ‹Spinner› oder einen ‹eingebildeten Kranken› hält. Die zweite Antwort, die ein Arzt geben kann, ist, den Forderungen des Patienten nach mehr Medikamenten, nach mehr chirurgischen Eingriffen oder nach mehr anderen Behandlungsformen nachzugeben, egal, ob er selbst der Meinung ist, daß dies zum Erfolg führt, oder nicht. Aber die ständigen Behandlungen sind häufig gar nicht geeignet, dem Patienten wirklich große Erleichterungen zu verschaffen, und können sogar zu neuen Komplikationen führen. Die ‹Heilung› wird schlimmer als das Leiden selbst.

Wenn sich der Patient, der zur Behandlung an einen Psychologen oder Psychiater überwiesen wird, weigert, ihn aufzusuchen, fürchtet er, dadurch den Verdacht des Arztes zu erhärten, er habe Angst, daß man ihm ‹auf die Schliche kommen› könnte. Ebenso wie die Menschen an die alles heilende Macht der Mediziner zu glauben scheinen, so scheinen sie auch an den Mythos der ‹alles sehenden› psychischen Macht der Psychiater oder Psychologen zu glauben. Daher geht der Patient vielleicht zu seinen Therapiestunden, ist aber nicht glücklich darüber und wenig bereit ‹mitzuarbeiten›. Nun verliert er gänzlich den Glauben daran, daß ihm noch irgend jemand helfen kann.

Die Geschichte ist hier noch nicht zu Ende, sondern an dieser Stelle erst am Anfang; der Rest ist Gegenstand der folgenden Kapitel. Wenn Ihnen das, was Sie bisher gelesen haben, vertraut vorkommt, könnten Sie jemand mit einem chronischen Schmerzsyndrom sein, eine Krankheit, für die es häufig keine unmittelbare medizinische Heilung gibt. Dennoch brauchen Sie nicht zu verzweifeln, denn es gibt Dinge, die Sie tun können und mit deren Hilfe Sie trotz der Schmerzen ein normaleres Leben führen können. Dieses Buch wird Ihnen Wege aufzeigen, wie Sie mit Ihren Schmerzen fertig werden können.

Das erste, was Sie tun können, um ein normaleres Leben zu führen, ist zu erkennen, daß Sie *normal* sind. Sie sind kein eingebildeter Kranker; Sie sind nicht verrückt; Sie bilden sich Ihre Schmerzen nicht ein, und Sie übertreiben sie auch nicht; Sie sind weder schwach noch undiszipliniert noch irgend etwas sonst. Sie haben lediglich ein chronisches Schmerzsyndrom. Sie reagieren auf exakt dieselbe Weise, wie jeder andere Mensch (einschließlich Ihr Arzt, Ihr Ehepartner oder Ihr Psychologe) unter denselben Bedingungen reagieren würde. Eines der ersten und grundlegendsten Probleme ist, daß Sie die *Erwartung* haben, daß es den Medizinern möglich sein müßte, Sie gesund und schmerzfrei zu machen, und daß Sie bislang all Ihre Anstrengungen auf dieses Ziel konzentriert haben. Sie (wie fast jeder andere) haben gelernt, einen Arzt aufzusuchen, wenn Sie krank sind oder Schmerzen haben, damit er herausfindet, was Ihnen fehlt, und Sie gesund macht – so einfach ist das. Aber ist es wirklich so einfach? Es wäre wirklich schön, wenn man jedes Problem schon damit lösen könnte, daß man nur die richtige Pille schluckt. Wie Sie noch erkennen werden, sind die Antworten jedoch nicht immer so einfach. In Wirklichkeit, und das werden wir im nächsten Kapitel noch diskutieren, wirkt die Vorstellung, daß man Medikamente einnimmt, um gesund zu werden, im Fall chronischer Schmerzen oft einer Heilung entgegen.

Es ist vielleicht nicht einfach, aber es ist wichtig, daß Sie jetzt einige langgehegte Glaubenssätze über Bord werfen. Solange Sie weiterhin nach der unmittelbaren Heilung suchen, wird sich der Teufelskreis, mit all seinen Frustrationen und Enttäuschungen, fortsetzen. Vielleicht ist es Zeit, daß Sie zu sich selbst sagen: ‹Ich habe alle Behandlungen ausprobiert, wie man es von normalen Menschen erwarten kann. Es ist Zeit, daß ich es aufgebe, nach der auf mich individuell abgestimmten Behandlung zu suchen. Es ist nicht mein Fehler, daß ich immer noch Schmerzen habe, und es ist auch nicht der Fehler meines Arztes. Es ist einfach so, daß die medizinische Wissenschaft den Schmerz noch nicht vollständig versteht. Aber wenn es einen Weg gibt zu lernen, wie man mit chronischem Schmerz besser umgehen kann, bin ich bereit, es zu versuchen.›

Wenn Sie an dem Punkt angelangt sind, an dem Sie dies zu sich sagen können, dann lesen Sie weiter. Dann gehören Sie nämlich zu den Menschen, an die sich dieses Buch wendet. Wenn Sie noch nicht bereit sind zu akzeptieren, daß Sie Wege finden müssen, ‹mit› Ihren Schmerzen ‹zu leben›, und immer noch nach einer ‹sofortigen Heilung› suchen, dann sind Sie vielleicht noch nicht weit genug in das Thema des chronischen Schmerzes eingedrungen. Wenn Sie aber irgendwann reif dafür sind, werden die hier beschriebenen Verfahren immer noch funktionieren, so daß Sie darauf zurückkommen und sie dann ausprobieren können.

Aus dem bisher Gesagten sollte klargeworden sein, daß Ihre Krankheit nicht eingebildet sein kann, wenn so viele Menschen mit denselben oder ähnlichen Problemen in genau der gleichen Weise reagieren wie Sie. Und es gibt einen offensichtlichen Beweis für diese Tatsache. Das Problem sind nicht *Sie* selbst, sondern Ihr Glaube und Ihre Erwartungen an das medizinische System. Es kann einen großen Unterschied bedeuten, wenn Sie Ihre Erwartungen ändern. Und es kann einen großen Unterschied bedeuten, wenn Sie sich als *normal* akzeptieren. Es kann ebenso einen großen Unterschied bedeuten, wenn Ihre Familie und Ihr Arzt Sie als normal akzeptieren. Schließlich haben Sie vielleicht den Wunsch, daß jene dieses Buch ebenfalls lesen, da überraschend wenige Menschen diese Tatsachen verstehen.

Als normal akzeptiert zu werden, wird zwar Ihre Probleme nicht von allein lösen. Aber es kann dazu beitragen, daß Sie sich besser fühlen und sich eher zutrauen, es noch einmal zu versuchen, und dies ist eine wichtige Vorbedingung dafür, daß Sie dem in diesem Buch ausgeführten Selbsthilfeprogramm folgen können. Indem Sie sich selbst als normal akzeptieren, können Sie Ihre Angst davor reduzieren, von anderen als eingebildeter Kranker betrachtet zu werden, und das Gefühl loswerden, daß Sie weiterhin Ihre Schmerzen dadurch beweisen müssen, daß Sie zu immer neuen Ärzten gehen und immer neue Behandlungsmethoden ausprobieren. Sie sind kein eingebildeter Kranker, Sie sind völlig normal!

2. Die chronische Schmerzfalle

Das Bündel von Problemen, die mit dem chronischen Schmerz zusammenhängen, ist ziemlich komplex. Es ist daher wichtig, jeden seiner Aspekte einzeln in Augenschein zu nehmen. Der gesamte Teufelskreis von Problemen läßt sich als chronische Schmerzfalle bezeichnen. Doch in Wirklichkeit besteht die chronische Schmerzfalle aus einer ganzen Anzahl von spezifischeren und genauer zu beschreibenden Fallen. Natürlich ist nicht jeder, der unter chronischen Schmerzen leidet, in jede der unten aufgezählten Fallen geraten, aber es ist mehr als wahrscheinlich, daß Sie einige davon bei sich selbst wiedererkennen.

Die Medikamentenfalle

George, 37 Jahre alt, war Lehrer an einer Grundschule, bis er vor einigen Jahren eine Treppe hinunterstürzte und sich dabei am Rücken verletzte. Da sich seine Schmerzen beim Stehen verschlimmerten, wurde ihm geraten, seinen Lehrberuf aufzugeben. Nach zwei Rückenoperationen, von denen ihn keine von den Schmerzen befreite, verschrieb ihm sein Arzt Codein und riet ihm, sich zu schonen. Über einen Zeitraum von sechs Jahren hinweg steigerte sich nach und nach die Häufigkeit und die Dosis der Codeingaben, so daß George schließlich jeden Tag erhebliche Mengen davon zu sich nahm; doch auch dadurch wurden seine Schmerzen nicht in ausreichendem Maß beseitigt. Nachdem die Arzneimittelüberwachungsbehörde seines Bundesstaats Richtlinien für die Höchstmengen von Medikamenten aufgestellt hatte, reduzierte der Arzt die verschriebene Dosis Codein plötzlich auf die Hälfte. George hatte das *Doppelte* von dem eingenommen, was von dem Komitee als *Höchstmenge* empfohlen worden war.

Diese plötzliche, gravierende Reduktion bewirkte, daß George sich sehr aufregte. Er rief seinen Senator an, um sich über seinen Arzt zu beschweren, und fand dann einen anderen Arzt, der bereit war, ihm höhere Dosen Codein zu verordnen. Schließlich wußte jener nicht mehr ein noch aus und überwies George an eine Schmerzklinik.

George war in die Medikamentenfalle gegangen.

Eng mit unserem Glauben an die Ärzte geht auch unser Vertrauen in die Macht der Medikamente einher. Die meisten von uns glauben, daß wir, wenn wir krank sind oder Schmerzen haben, lediglich ein wenig von der richtigen Sorte Medizin einnehmen müßten, um wieder gesund zu werden. Von diesem Vertrauen zeugen auch Zahlen, denen zufolge wir jährlich Schmerzmittel im Wert von mehreren Millionen D-Mark einnehmen. Und bei akuten Krankheiten, wie zum Beispiel bei Muskelzerrungen, gelegentlichen Kopfschmerzen oder bei Schmerzen nach Operationen, funktionieren Analgetika (Schmerzmittel) ja auch wunderbar. Bei dieser Art von zeitweiligen Krankheiten zeigen sie durchaus ihre Wirkung. Wenn Analgetika jedoch zur Dauerbehandlung eingenommen werden, können sie zu einem verhängnisvollen neuen Problem führen – der Medikamentenfalle.

Ein wichtiger Aspekt der Medikamentenfalle hat mit dem Phänomen der *Gewöhnung* zu tun. Gewöhnung besteht in der langsamen Anpassung des Körpers an Drogen und Medikamente. Unser Körper verfügt über einen eingebauten Mechanismus, der sich an das Vorhandensein von Drogen und Medikamenten in unseren Systemen anpaßt und dazu führt, daß wir nach und nach immer mehr von dem jeweiligen Medikament benötigen, um denselben schmerzlindernden Effekt zu erzielen. Gewöhnung tritt mit der Zeit gegenüber allen Medikamenten ein. Es ist also einerlei, welches Arzneimittel Sie einnehmen, letzten Endes landen Sie immer an einem Punkt, an dem Sie die Dosis steigern müssen, um dieselbe Wirkung zu erreichen.

Es ist offensichtlich, daß daraus verschiedene weitere Probleme entstehen können. Der Begriff *Medikamentenabhängigkeit* macht angst, doch leider bezeichnet er ein sehr verbreitetes Problem im Zusammenhang mit dem chronischen Schmerz. Bei chronischen Schmerzen ist Abhängigkeit kein Zustand, in den man sich freiwillig begibt, und nichts, für das man sich schuldig fühlen müßte. Sie ist schlicht und einfach das unvermeidliche Resultat des ständigen Einnehmens schmerzstillender Medikamente mit süchtig machenden Bestandteilen. Viele Patienten wissen nicht einmal, daß das Arzneimittel, das sie einnehmen, potentiell geeignet ist, Abhängigkeit hervorzurufen; andere wissen zwar um die Gefahren, glauben aber, solange sie nur diszipliniert genug seien, könnten Sie der Abhängigkeit widerstehen.

Es gibt zwei Formen der Medikamentenabhängigkeit. *Physische Abhängigkeit* ist die Variante, die normalerweise mit Medikamenten, die Beruhigungsmittel enthalten, in Zusammenhang gebracht wird, sogenannte Kombinationspräparate, und die sich in einer Reihe von physischen Entzugserscheinungen ausdrückt, wenn man die Einnahme dieser Medikamente abrupt abbricht. *Psychische Abhängigkeit* bezieht sich auf die Gewohnheit, Medikamente einzunehmen, wobei diese Gewohnheit jedoch so tief verwurzelt ist, daß ein Entzug der Drogen Symptome von psychologischem Stress erzeugt. Die meisten Menschen, die unter chronischen Schmerzen leiden, glauben nicht, daß sie selbst in der einen oder anderen Weise abhängig sind, in Wirklichkeit jedoch leiden diejenigen, die über lange Zeit hinweg Schmerzmittel genommen haben, unter einer oder gar beiden Abhängigkeiten, je nachdem, welche Art von Medikamenten sie nehmen. Es ist jedoch nicht so wichtig klarzustellen, ob Sie psychisch oder physisch von Medikamenten abhängig sind. Der springende Punkt ist der, daß Sie, wenn Sie über lange Zeit hinweg schmerzstillende Medikamente eingenommen haben, heute wahrscheinlich viel höhere Dosen schlucken, als für Ihre körperliche Gesundheit gut ist (Medikamente stellen eine schwere Belastung für Ihre Nieren und Ihre Leber dar), und daß Sie sich (wenn überhaupt) viel zu wenig davon erholen können. Alle Drogen (selbst das Koffein in Ihrem Kaffee) sind in ausreichend hohen Dosen giftig oder zersetzend. Vielen Patienten wird von ihren Ärzten geraten, ihre Analgetikadosis nicht weiter zu steigern, wenn sie eine bestimmte Menge erreicht haben, da eine weitere Erhöhung der Einnahme sich einer toxischen Menge annähern würde. Weil sich der Körper aber langsam an die Droge gewöhnt hat, kann es sein, daß selbst ungeheure Mengen von Schmerzmitteln keine Linderung mehr verschaffen. Dieser Zusammenhang von Gewöhnung und Vergiftung wird leider nicht immer erklärt oder verstanden. Häufig nehmen Patienten an, daß sie, wenn eine kleine Menge nicht wirkt, einfach nur die Dosis erhöhen müßten und daß nach oben keine Grenzen gesetzt seien. Es gibt jedoch kaum einen größeren Irrtum als diesen.

Die meisten Schmerzpatienten haben Schuldgefühle, weil sie Medikamente einnehmen, und fragen sich, was ihr Arzt, ihre Freunde oder ihre Familie davon halten. Doch sie bleiben ambivalent gegenüber Arzneimitteln, weil sie immer noch glauben, daß Medikamente *wirklich* helfen. Immerhin haben sie bereits jahrelange Erfahrungen damit, daß kurzzeitige Schmerzen sich durch Medikamente beseitigen ließen; und mehr noch, möglicherweise haben die Medikamente zu Beginn ihrer jetzt chronischen Schmerzen gewirkt. Außerdem preisen alle Arten von Medien Medikamente an als *die* Antwort auf Krankheiten. Auf diese Weise sehen sich Schmerzpatienten selbst genötigt, ständig verschiedene Medikamente auszuprobieren oder um immer mehr Analgetika zu bitten. Gleichzeitig fühlen sie sich schuldig wegen ihrer sich ständig erhöhenden Einnahme.

Dieser Zwiespalt führt zu einem merkwürdigen Verhalten. Ebenso wie jemand mit Übergewicht gelegentlich – wider besseres Wissen – versuchen wird, durch Hungerkuren abzunehmen, kann der Schmerzpatient (oder sein Arzt) von Zeit zu Zeit feststellen, daß er zu viele Pillen nimmt, und versuchen, deren Menge zurückzuschrauben. Wenn die Reduktion zu schnell geht oder auf eine andere Weise falsch gemacht wird, kann sie sowohl für den Patienten als auch für den Arzt insofern eine negative Erfahrung sein, als sie fast ebenso unmöglich durchzuhalten ist wie eine Hungerkur. Ein solcher Versuch mündet oft in einer besonders schlimmen Schmerzattacke, die im Gegenzug wiederum dazu führt, daß der Patient ebenso viele wie vorher oder noch mehr Medikamente benötigt.

Eine andere möglicherweise auftauchende Verhaltensvariante ist die, daß sich der Patient von mehr als einem Arzt Rezepte für Schmerzmittel geben läßt, ohne die beteiligten Ärzte davon zu unterrichten. Zunächst behalten die Patienten ihr Geheimnis aus einem Schuldgefühl heraus für sich, später wird dieses Verhalten zusätzlich verstärkt durch die Angst, daß das Medikament abgesetzt werden könnte. Diese Praxis kann jedoch sehr gefährlich werden, nicht nur wegen des Risikos, sich zu vergiften, sondern auch, weil manche Mischungen verschiedener Medikamente zu unerwarteten Wechselwirkungen führen können. Laien haben selten genügend Erfahrung, um die Risiken einschätzen zu können.

Viele Patienten nehmen ihre Tabletten heimlich ein, um Kommentare von der Familie oder Freunden zu vermeiden. Dies kann unter anderem zu unregelmäßigen Einnahmerhythmen führen. Chronische

Tablettenschlucker können so auch die Kontrolle darüber verlieren, wieviele Medikamente sie wann zum letztenmal eingenommen haben. Vor allem bei starken, schier unerträglichen Schmerzen ignoriert dies der Patient häufig, und es kann dadurch gelegentlich aus Versehen zu einer Schmerzmittelvergiftung kommen.

Joan, eine 20jährige, litt über einen Zeitraum von sechs Jahren hinweg unter chronischen Kopfschmerzen. Sie lebte bei ihrem Großvater und führte ihm den Haushalt, seit sie die High School beendet hatte. Joan konsultierte immer wieder neue Ärzte, in der Hoffnung, von ihren Kopfschmerzen befreit zu werden. Jeder Arzt verschrieb ihr neue Medikamente, und Joan probierte sie alle aus. Dann, immer wenn sie wirklich schlimme Kopfschmerzen hatte, ging Joan an ihren Medikamentenschrank und schluckte Pillen, bis der Kopfschmerz schließlich verschwand. Nachdem ihr Freund sie ein paarmal bewußtlos gefunden hatte, wurde sie zur Behandlung in eine Schmerzklinik überwiesen. Auf die Bitte der Klinik hin brachte Joans Freund – mit ihrer Zustimmung – eine Einkaufstasche mit dem Inhalt des Medikamentenschrankes: Sie enthielt über 100 Tablettenpackungen und -fläschchen.

Für Joan war die Medikamentenfalle zugeschnappt.

Ein weiterer bemerkenswerter Aspekt der Medikamentenfalle ist die Tatsache, daß Medikamente auch dazu beitragen können, den Schmerz auf einem hohen Niveau zu halten. Dies ist ein komplizierter Prozeß, der nicht leicht zu erklären ist, aber der kritische Faktor dabei ist das *Timing*. Patienten warten oft ab, bis ihre Schmerzen sehr stark geworden sind, bevor sie eine Tablette einnehmen oder sich eine Spritze geben lassen. Die Arznei führt dann zu einer angenehmen Empfindung vorübergehender Erleichterung. Dieses positive Gefühl der Erleichterung kann, wenn es sich oft genug wiederholt, verstärkend wirken, sowohl im Hinblick auf die Einnahme des Medikaments als auch auf den vorausgehenden Schmerz. Eine psychologische Verhaltensregel besagt, daß die Beseitigung von etwas Unangenehmem dasjenige Verhalten verstärkt, das diesem vorausging. In diesem Fall geht der Erleichterung der Schmerz und die Einnahme von Medikamenten voraus und diese werden durch das auftretende Verhaltensmuster verstärkt.

So verlieren Schmerzmittel, wenn sie bei chronischen Schmerzzuständen permanent eingenommen werden, ihre Wirkung und können sogar dazu beitragen, das Problem aufrechtzuerhalten oder zu verstärken. Zusätzlich führt der Gewöhnungseffekt zu größeren Dosen, gesehen davon, daß sie Sorgen und Schuldgefühle produzie- s Risiko für Ihre Gesundheit zusätzlich erhöhen. Für Sie und milie kann dies zu unnötigen Problemen und Konflikten führen, ganz zu schweigen von Ihrer sich verschlechternden körperlichen Gesundheit.

Könnte es sein, daß Sie sich in der Medikamentenfalle verfangen haben? Das Kapitel 7 beschreibt einen relativ schmerzlosen Weg, wie Sie sich nach und nach aus dieser Falle befreien können.

Die Schonungsfalle

Ann, eine 39jährige Hausfrau und Mutter, litt unter chronischen Rückenschmerzen, die auf eine Deformierung ihrer Wirbelsäule zurückzuführen waren. Als jüngere Frau war sie sehr aktiv, machte die gesamte Hausarbeit und kochte für ihre Familie, war stellvertretende Gruppenleiterin bei den Pfadfinderinnen, nahm Klavierstunden und machte Kurse in Buchhaltung. Sie kaufte gerne ein, besuchte Nachbarn und ging mit ihrer Familie aus. Die Rückenschmerzen jedoch, die sie verspürte, wenn sie ihre Kinder auf den Arm nahm, veranlaßten sie, einen Arzt aufzusuchen, der ihr den Rat gab, «sich zu schonen».

Sie nahm diesen Rat ernst und gab im Lauf der Jahre nach und nach alle Aktivitäten auf, bis sie nur noch ein bißchen Staub wischte, Mahlzeiten vorbereitete und strickte. Sie fühlte sich nicht mehr fit genug, um länger als zehn Minuten in einem Auto zu sitzen, und dadurch reduzierten sich zusätzlich Aktivitäten außer Haus wie zum Beispiel das Einkaufen. Die älteste Tochter übernahm alle Aufgaben im Haushalt, von Ann beaufsichtigt, die behauptete, das, wenn sie in der Lage dazu wäre, alles viel besser zu erledigen. Ann mußte von ihrer Tochter angekleidet und in ihr Korsett gesetzt werden. Eine Nachbarin kaufte für sie ein und half ihr beim Haarewaschen. Sie hatte Angst, die Treppe in ihrem zweistöckigen Haus hinaufzusteigen, weil sie fürchtete, ihren Rücken zu verletzen, also *kroch* sie hinauf und hinunter. Außerdem vermied Ann es, Gegenstände hochzuheben oder zu schieben, die schwerer waren als ein halbes Kilogramm, so daß ihre Familie ihr die Türen öffnen, den Telefonhörer halten und alle möglichen kleinen Aufträge für sie erledigen mußte. Von Zeit zu Zeit wollte sie versuchen zu kochen, aber ihre Tochter mußte die Pfannen hochheben, den Backofen und die Schranktüren öffnen, dickflüssige Speisen umrühren und so weiter.

Ann und ihre Familie sind in die Schonungsfalle gegangen.

Schmerzpatienten berichten häufig davon, daß die Schmerzen durch bestimmte körperliche Anstrengungen schlimmer werden. Ärzte geben ihnen daher häufig den Rat, sich zu schonen, oder sie verordnen Bettruhe. Patienten folgen diesem Rat manchmal dadurch, daß sie ihren Beruf aufgeben und in Rente gehen. Zu Hause übernehmen ihre Familien die Aufgaben im Haushalt und tadeln den Schmerzpatienten, sobald er versucht, irgendeine Arbeit im Haus zu verrichten. Eines der Probleme jedoch, die die Schonung mit sich bringt, ist, daß Aktivitäten, die früher Freude machten, zusammen mit den unangenehmen oder schwierigen Betätigungen zu verschwinden beginnen. Neben Rasenmähen oder Staubsaugen vermeiden Sie vielleicht auch Ihre Lieblingssportarten; gesellschaftliche Aktivitäten und Urlaubsreisen werden beschwerlich und seltener. Zu Beginn nehmen manche Freunde noch besondere Rücksichten und sind sehr verständnisvoll, aber mit der Zeit ziehen sie sich zurück. Niemand hat gerne Freunde, die nichts tun können und die über nichts anderes mehr reden können als über ihre Schmerzen.

Dieses Schonungsverhalten gerät auf mehreren Ebenen zu einer Falle: Erstens bilden sich bei andauernder Inaktivität sehr schnell die Muskeln zurück. Sie können so schwach werden, daß der Schmerz durch jede plötzliche oder ungewohnte körperliche Beanspruchung verschlimmert wird. So kann das Rasenmähen oder die Autowäsche tatsächlich zu einer ernsthaften Überbeanspruchung der Muskeln führen. Patienten, ebenso wie ihre Familien, lernen sehr schnell, daß auf solche Anstrengungen ganz besonders heftige Schmerzanfälle folgen können, so daß jeder weitere Antrieb zu ähnlichen Aktivitäten im Keim erstickt oder sogar bestraft wird. Aber das bedeutet für die Muskeln, daß sie nur noch schwächer werden und daß immer mehr Aktivitäten immer schwieriger werden.

Ein weiteres, noch heimtückischeres Problem sind die *Depressionen*, die mit dem massiven Verlust an Aktivitäten, Vergnügen, Freunden, Arbeit und anderen Interessen einhergehen. In einer Gesellschaft wie der unseren, in der die Arbeit einen hohen Stellenwert hat, kann der Verlust der Arbeit (Hausarbeit eingeschlossen) ganz grundlegend die Stimmung, die Motivation, das Denken und das Selbstwertgefühl beeinträchtigen. Man beginnt, sich selbst nichts mehr zuzutrauen, glaubt, sich nicht mehr versorgen zu können, fürchtet jede Form von Verantwortung.

Es wird immer wieder darüber spekuliert, ob nicht viele Patienten, bewußt oder unbewußt, deshalb chronische Schmerzen entwickeln, weil sie sich von ihrer Arbeit zurückziehen und vorübergehend oder ständig eine Rente beziehen möchten. Das mag vielleicht für einige wenige Menschen zutreffen, den klinischen Erfahrungen zufolge aber ist dies eher die Ausnahme als die Regel. Die Vorteile, die sich aus der Tatsache ergeben, in einer Gesellschaft wie der unseren nicht zu arbeiten, wiegen die Nachteile bei weitem nicht auf. Anfänglich hat der Rückzug aus der Arbeitswelt vielleicht noch positive Wirkungen, die negativen Folgen setzen aber meist schon sehr bald ein und mit ihnen die Depressionen, besonders da in diesem Prozeß normalerweise viele bereichernde und anregende Aktivitäten verlorengehen.

Pläne und Träume werden aufgegeben, weil man glaubt, sie seien nicht mehr realisierbar, Dinge, auf die man sich freut, verschwinden. Kurz, alles, was der Mensch braucht, um bei guter geistiger Gesundheit zu bleiben, geht verloren, und Sie werden immer deprimierter. Aus diesen Gründen gehen Depressionen und chronische Schmerzen häufig einher. Wie wir in einem späteren Abschnitt noch sehen werden, können Depressionen Schmerzen sogar verschlimmern, während der Verlust von Aktivitäten der Depression neue Nahrung gibt und so einen Teufelskreis verursacht.

Zu guter Letzt wird die *Zeit* zu einem Problem: Ohne sinnvolle, befriedigende Aktivitäten können Sie Ihre Zeit nicht ausfüllen; die Tage werden lang und öde.

Die Depressionsfalle

Maria, eine 45jährige Hausfrau und Mutter von zwei Teenagern, litt an Schmerzen im Kreuz, nachdem sie in der Fleischverpackungsfabrik, in der sie arbeitete, immer schwer hatte heben müssen. Nach mehreren Operationen, Massagen und Akupunktur-Behandlungen wurden ihre Schmerzen schlimmer denn je. Sie verbrachte die meiste Zeit des Tages im Morgenmantel, tat kaum etwas außer fernzusehen und sich auszuruhen. Sie weinte oft. Maria spürte, daß ihr Mann wenig Verständnis für sie aufbrachte, und verdächtigte ihn, ein Verhältnis mit einer anderen Frau zu haben. Ihre Kinder waren damit beschäftigt, Teenager zu sein, und hatten nicht viel Zeit für sie. Sie fühlte sich einsam, deprimiert, ungeliebt, unverstanden und zu nichts nütze.

An einem Samstag, als sie und ihr Mann geplant hatten, ins Grüne zu fahren, sagte Maria im letzten Moment, daß sie sich nicht wohl genug fühle.

Als ihr Mann ohne sie fuhr, nahm sie eine Überdosis Schlaftabletten. Glücklicherweise wurde sie von einem ihrer Kinder bewußtlos, aber noch rechtzeitig, entdeckt, um den Krankenwagen zu rufen und ihr Leben zu retten.

Maria war in die Depressionsfalle gegangen.

Eine beginnende Depression, die die Inaktivität begleitet, zieht in der Regel noch eine ganze Reihe zusätzlicher Probleme nach sich, die sich addieren und gegenseitig verstärken. Gefühle der Wertlosigkeit und der Verzweiflung sind häufige Begleiterscheinungen von Depressionen. Die Motivation und der Wunsch, Dinge zu tun, die einem früher Freude gemacht haben, sind sehr reduziert. Alles verliert seine Attraktivität, und das ganze Spektrum von Tätigkeiten, die man früher aufregend fand, erscheint einem nun langweilig und uninteressant. Schon die geringste Anstrengung stellt ein unüberwindbares Hindernis dar, so daß Sie schließlich an Ihrer Fähigkeit zweifeln, überhaupt *irgend etwas* zu tun – selbst solche Dinge, die Sie in früheren Zeiten mit Leichtigkeit zustande brachten. Sie fühlen sich möglicherweise traurig oder bekommen unerklärliche Weinkrämpfe und Anfälle von Trübsinn. Ihr Schlaf ist gestört. Sie haben Probleme mit dem Einschlafen oder wachen früh auf und können nicht wieder einschlafen. Dies kann im Gegenzug wiederum dazu führen, daß Sie sich auf Schlaftabletten verlassen, welche mit all den Problemen behaftet sind, die bereits im Abschnitt über die Medikamentenfalle besprochen wurden. Depressionen verstärken außerdem die Wahrnehmung bzw. die Bedeutung von Schmerzen. Die Forschung hat gezeigt, daß deprimierte Patienten nach vergleichbaren schmerzhaften Vorgängen (so zum Beispiel nach derselben Operation) über stärkere Schmerzen klagen als Patienten, die nicht depressiv sind. Nicht nur Hoffnungslosigkeit, die aus ständigen Behandlungsfehlschlägen resultiert, und der Rückzug vom Alltag verschlimmern den Schmerz, sondern und gerade auch die Depressionen selbst.

Außenstehende glauben häufig fälschlicherweise, daß Schmerzpatienten das große Los gezogen haben und daß das Leben im Ruhestand phantastisch sein müsse. Sicher, Lesen und Fernsehen machen Spaß, aber tagein, tagaus werden diese Beschäftigungen öde, und die Schwierigkeiten, die damit einhergehen, sind alles andere als vergnüglich.

Die Klage-Unmut-Schuld-Falle

Glenda, eine 42jährige Frau, die mit einem Arzt verheiratet ist, hatte vier Jahre lang Schmerzen im Kreuz. Auch nach wiederholten Behandlungen durch die besten Chirurgen und Ärzte des Landes verschwanden die Schmerzen nicht. Selbst große Mengen von Medikamenten schienen ihr nur wenig Erleichterung zu bringen. Da sie fürchtete, sie würde die Schmerzen selbst durch geringfügige Anstrengungen verschlimmern, wurde Glenda zunehmend passiver. Sie gab ihre Teilzeitstelle als Krankenschwester auf, die sie angenommen hatte, als ihre Tochter eingeschult worden war. Das aktive soziale Leben, das Glenda und ihr Mann einst genossen hatten, zerfiel zu nichts, weil Einladungen wiederholt abgesagt werden mußten. Sich zu Hause zu beschäftigen, wurde ihr fast unmöglich.

Glenda stellte fest, daß der Schmerz inzwischen ihr Leben beherrschte. Es war schwierig, überhaupt an etwas anderes zu denken. Sie versuchte, nicht darüber zu sprechen, aber ihr Ehemann, Don, konnte an ihrem Gesichtsausdruck ablesen, daß sie Schmerzen hatte, und er erkundigte sich oft, wie es ihr ging. Don bemühte sich sehr, Verständnis für sie zu zeigen. Er versuchte, seine gut besuchte Arztpraxis einzuschränken, so daß ihm mehr Zeit für Glenda und ihre gemeinsame Tochter blieb. Außerdem stellten sie eine Haushälterin ein.

Von Zeit zu Zeit jedoch hatten Glenda und Don heftige Streitigkeiten, in denen sie einander beschuldigten, kein Verständnis zu haben für die Last, die jeder von ihnen zu tragen hatte. Diese Auseinandersetzungen endeten normalerweise damit, daß Don aus dem Haus stürmte, um sich zu beruhigen, und Glenda in Tränen aufgelöst zurückließ. Wenige Minuten später würden sie sich wieder versöhnen und alle Beschuldigungen, die sie sich gegenseitig an den Kopf geworfen hatten, wieder zurücknehmen. Keiner von beiden würde erklären können, wie die Streitigkeiten begonnen hatten, und beide fühlten sie sich hilflos angesichts der zunehmenden Bitterkeit, die sich in derartigen Ausbrüchen äußerte. Dennoch ging es so weiter, und es wurde immer schlimmer.

Glenda und Don waren in die Klage-Unmut-Schuld-Falle geraten.

Wenn ein Schmerzpatient seine normalen Tätigkeiten aufgegeben hat, weil diese Aktivitäten die Schmerzen verschlimmern könnten, und weil sie ihm inzwischen von den Mitmenschen abgenommen werden, reduzieren sich die Gesprächsthemen, die dem Betroffenen noch zur Verfügung stehen, ganz erheblich. Außerdem sind Schmerzpatienten, die zwischen Lethargie, eine Folge der Depressionen, und normaler Gereiztheit, die auf die Schmerzen zurückzuführen ist, hin- und herschwanken, schwierige Zeitgenossen, mit denen es nicht leicht zu leben ist. Zu diesem Zeitpunkt ist der Schmerz zum zentralen

Punkt ihres Lebens geworden und damit auch zum Gegenstand fast aller Gespräche und Tätigkeiten.

Die meisten Schmerzpatienten sagen, daß sie sich sehr bemühen, ihrer Familie gegenüber keine Klagen zu äußern, aber wenn man ihre Gespräche und das, was sie tun, genauer betrachtet, kann man feststellen, daß fast alles sich um ihre Krankheit dreht. Jemand, der unter chronischen Schmerzen leidet, sagt seiner Familie vielleicht nicht *direkt*, daß er Schmerzen hat, aber die Familienmitglieder erfahren es dadurch, daß er sich ausruht, Medikamente einnimmt, einen leidenden Gesichtsausdruck hat, nur unter Schwierigkeiten von einem Stuhl aufstehen kann, sich den Rücken oder den Kopf reibt, hinkt, zuckt, sich nur langsam und vorsichtig bewegt, daß er über seinen Arzt oder seine letzte Behandlung spricht oder ganz einfach nur allgemein griesgrämig ist. Es gibt unzählige Arten, sich zu beklagen.

Diese Sorte Klagen sind völlig normal und nichts, weswegen Schmerzpatienten Schuldgefühle haben müßten. Man muß ganz einfach nur verstehen, daß dieses und die damit zusammenhängenden Probleme bei chronischen Schmerzen ebenfalls eine tiefgreifende Wirkung auf die Familie ausüben. Alle zwischenmenschlichen Beziehungen beruhen auf Wechselseitigkeit. Die Interaktionsforschung bei Paarbeziehungen hat gezeigt, daß Paare, die gut miteinander auskommen, sich etwa gleich viel positive und/oder negative Rückkopplungen geben. Mit anderen Worten, Paare, denen es gutgeht, zeigen einander annähernd gleich viel positive (Umarmungen, Küsse, liebe Worte, sexuelle Zuwendung, besondere Rücksichtnahme) wie negative Aufmerksamkeit (Biestigkeit, Griesgrämigkeit, Streitsüchtigkeit, verärgerte Reaktionen, Beschuldigungen, Nichtbeachtung, Schweigen). Probleme entstehen, wenn dieses Gleichgewicht nicht mehr vorhanden ist und ein Partner das Gefühl hat, daß er mehr geben muß, als er zurückbekommt.

Eine solche Situation ist für Patienten mit chronischen Schmerzen häufig gegeben, denn ihr Zustand erlegt allen anderen Familienmitgliedern eine sehr viel größere Last auf. Diese müssen die Pflichten des Patienten im Haushalt übernehmen und werden durch ein Familienmitglied, das nicht mit ihnen ausgehen kann oder, wenn es dennoch ausgeht, ständig besondere Rücksichtnahme beansprucht, in ihren Aktivitäten beschnitten. Die Bedürfnisse des Schmerzpatienten werden häufig über diejenigen der anderen Familienmitglieder gestellt. Loyale und liebende Familienangehörige können diese Situation über eine kurze Zeitspanne hinweg aushalten, aber aufgrund des ständig gestörten Aufmerksamkeitsgleichgewichts kommen schließlich auch bei ihnen die normalen menschlichen Reaktionen des Ärgers und des Unmuts zum Tragen, die aber gleichzeitig von Schuldgefühlen begleitet sind. Die Familie oder der Partner wird mißmutig und läßt den Ärger auf die eine oder andere Weise am Schmerzpatienten ab. Wenn der Ärger entwichen ist, tut es dem Partner oder der Partnerin meist leid, und er oder sie fängt an, sich schuldig zu fühlen, und macht sich Sorgen. Auf der anderen Seite ist auch der Patient gekränkt, daß der Partner ihn nicht versteht, und es ärgert ihn, daß der ‹gesunde› Partner all das hat und tun kann, was ihm fehlt – eine gute Gesundheit, Aktivitäten und Freunde. So macht der Schmerzpatient im Gegenzug ebenfalls seinem Ärger Luft oder wird schlecht gelaunt. Wenn auch dieser Druck abgelassen ist, denkt der Patient noch einmal nach und erkennt, wie nett und verständnisvoll der Partner in Wirklichkeit war, und fühlt sich nun ihm gegenüber schuldig und macht sich Sorgen. Dieses Hin und Her der Gefühle zwischen Schmerzpatienten und ihren Partnern oder Familien wird irgendwann zum dominierenden Prinzip der Beziehungen. Die Familienbeziehung wird von diesem Klage-Unmut-Schuld-Kreislauf bestimmt. Gleichzeitig wird dieser Zusammenbruch der gesunden Familienbeziehungen oft geleugnet oder auch ganz einfach nicht erkannt. Alles was wir gelernt haben, vermittelt uns die Überzeugung, daß es schändlich ist, einem Kranken gegenüber Ärger oder Unmut zu zeigen.

Wie dieses Verhaltensmuster im einzelnen ausgespielt wird, ist abhängig vom jeweiligen ‹Kampfstil› innerhalb einer Familie oder eines Paares. Manche Paare fechten Konflikte relativ direkt aus, wobei sie einander offen beschuldigen, z. B. die Schmerzen als Druckmittel zu benutzen beziehungsweise kein Verständnis und Mitgefühl aufzubringen. Andere hegen einen etwas stilleren Groll, der indirekter, auf eine subtilere, verschleiertere Art und Weise zutage tritt (sarkastische Bemerkungen, scheinbar mitfühlendes Benehmen, das nicht echt zu sein scheint, Schweigen oder die Beschäftigung mit vornehmlich anderen Dingen). Diese Verhaltensweisen können jedoch nicht über die unterschwelligen Spannungen hinwegtäuschen. Vertrauen und offene Gespräche können in einer solchen Atmosphäre nicht gedeihen.

Eine dritte Variation kann bei Paaren vorkommen, bei denen ein Partner seinen Ärger direkter ausdrückt als der andere. Beide Partner mögen sich gleichermaßen feindlich gesinnt sein, aber während einer seine Abneigung offen ausspricht, bringt der andere dieses Gefühl mit weniger offensichtlichen Mitteln zum Ausdruck. Dieses Verhaltensmuster ist ziemlich weit verbreitet. Besonders interessant bei dieser Variation ist die Tatsache, daß Außenstehende sich oft auf die Seite desjenigen schlagen und mit ihm fühlen, der seinen Ärger eher indirekt ausdrückt, da Menschen, die nicht davon betroffen sind, subtil geäußerte Feindschaft nicht so deutlich wahrnehmen können. Diese Parteinahme durch Dritte verstärkt oft eher noch das Verhaltensmuster – indem die offen verärgerte Person (häufig der Schmerzpatient) eher noch ärgerlicher wird und sich mißverstanden fühlt, da er zum Bösewicht abgestempelt wird, während die indirekt ärgerliche Person selbstgefälliger und selbstgerechter wird und ihren eigenen Unmut und die Übertragung ihres verdeckten Ärgers auf den Partner immer weniger wahrnimmt.

Vielleicht sagen Sie sich, daß dieses Verhaltensmuster auf Ihre Situation nicht zutrifft. Und es ist durchaus möglich, daß das stimmt; aber wenn Sie Ihre eigenen Reaktionen innerhalb Ihrer Familie einmal einer ernsthaften Betrachtung unterziehen, dann werden Sie wahrscheinlich doch einige wechselseitige Ressentiments entdecken. Dies ist ganz normal und typisch für Familien, in denen ein Mitglied durch ein chronisches Leiden behindert ist, ganz gleich, um welche Art chronischer Krankheit es sich dabei im Einzelfall handelt, sei es eine Herzkrankheit, Krebs, ein Schlaganfall oder chronische Schmerzen. Diese natürliche Reaktion läuft erneut unserer erlernten Vorstellung zuwider, wie wir uns gegenüber Kranken verhalten sollten (oder, aus der Sicht des Schmerzpatienten, wie wir uns gegenüber denen verhalten sollten, die sich in Sorge aufopfern). Wie sehr wir uns auch bemühen, meistens bricht das Gleichgewicht der Aufmerksamkeit zusammen und mündet in dieser Art des Unmuts.

Unabhängig davon, was wir über Egoismus gelernt haben, im Grunde sind wir alle egoistische Wesen, und wenn unsere Bedürfnisse über einen längeren Zeitraum hinweg nicht befriedigt werden, reagieren wir darauf mit Ressentiments. Dieses Gefühl ist gerade deshalb so besonders unangenehm, weil es allem zuwiderläuft, was uns beigebracht wurde. Wir denken, daß solche Gefühle nicht akzeptabel seien, und wenn wir damit konfrontiert werden, dann sind sie uns unangenehm und machen uns angst. Deshalb sind wir leicht geneigt, sie zu übersehen oder zu verleugnen. Wenn Sie ehrlich sind zu sich selbst, dann werden Sie vielleicht feststellen, daß Sie genau das getan haben. Weil es unangenehm ist, diese Gefühle bei sich selbst zu erkennen, haben Sie sich nie damit auseinandergesetzt. Sie sollten nicht vergessen, daß die Verleugnung dieser Gefühle eine ganz normale Reaktion auf diese Situation ist. Sie ist die Regel, nicht die Ausnahme.

Nichtsdestotrotz verursacht diese Art des mißmutigen Umgangs miteinander nicht nur emotionale Spannungen, sondern auch körperliche Verspannungen. Und Muskelverspannungen verschlimmern Schmerzen nur noch mehr. Dazu kommt, daß derartige Verhaltensmuster den besseren und positiveren Umgang miteinander nach und nach verdrängen und ersetzen. Dadurch verschwindet die Freude am Zusammensein, und die Partner beginnen zu spüren, daß sie nur noch von einem Gefühl der Verpflichtung zusammengehalten werden – schließlich kann man einen kranken Menschen nicht im Stich lassen. Zuletzt wird dies zum zentralen Punkt der Beziehung – der Patient, immer in Sorge, daß der Partner ihn verlassen könnte, bindet ihn durch Schuldgefühle an sich; der Partner, wirkungsvoll durch die Schuld gebunden, handelt aus einem Gefühl der Verpflichtung heraus. Allerdings ist dies nur das Extrem in besonders weit fortgeschrittenen Fällen des Zusammenbruchs der Familienbeziehungen.

Natürlich sind nicht alle Schmerzpatienten verheiratet oder haben Familien. Die meisten Menschen haben allerdings jemanden im Leben, der ihnen besonders wichtig ist – vielleicht einen Elternteil, ein Kind oder einen Freund. Wenn Sie keinen Ehepartner oder keine Familie haben, dann denken Sie sich bitte zu der obigen Darstellung die entsprechend wichtige Person in Ihrem Leben. Zwischenmenschliche Verhaltensmuster sind meist sehr ähnlich zwischen Menschen, die einander nahestehen, ungeachtet der Art ihrer Beziehung.

Zusammenfassung

Jeder Abschnitt dieses Kapitels zeigt, wie die verschiedenen Fallgruben der chronischen Schmerzfalle funktionieren und wie die Probleme von Schmerzpatienten sich daraus zusammenfügen. Viele von ihnen sind eine Reaktion auf die chronischen Schmerzen selbst oder auf die fortgesetzte Anwendung von Behandlungsmethoden, die eigentlich nur für akute Schmerzzustände gedacht sind.

Der erste Schritt in Richtung auf eine Lösung der Probleme, die mit der chronischen Schmerzfalle zusammenhängen, besteht darin, die eigene besondere Situation überhaupt erst einmal wahrzunehmen. Das nächste Kapitel wird Ihnen helfen, genau einzuschätzen, auf welche Art Sie sich in der Schlinge verfangen haben. In den folgenden Kapiteln werden spezifische Vorschläge entwickelt, wie Sie jede einzelne dieser Fallen überwinden können.

3. Wie verändert chronischer Schmerz mein Leben?

Es ist nicht leicht, Verständnis dafür zu entwickeln, wie sich Ihr Leben durch die chronischen Schmerzen verändert hat – und möglicherweise fühlen Sie sich dieser Aufgabe nicht besonders gut gewachsen. Nichtsdestotrotz ist dies sehr wichtig, denn es ist eine notwendige Voraussetzung, um etwas zu verändern. Um die verschiedenen losen Fäden Ihres Lebens aufzunehmen und wieder zu einem festen Gewebe zu verbinden, ist es wichtig, zunächst das Ausmaß der Schäden abzuschätzen. Je nachdem, wie lange Sie schon unter chronischen Schmerzen leiden, kann dies einfacher oder schwieriger sein, in jedem Fall jedoch müssen Sie Ihr eigenes Verhalten sehr sorgfältig beobachten und festhalten. Dieses Buch wird Ihnen eine ganze Menge schriftlicher Aufzeichnungen abverlangen, außerdem schriftliche Verträge, die Sie mit sich selbst abschließen sollen, das Erstellen von Listen und anderes mehr. Es hat sich herausgestellt, daß diese Art schriftlicher Arbeit sehr wichtig ist, wenn das Programm Erfolg haben soll, und ich möchte Sie ermutigen, die Vorschläge sehr genau zu befolgen.

Da von Ihren chronischen Schmerzen die gesamte Familie, Freunde und andere Ihnen nahestehende Menschen betroffen sind, schlage ich außerdem vor, daß Sie sich einen Partner suchen, der dieses Buch ebenfalls liest und mit Ihnen zusammen die Übungen durchführt. Es kann sehr hilfreich sein, das Urteil einer anderen Person mit Ihrem eigenen zu vergleichen und zu diskutieren. Es kann darüber hinaus vorteilhaft sein, das Gedächtnis, die Gedanken und Vorschläge eines andern Menschen miteinzubeziehen. Wenn es z. B. darum geht, mögliche Aktivitäten aufzulisten oder sich an Tätigkeiten zu erinnern, die Sie vor dem Einsetzen der chronischen Schmerzen ausgeführt haben. Am besten ist es, diejenige Person dafür auszuwählen, die für Sie am wichtigsten ist. Wenn Sie verheiratet sind, ist wahrscheinlich Ihr Ehepartner die beste Wahl, selbst wenn Sie im Augenblick das Gefühl haben, daß er oder sie kein Verständnis für Sie aufbringt. Wenn Ihr Partner dieses Buch liest und bei diesem Programm mitmacht, sollte dies bei ihm zu einem besseren Verständnis führen und zu dem Gefühl, mit Ihnen eins zu sein. Wenn Sie keinen Ehepartner haben, kann auch ein guter Freund, ein Elternteil oder ein älteres Kind in der Lage sein, an diesem Programm teilzunehmen.

Um einzuschätzen, wie sich Ihr Leben durch den chronischen Schmerz verändert hat, ist es erforderlich, daß sowohl Sie als auch Ihr Partner ehrlich – vielleicht sogar brutal ehrlich – vorgehen. Wie ich bereits weiter oben dargelegt habe, ist es nahezu unmöglich, sich allein und aus eigener Kraft aus der chronischen Schmerzfalle zu befreien. Wenn Sie dem Plan, der in den folgenden Kapiteln entwickelt wird, ernsthaft folgen wollen, ist es jetzt an der Zeit, Ihren Partner zu bitten, mit der Lektüre der ersten beiden Kapitel dieses Buches zu beginnen, entweder mit Ihnen *zusammen* oder für sich allein. Um so hilfreich und so ehrlich wie möglich zu sein, benötigt Ihr Partner die hier dargelegten grundlegenden Informationen.

Das Ausmaß des Schadens

Wenn Sie dann beide bis hierher gelesen haben, wird jeder von Ihnen in der Lage sein, die ‹Arbeitsblätter zum Ausmaß des Schadens› auf den Seiten 41–44 auszufüllen. Sie sollten jedes Blatt voneinander *unabhängig* ausfüllen, und zwar erst, nachdem Sie die Kapitel 1 und 2 gelesen haben. Wenn Sie die Arbeitsblätter vollständig ausgefüllt haben, sollten Sie diese austauschen und sich damit auseinandersetzen.

In dieser Auseinandersetzung ist es wichtig, daß Sie es vermeiden, in die Klage-Unmut-Schuld-Falle zu gehen und sich schließlich nur noch zu streiten. Gleichzeitig ist es wesentlich, daß Sie sich gegenseitig ehrlich jede Ihrer Meinungen über den Kern des Problems mitteilen. Einige der Fragen auf dem Arbeitsblatt sind Ihnen vielleicht unangenehm, aber wenn Sie die Kapitel 1 und 2 sorgfältig gelesen und die Informationen darin verstanden und aufgenommen haben, werden Sie erkennen, daß die verschiedenen beschriebenen Fallen das natürliche, normale Ergebnis Ihrer Schmerzkrankheit sind und daß Sie deswegen keine Schuldgefühle haben sollten und sich dafür auch nicht zu rechtfertigen brauchen. Was jetzt vor allem not tut, sind nicht Schuldzuweisungen oder Fehleranalysen, sondern eine realistische Einschätzung, welches Ausmaß die Schäden bis jetzt angenommen haben, so daß Sie die Ziele einer Veränderung so gut wie irgend möglich bestimmen können.

Damit Ihre gemeinsamen Anstrengungen, gegen Ihre Probleme mit den chronischen Schmerzen anzugehen, einen guten Anfang nehmen, sollten Sie die im folgenden aufgelisteten Regeln für Ihre gemeinsame Arbeit beherzigen:

1. Immer wenn Sie mit Ihrem Partner zusammen eine gemeinsame Übung machen, sollten Sie diese ernsthaft und konsequent ausführen. Gelegentliche nachlässige Versuche bringen Sie nicht weiter.
2. Während einer gemeinsamen Übung sollten Sie und Ihr Partner sich vor möglichen Ablenkungen durch Kinder, Fernsehen, Telefongespräche und so weiter schützen. Es ist wichtig, daß Sie sich Zeiten und Orte aussuchen, zu und an denen diese Ablenkungen auf ein Minimum reduziert sind. Beide Partner sollten sich voll auf die Aufgabe konzentrieren können, ohne Unterbrechungen befürchten zu müssen.
3. Die Sitzungen müssen *konstruktiv* sein. Unter keinen Umständen sollten Sie sich erlauben, in Schuldzuweisungen und Streitigkeiten abzugleiten. Wenn Sie feststellen, daß Sie anfangen zu streiten, hören Sie sofort damit auf, tun Sie Ihr Möglichstes, sich wieder zu versöhnen, und kehren Sie dann zurück zu Ihrer ursprünglichen Aufgabe.
4. Diskutieren Sie während dieser Zeiten nichts anderes als das jeweilige Aufgabenziel.

Nun können Sie sich zusammen mit Ihrem Partner hinsetzen und die ‹Arbeitsblätter zum Ausmaß des Schadens› ausfüllen. Wenn Sie sie unabhängig voneinander ausgefüllt und Ihre Antworten konstruktiv miteinander diskutiert haben, können Sie die Liste auf den Seiten 44/45 durchgehen und diejenigen Kapitel anstreichen, die Sie lesen müssen. Wenn *einer* von Ihnen, entweder Sie oder Ihr Partner oder beide, eine der Fragen, die in einem der nachfolgenden Kapitel genauer behandelt werden, angekreuzt hat, sollten Sie *beide* dieses Kapitel lesen.

Arbeitsblatt zum Ausmaß des Schadens – Patient

Machen Sie ein Kreuz in das Kästchen vor denjenigen Behauptungen, die Sie für Ihre Situation als zutreffend empfinden.

☐ 1. Meine Ärzte verhalten sich manchmal so, als seien sie der Ansicht, daß ich mir die Schmerzen einbilde oder sie übertreibe.

☐ 2. Meine Familie verhält sich manchmal so, als sei sie der Ansicht, daß ich ein Hypochonder bin oder daß ich mir die Schmerzen einbilde oder sie übertreibe.

☐ 3. Manchmal frage ich mich, ob ich vielleicht wirklich ein Hypochonder bin oder ob meine Schmerzen vielleicht tatsächlich eingebildet oder übertrieben sein könnten.

☐ 4. Ich werde wütend, wenn meine Ärzte sich verhalten, als sei ich ein eingebildeter Kranker.

☐ 5. Ich werde wütend, wenn meine Familie sich verhält, als sei ich ein eingebildeter Kranker.

☐ 6. Ich habe das Gefühl, daß kein Mensch meine mißliche Lage versteht.

☐ 7. Ich habe ohne Erfolg viele Behandlungen ausprobiert und bin dabei, mein Vertrauen in die Ärzte zu verlieren.

☐ 8. Ich bin manchmal wütend auf meine Ärzte, weil sie nicht in der Lage sind, meine Schmerzen zu beseitigen.

☐ 9. Ich mache mir Sorgen, daß ich in die Medikamentenfalle gehen könnte: das heißt, ich habe das Gefühl, daß ich zu viele Medikamente und/oder zuviel Alkohol zu mir nehme, was mir aber keine Linderung verschafft. Es widerstrebt mir, damit aufzuhören, beziehungsweise ich habe Angst davor.

☐ 10. Ich habe das Gefühl, ich könnte in die Schonungsfalle gehen: das heißt, ich habe viele Aktivitäten aufgegeben, die mir früher Spaß gemacht haben, und ich habe den Eindruck, daß das vielleicht meine Stimmung und meine Lebenseinstellung verändern könnte.

☐ 11. Ich habe das Gefühl, ich könnte in die Depressionsfalle gehen: das heißt, ich habe die Motivation verloren, bin manchmal weinerlich oder depressiv, habe nicht mehr die Energie und den Antrieb wie in früheren Zeiten und bin verzweifelt und mutlos.

☐ 12. Ich habe das Gefühl, ich könnte in die Klage-Unmut-Schuld-Falle gehen: das heißt, manchmal beschuldige ich meinen Partner, daß er/sie mich nicht versteht, wenn für ihn/sie alles in Ordnung ist, aber dann fühle ich mich oft schuldig, wenn ich daran denke, wie gut er/sie zu mir ist und was für eine Last meine Krankheit der Familie aufbürdet.

☐ 13. Ich habe das Gefühl, mein Partner könnte in die Klage-Unmut-Schuld-Falle gehen. Ich finde, daß er/sie mir manchmal Vorwürfe macht wegen meiner Schmerzen, meiner Unfähigkeit, meinen Teil der Arbeit zu erledigen, und wegen der Last, die dieser Zustand der Familie aufbürdet. Es kann jedoch sein, daß er/sie deswegen auch Schuldgefühle hat, denn ich weiß, daß es ihm/ihr manchmal auch leid tut.

☐ 14. Manchmal komme ich mir schlecht vor, weil ich nicht in der Lage bin, mit den Schmerzen umzugehen und innerhalb der Familie meinen Teil der Arbeit zu leisten.

☐ 15. Ich habe das Gefühl, daß es zur Zeit in meinem Leben noch andere Probleme gibt als die, die in diesem Fragebogen angeführt sind (wie zum Beispiel Probleme in der Beziehung zum Ehepartner oder sexuelle Probleme).

Machen Sie genauere Angaben: ____________________

____

____

____

Arbeitsblatt zum Ausmaß des Schadens – Patient

Machen Sie ein Kreuz in das Kästchen vor denjenigen Behauptungen, die Sie für Ihre Situation als zutreffend empfinden.

☐ 1. Die Ärzte verhalten sich manchmal so, als hielten sie meinen Partner für einen Hypochonder oder als würde er sich die Schmerzen einbilden oder sie übertreiben.

☐ 2. Manchmal frage ich mich, ob mein Partner ein Hypochonder ist oder er sich seine Schmerzen einbildet oder sie übertreibt.

☐ 3. Ich werde wütend, wenn die Ärzte sich verhalten, als sei mein Partner ein eingebildeter Kranker.

☐ 4. Ich habe das Gefühl, daß ich die Situation meines Partners nicht vollständig verstehen kann.

☐ 5. Ich bin dabei, mein Vertrauen in die Ärzte zu verlieren.

☐ 6. Ich bin manchmal wütend auf die Ärzte, da sie nicht in der Lage sind, die Schmerzen meines Partners zu beseitigen.

☐ 7. Ich glaube, daß mein Partner in die Medikamentenfalle gegangen ist: das heißt, ich habe das Gefühl, daß er/sie zu viele Medikamente und/oder zuviel Alkohol zu sich nimmt, was ihm keine Linderung verschafft. Er/sie zögert aber oder hat Angst davor, damit aufzuhören.

☐ 8. Ich habe das Gefühl, daß mein Partner in die Schonungsfalle gegangen ist: das heißt, daß sein Rückzug von sinnvollen Tätigkeiten vielleicht sein Problem vergrößert.

☐ 9. Ich habe das Gefühl, daß mein Partner in die Depressionsfalle gegangen ist: das heißt, er scheint die Motivation verloren zu haben, ist manchmal deprimiert oder weinerlich, hat nicht mehr die Energie und die Antriebskraft wie in früheren Zeiten und fühlt sich verzweifelt und mutlos.

☐ 10. Ich habe das Gefühl, ich bin in die Klage-Unmut-Schuld-Falle gegangen: das heißt, ich bin manchmal ungehalten wegen seiner/ihrer Schmerzkrankheit und der Last, die dadurch der Familie aufgebürdet wird, aber ich habe deswegen auch oft Schuldgefühle, wenn ich so denke, daß er/sie schließlich nichts dafür kann.

☐ 11. Ich habe das Gefühl, mein Partner könnte in die Klage-Unmut-Schuld-Falle gegangen sein: das heißt, er verhält sich manchmal so, als würde er/sie meine gute Gesundheit zum Vorwurf machen, und beschuldigt mich, daß ich nicht verstehen würde, was es bedeutet, Schmerzen zu haben. Ich glaube jedoch, daß er/sie deswegen auch Schuldgefühle hat, weil er/sie weiß, daß ich mich sehr darum bemühe, nach besten Kräften für ihn/sie zu sorgen.

☐ 12. Ich habe das Gefühl, daß es zur Zeit in meinem Leben noch andere Probleme gibt als die oben erwähnten (wie zum Beispiel Probleme in der Beziehung zum Ehepartner oder sexuelle Probleme).

Machen Sie genauere Angaben: ______________________

____

____

____

Leseliste

Sie und Ihr Partner sollten nun ihre ‹Arbeitsblätter zum Ausmaß des Schadens› durchgehen. Wenn einer von Ihnen bei irgendeiner Aussage ein Kreuz gemacht hat, sollten Sie beide das entsprechende Kapitel lesen, das unten aufgeführt ist. Markieren Sie die Kapitel, die Sie lesen müssen, und benutzen Sie diese Seite als Orientierungshilfe.

Arbeitsblatt des Patienten	**Arbeitsblatt des Partners**	**Kapitel, die Sie lesen sollten**
Frage Nr.:	Frage Nr.:	
1, 4, 6, 7, 8, 9	1, 3, 5, 6, 7	4. Mein Doktor und ich
10, 11, 14	8, 9	5. Werden Sie wieder aktiv
3, 11, 14	9	6. Maßnahmen gegen Depressionen

9	7	7. Der Umgang mit Schmerzmitteln
Das sollten alle Patienten lesen	Das sollten alle Partner lesen	8. Was kann ich bei Schmerzen tun, was sollte ich lassen?
Das sollten alle Patienten lesen	Das sollten alle Partner lesen	9. Hilfe durch die Familie
Das sollten alle Patienten lesen		10. Beugen Sie den Schmerzen vor
12, 13, 15	10, 11, 12	11. Probleme erkennen und lösen, die Schmerzen möglicherweise verschlimmern
Das sollten alle Patienten lesen		12. Es geht voran ...

Bevor Sie anfangen, dieses Kapitel zu lesen, müssen Sie jedoch noch weitere Informationen über sich selbst sammeln. Dies ist ein wichtiger Schritt, denn daraus können Sie genau ablesen, an welchem Punkt Sie mit Ihrem Selbsthilfeprogramm ansetzen müssen. Außerdem gibt Ihnen das zusätzliche Informationen über die besonderen Bereiche, die in späteren Kapiteln behandelt werden, soweit Sie davon betroffen sind.

Das Tagebuch Ihrer Aktivitäten

Sie sollten jetzt damit beginnen, während der nächsten drei bis fünf Tage ein ‹Aktivitätstagebuch› zu führen. Wie lange Sie Ihre Eintragungen genau fortsetzen, bleibt Ihnen überlassen. Der wichtigste Gedanke dabei ist, genügend Informationen zusammenzutragen, um ein wirklich repräsentatives Bild davon zu bekommen, auf welche Weise Sie Ihre Zeit verbringen. Einen Entwurf, wie Sie dieses Tagebuch führen sollten, sehen Sie auf Seite 46.

Beispiel: Ein Aktivitätstagebuch

Zeit	Aktivität
7.15	Frühstück für die Familie vorbereitet
8.00	Wieder ins Bett gegangen, um auszuruhen
10.30	Kaffee gekocht und Zeitung gelesen
10.55	Die Hälfte des Geschirrs vom Frühstück abgewaschen
11.10	Die Vormittagssendung im Radio verfolgt
12.05	Mittagessen vorbereitet
12.30	Das restliche Geschirr vom Frühstück abgewaschen
12.55	Mit einem Freund telefoniert
13.20	Den Kindern, die aus der Schule kommen, Mittag gemacht
15.00	Im Bett einen Mittagsschlaf gemacht
15.30	Zwei Hemden gebügelt
16.00	Kaffee getrunken
16.30	Mit den Kindern ferngesehen
17.00	Das Abendessen vorbereitet
18.15	Mit der Familie zu Abend gegessen
19.00	Ferngesehen
20.30	Ein heißes Bad genommen
21.00	Gelesen
22.10	Zu Bett gegangen

Mein Aktivitätstagebuch

Zeit	Aktivitäten

Das vollständige Aktivitätstagebuch wird Ihnen zeigen, wie Sie Ihre Zeit aufteilen, einschließlich der Ruhezeiten; und es wird Ihnen dabei helfen, Zeiten für Ihre neuen Aktivitäten einzuplanen.

Ihr Aktivitätstagebuch sollte immer zur Hand sein, so daß Sie es im Verlauf des Tages ausfüllen können. Dadurch stellen Sie sicher, daß Sie nichts vergessen. Wenn Sie aus dem Haus gehen, können Sie es in einem Portemonnaie oder in einer Tasche mitnehmen. Es nimmt nur wenige Augenblicke in Anspruch, es herauszunehmen und zu notieren, was Sie zuletzt gemacht haben. Wenn Sie feststellen, daß es Ihnen wirklich unmöglich ist, es während des Tages auszufüllen (was bei manchen Leuten der Fall zu sein scheint), dann setzen Sie sich beim Mittag- und beim Abendessen hin und noch einmal kurz bevor Sie zu Bett gehen, und lassen Sie die Aktivitäten des letzten Tagesabschnitts Revue passieren. Es ist allerdings entscheidend, daß Sie mindestens dreimal täglich in Ihrem Tagebuch Eintragungen machen, um sicherzustellen, daß es auch wirklich genau berichtet. Vielleicht haben Sie Lust, es Ihrem Partner zu zeigen, nachdem Sie eine Eintragung gemacht haben, damit Sie sicher sein können, daß Sie nichts vergessen haben, woran er oder sie sich vielleicht erinnert.

Mögliche Aktivitäten für Sie

Die Aufgabe der nächsten Übung wird sein, eine möglichst lange Liste von Aktivitäten verschiedenster Art zu erstellen, mit denen Sie sich entweder vor Ihrer Schmerzkrankheit beschäftigt haben, oder mit denen Sie sich zwar nie beschäftigt haben, wozu Sie aber Lust hätten. Die Liste sollte *mindestens* 30 Tätigkeiten enthalten; 50 sind besser. Ein Beispiel für diese Liste sehen Sie auf der gegenüberstehenden Seite. Es ist gut, wenn Sie die Liste mit Ihrem Partner zusammen erstellen, denn viele Leute haben Schwierigkeiten, sie allein auszufüllen. Viele der Aktivitäten auf dieser Liste werden Dinge sein, zu denen Sie im Augenblick nicht in der Lage sind, von denen Sie vielleicht glauben, daß Sie sie vielleicht nie wieder werden tun können. Aber machen Sie sich darüber zum jetzigen Zeitpunkt keine Gedanken. Schreiben Sie alles auf. Diese Liste zu erstellen, kann viel Kraft kosten, aber die Mühe wird sich auszahlen. Wenn Ihnen keine 30 Aktivitäten einfallen, müssen Sie beide so lange daran arbeiten, bis Sie dieses minimale Ziel erreichen.

Beispiele für mögliche Aktivitäten

1.	Schaufensterbummel
2.	Neue Kleider einkaufen
3.	Schwimmen gehen
4.	Ins Kino gehen
5.	Den Küchenschrank saubermachen
6.	Bügeln
7.	Auf der Nähmaschine nähen
8.	Meine Verwandten besuchen
9.	Zum Abendessen in ein Restaurant gehen
10.	Einen Abendspaziergang machen
11.	Allein Lebensmittel einkaufen
12.	Mit der Familie ein Picknick veranstalten
13.	Ins Theater gehen
14.	Mit dem Wohnwagen zum Campen fahren
15.	Den Keller saubermachen
16.	Zum Friseur gehen
17.	Im Garten Unkraut jäten
18.	Ein Blumenbeet anlegen
19.	Freunde zum Abendessen einladen
20.	Maria im Auto zu ihren Klavierstunden bringen

Meine möglichen Aktivitäten

1.	
2.	
3.	
4.	
5.	
6.	
7.	
8.	
9.	
10.	
11.	
12.	
13.	
14.	
15.	
16.	
17.	
18.	
19.	
20.	

21.	
22.	
23.	
24.	
25.	
26.	
27.	
28.	
29.	
30.	

Wie teilen Sie Ihre Schmerzen mit?

Es ist hilfreich, genau herauszufinden, wie Sie der übrigen Welt Ihre Schmerzen mitteilen. Alle Menschen drücken mit Worten aus, wie es ihnen geht. Aber es gibt auch noch andere Möglichkeiten, Schmerz oder Freude, Wohlsein oder Unwohlsein auszudrücken, und zwar durch sogenannte nonverbale Kommunikation. Besonders in engen Beziehungen spielt das nonverbale Verhalten eine ebenso große Rolle wie das, was jemand sagt. Gleichzeitig machen wir uns selten Gedanken über unsere nonverbalen kommunikativen Gewohnheiten. Es ist gut zu wissen, durch welche Verhaltensmuster Sie Ihren Mitmenschen mitteilen, daß Sie Schmerzen haben, und Sie können es herausfinden, wenn Sie sich die Zeit nehmen, darauf zu achten.

Diese Übung können Sie ausführen, indem Sie sich über einen Zeitraum von drei bis fünf Tagen sorgfältig beobachten und dabei Ihre Informationen sammeln. Jedesmal wenn Sie bemerken, daß Sie anderen zu verstehen geben, daß Sie Schmerzen haben, sollten Sie das in eine ‹Klage-Liste› eintragen, aufgeteilt in je eine Kategorie ‹Verbales› und ‹Nonverbales›. Vielleicht bitten Sie Ihren Partner, ebenfalls eine solche Liste zu führen. Dann können Sie am Ende des Beobachtungszeitraums Ihre Notizen vergleichen. Der Hauptzweck dieser Übung besteht darin, Ihre Wahrnehmungsfähigkeit zu schärfen. (Danach können Sie fortfahren, den Ratschlägen zur Selbsthilfe in den Kapiteln 8 und 9 zu folgen.) Wenn Sie darüber nachdenken, wird sich sehr wahrscheinlich herausstellen, daß Sie Ihre Schmerzen auf Arten und Weisen zum Ausdruck bringen, die Ihnen bisher gar nicht bewußt waren.

Zusammenfassung

Nachdem Sie nun Informationen über Ihre derzeitigen Aktivitäten, Ihre denkbaren Aktivitäten und über die Art, wie Sie Ihre Schmerzen zum Ausdruck bringen, gesammelt haben, können Sie mit den Plänen für Ihr Selbsthilfeprogramm beginnen. Ich schlage vor, daß Sie die nächsten vier Kapitel gewissenhaft durchlesen und sich dann mit Ihrem Arzt beraten, bevor Sie damit beginnen. Es ist ratsam, vorher Ihren Arzt zu konsultieren, da es in einigen *wenigen* Fällen vorkommen kann, daß bestimmte Aktivitäten, die einen Bestandteil Ihres Planes ausmachen, weggelassen werden müssen oder daß der Teil des Plans, der die Medikamente betrifft, aus medizinischen Gründen nicht befolgt werden kann. Wenn einer dieser Fälle auf Sie zutrifft, sollten Sie dies wissen und den Rat des Arztes befolgen. Wahrscheinlich wird Ihr Arzt mit Ihnen darin übereinstimmen, daß es vernünftig wäre, Ihre Arzneimittel zu reduzieren und *langsam* und *systematisch* neue Aktivitäten aufzubauen (wie ich im nächsten Kapitel vorschlagen werde). Vielleicht ist Ihr Arzt bereit, dieses Buch ebenfalls zu lesen, um das diesen Vorschlägen zugrundeliegende Prinzip zu verstehen.

4. Mein Doktor und ich

In unserer, ebenso wie in den meisten anderen Kulturen wird den Ärzten als denjenigen, die anhand ihres Fachwissens in der Lage sind, Krankheiten zu heilen oder zumindest Symptome zu lindern (wie zum Beispiel Schmerzen), eine ehrenvolle Position eingeräumt. Als Ratgeber für die persönliche Gesundheit erfüllen sie auch eine allgemeine Funktion als Vertrauensperson ihrer Patienten.

Die Rollen im Arzt-Patient-Verhältnis

Sowohl der Arzt als auch der Patient haben eine spezifische, genau definierte Rolle im normalen Arzt-Patient-Verhältnis. Die Rolle des Patienten besteht darin, jede mögliche Hilfe zu suchen, ehrlich über alle Beschwerden Bericht zu erstatten und den Anweisungen des Arztes Folge zu leisten. Die Rolle des Arztes ist es, für die Krankheit die richtige Diagnose zu stellen, die richtige Behandlung zu verordnen, dem Patienten die Krankheit und die Behandlung zu erklären und ihm einen Hinweis darauf zu geben, wieviel Zeit die Behandlung in Anspruch nehmen wird. In den meisten Fällen funktioniert dieses herkömmliche Arzt-Patient-Verhältnis gut. Viele Gesundheitsprobleme können klar diagnostiziert werden, und mit den vom Arzt verschriebenen Behandlungen lassen sich im allgemeinen gut vorhersagbare Ergebnisse erzielen. Auf diese Weise werden im Normalfall Arzt und Patient in ihrer jeweiligen Rolle als Helfer und Hilfesuchender bestätigt.

Bei chronischen Schmerzen jedoch funktionieren die normalen Rollenzuteilungen zwischen Arzt und Patient häufig nicht so gut oder überhaupt nicht. Der Grund ist, daß es für *Ihre* Schmerzkrankheit vielleicht ganz einfach gar keine medizinische Lösung *gibt*, jedenfalls noch nicht zu diesem Zeitpunkt. Obwohl die medizinische Wissenschaft in den letzten Jahren viele Grenzen überschritten hat, kann sie viele Gesundheitsprobleme noch immer nicht lösen, viele Krankheiten noch immer nicht heilen, und chronischer Schmerz, einmal abgesehen von den wenigen bekannten Schmerzsyndromen, gehört dazu. Chronischer Schmerz ist im eigentlichen Sinne also eine Krankheit, für die es bisher noch keine Heilung gibt. Wenn Sie wollen, blättern Sie noch einmal zurück zu Kapitel 1, ‹Bin ich ein eingebildeter Kranker?›, wo dieser Gedanke ausführlicher erklärt wird.

Da Patienten von ihrem Arzt weiterhin *erwarten*, daß er jedes Problem lösen kann, einschließlich dem des chronischen Schmerzes, gerät er oder sie in eine schwierige Lage. Die Patienten kommen weiterhin, weil sie Hilfe und Lösungen suchen, und der Arzt versucht im allgemeinen weiterhin, diesen Forderungen nachzukommen. Da aber eine ‹Lösung› nach der anderen fehlschlägt, werden beide, Patient und Arzt, immer frustrierter. ‹Lösungen› können zum Beispiel sein:

- Überweisung an einen Facharzt,
- Physiotherapeutische Behandlung,
- Spritzen,
- Medikamente,
- ein Korsett,
- Akupunktur oder
- chirurgische Eingriffe, manchmal mehrere Operationen.

Vielleicht haben Sie noch weitere ‹Lösungen› ausprobiert, die Sie dieser Liste hinzufügen können.

Da diese ‹Lösungen› auch weiterhin wirkungslos bleiben, verliert der Patient häufig das Vertrauen in den Arzt. Gleichzeitig verliert auch der Arzt das Vertrauen in den Patienten und kommt zu dem Schluß, daß der Patient die Schmerzen offenbar haben *will* beziehungsweise krank sein *will*. An diesem Punkt beginnt das besondere Arzt-Patient-Verhältnis zusammenzubrechen. Und während dies passiert, fühlt sich der Patient oft zurückgewiesen, was dazu führen kann, daß der Patient noch vehementer Aufmerksamkeit und Hilfe *fordert*. Manche Patienten werden für ihren Arzt schließlich zur Nervensäge, indem sie ihn ständig anrufen und ihm ihre neuesten Beschwerden schildern, ihn um immer mehr Tabletten bitten, darauf bestehen, operiert zu werden oder ihn manchmal auch nur generell antreiben, *irgend etwas* zu tun. Sie als Patient spielen ganz einfach die Rolle des ‹Kranken›; und ein Teil dieser normalen Rolle besteht darin, Hilfe und Behandlungen für Ihre Krankheit zu suchen. Sie haben gelernt, daß dies Ihre Pflicht und Schuldigkeit ist, wenn Sie sich krank, unwohl oder in einem Zustand fühlen, der nicht normal ist.

Im Fall chronischer Schmerzen jedoch müssen einige der normalen Regeln verändert werden, andernfalls können die Ergebnisse richtiggehend gefährlich werden. Letzten Endes sind Ärzte auch bloß Menschen; und wenn sie in die Helferrolle gedrängt werden, antworten sie auf den Erwartungsdruck genauso wie jeder andere auch. Viele Ärzte geben solchem Druck schließlich nach und verschreiben mehr Medikamente, als sie vielleicht vertreten können, oder sie veranlassen eine Operation, um den Schmerzpatienten zu besänftigen und seine drängenden Forderungen nach Hilfe zu beenden. Die Tragödie ist die, daß der Nutzen solcher Maßnahmen oft geringfügig ist oder nur vorübergehend anhält, und wenn sich die jeweils letzte ‹Lösung› als weiterer Fehlschlag erweist, stellt sich der Patient wiederum in der Praxis ein mit seiner Forderung, daß etwas anderes oder mehr getan werden müsse.

Noch tragischer ist die Tatsache, daß die Behandlung häufig unangenehmer und schmerzhafter ist als die Krankheit selbst. Übertriebene Operationen zum Beispiel lassen oft Narbengewebe entstehen, das selbst wiederum Schmerzen hervorruft. Die übermäßige Einnahme von Medikamenten kann in die Medikamentenabhängigkeit führen. Wenn dies immer so weitergeht, wird Ihr Arzt Ihnen gegenüber immer unwilliger ebenso wie Sie immer desillusionierter und ärgerlicher werden. Ihr Mißtrauen als Patient richtet sich schließlich gegen die gesamte Ärzteschaft. Sie können Ihren Hausarzt verlassen und es mit einem anderen probieren, aber nach einiger Zeit wird sich, wohin auch immer Sie sich mit Ihrem Anliegen, ‹geheilt› zu werden, wenden, dieselbe Beziehung wieder einstellen.

Diese Konstellation zwischen Schmerzpatienten und ihren Ärzten ist zwar leider sehr verbreitet, muß sich jedoch nicht zwangsläufig einstellen. Das Hauptproblem in dieser schlecht funktionierenden Beziehung sind die *falschen Erwartungen*, daß Ärzte in der Lage sein *müssen*, chronische Schmerzen zu *heilen* oder zumindest auf Dauer zu lindern. Oft können sie dies ganz einfach nicht. Wenn Sie nicht an einem jener klar abgrenzbaren und gut bekannten Schmerzsyndrome leiden (die normalerweise als solche diagnostiziert werden), müssen

Sie diese Tatsache wohl oder übel akzeptieren. Wenn Sie genügend viele medizinische Behandlungen durchgemacht haben, und ganz besonders, wenn Sie zahlreiche ‹Lösungen› ausprobiert haben, die wirkungslos geblieben sind, ist es vielleicht an der Zeit, daß Sie akzeptieren, daß es keine medizinischen Lösungen gibt, die *Ihr* Problem beseitigen könnten.

Wie ich bereits weiter oben festgestellt habe, ist das, was an Ihrem Arzt-Patient-Verhältnis schiefläuft, die Tatsache, daß sowohl Sie als auch Ihr Arzt sich an die Regeln und Rollenzuweisungen gehalten haben, die für ein *gewöhnliches* Arzt-Patient-Verhältnis gelten. Im Fall von chronischen Schmerzen, für die häufig keine somatische, d. h. eine ausschließlich auf den Körper bezogene Therapie existiert, sind diese Regeln nicht nur wirkungslos, sondern können sogar destruktiv sein. (Bedenken Sie, daß das Fehlen einer rein somatischen Therapie nicht immer bedeutet, daß auch körperliche Verursacher der Schmerzen fehlen. Manchmal steht selbst dann keine Behandlung zur Verfügung, wenn die Ursache bekannt ist.) Wahrscheinlich haben Sie von Ihrem Arzt erwartet, daß er ein Kaninchen aus seinem Doktorhut zaubert. Möglicherweise hat er es ein- oder sogar mehrmals versucht, aber nichts davon hat wirklich funktioniert. Sie haben in der Annahme gelebt, daß es möglich sei, Sie vollständig von Ihren Schmerzen zu befreien, und mehr noch, daß nicht *Sie* dafür zuständig seien, sondern Ihr *Arzt*. Inzwischen sollte jedoch deutlich geworden sein, daß derartige Vorstellungen mit der Wirklichkeit kollidieren.

Legen Sie die ‹Krankenrolle› ab

Wenn Sie dieses Buch bis hierher gelesen und seine Botschaft verstanden haben, fangen Sie jetzt sehr wahrscheinlich an festzustellen, daß es, auch wenn Sie Ihre Schmerzen vielleicht nicht völlig loswerden können, durchaus Mittel und Wege gibt, mit Ihrem Schmerz besser *umzugehen* und mit ihm zu leben. Diese Strategien, mit den Schmerzen zu leben, müssen jedoch weitgehend von Ihnen selbst entwickelt werden, nicht von Ihrem Arzt.

Wenn Sie diese Prämisse einmal akzeptiert haben, können Sie zusammen mit Ihrem Arzt versuchen, im Arzt-Patient-Verhältnis neue Rollen zu lernen. Sie müssen die übliche ‹Krankenrolle› und die mit ihr verbundenen Forderungen nach Hilfe oder Heilung ablegen und bereit sein, eine ‹Rehabilitationsrolle› anzunehmen. Rehabilitation meint den Versuch, so unabhängig und normal wie möglich zu leben. Im Gegenzug kann dann Ihr Arzt die Rolle desjenigen einnehmen, der Ihnen die Rehabilitation erleichtert, indem er den Part eines Ratgebers oder Beistands übernimmt. Sie können seinen Rat bei bestimmten Fragen einholen, zum Beispiel, wie schnell Sie die Anforderungen Ihres Übungsprogramms steigern sollen. Er kann Sie außerdem dabei unterstützen, den ‹Schmerzcocktail›, der in Kapitel 7 beschrieben wird, herstellen zu lassen. Er sollte sie mit der Zeit auch bei Ihren Fortschritten ermutigen. Aber die *Verantwortung* für die Anwendung dieser Schmerzbewältigungstechniken muß bei *Ihnen* liegen.

Wenn jeder von Ihnen diese neuen Rollen angenommen hat, wird sich Ihre zentrale Aufmerksamkeit nicht mehr, wie in der Vergangenheit, auf Ihre Schmerzen oder auf andere Probleme konzentrieren. Überhaupt werden Sie wohl kaum noch das Bedürfnis verspüren, auch nur darüber zu reden. Statt dessen wird sich Ihre Aufmerksamkeit dann auf Ihre Umstellung richten – auf Ihre erweiterten Aktivitäten, Ihre neuen Interessen, Ihren reduzierten Medikamentenkonsum, Ihre Fortschritte in Richtung auf ein neues, gesünderes und glücklicheres Leben. Nicht nur Sie selbst werden mit der neuen Rolle zunächst Schwierigkeiten haben, auch Ihr Arzt wird vielleicht Zeit brauchen, um sich an seine neue Rolle zu gewöhnen. Nach wie vor ist die Arztpraxis schließlich ein Ort, an dem der Patient seine Beschwerden vorbringt und der Arzt verständnisvoll zuhört. Was demgegenüber hier vorgeschlagen wird, ist, daß die Besuche des Patienten in der ärztlichen Praxis in der Weise verlaufen, daß der Patient den Arzt über seine Fortschritte bei der Überwindung der chronischen Schmerzen und der zahlreichen ‹Fallen›, mit denen diese zusammenhängen, auf dem laufenden hält, während der Arzt Ermutigung und Ratschläge anbietet. Ärzte (und Patienten) sind häufig der Ansicht, daß ein Patient, der keine Beschwerden mehr vorzubringen hat, auch keine Arztbesuche mehr braucht. Dies ist jedoch nicht in jedem Fall richtig. Wenn sich jemand auf den schwierigen Weg zur Rehabilitation begibt, sind die regelmäßigen Kontakte mit dem Arzt wichtiger denn je.

Möglicherweise werden Sie feststellen, daß es Ihrem Arzt nicht gelingt, diesen Rollentausch mitzumachen. Wie bereits angesprochen, sind Ärzte letzten Endes ausgebildet, die Rolle des ‹*Problemlösers*› zu spielen, und normalerweise tun sie das auch. Wenn Sie feststellen, daß Ihr Arzt nicht in der Lage ist, sich zu ändern, sollten Sie dennoch nicht verzweifeln. Es gibt noch andere Fachkräfte, wie zum Beispiel Psychologen, die ebenfalls in der Lage sein sollten, Ihnen zu helfen, besonders wenn diese sich auf die Rolle des Schmerzbewältigungshelfers spezialisiert haben. Einen Psychologen kann Ihnen Ihre örtliche Schmerzklinik (siehe Anhang) oder Ihr Hausarzt nennen. Leider zögern viele Schmerzpatienten, zu einem Psychologen zu gehen, weil sie der Meinung sind, dies würde den Verdacht nahelegen, daß die Schmerzen nur in ihrem Kopf oder in ihrer Einbildung existierten. Dies ist eine überholte Ansicht. Heutzutage wird der Beistand von Psychologen bei der Lösung einer ganzen Reihe gesundheitlicher Probleme mit Hilfe verhaltenstherapeutischer Maßnahmen als hilfreich anerkannt. In der Tat gründet sich auch dieses Buch auf Techniken, die von relativ neuen Spezialgebieten der Psychologie abgeleitet sind, der ‹Klinischen Psychologie› und der ‹Verhaltenstherapeutischen Medizin›. Da einige der Prinzipien dieser Neuentwicklungen innerhalb der Psychologie noch nicht allgemein bekannt sind, ist es vielleicht sinnvoll, wenn Sie Ihren Schmerzbewältigungshelfer, wer auch immer das ist, mit diesem Buch vertraut machen – nur zur Sicherheit.

Zusammenfassung

1. Das traditionelle Arzt-Patient-Verhältnis (der Arzt in der Rolle dessen, der Heilung anbietet, und der Patient in der Rolle des nach Heilung Suchenden) wird im Falle chronischer Schmerzen wahrscheinlich nicht funktionieren. Das Arzt-Patient-Verhältnis bricht normalerweise zusammen, wenn die Therapien nicht den gewünschten Erfolg, nämlich Schmerzfreiheit, bringen.

2. Es kann zu Ihrem eigenen Schaden gereichen, wenn Sie Ihren Arzt häufig anrufen oder aufsuchen und Hilfe von ihm fordern, ganz besonders, wenn Sie mehr Medikamente, Spritzen und/oder chirurgische Eingriffe von ihm verlangen. Wenn Ihr Arzt der Meinung ist, daß Sie mehr Medikamente oder Spritzen brauchen oder daß Sie operiert werden müssen, wird er Ihnen das schon von sich aus empfehlen. Mit Druck von Ihrer Seite könnten Sie ihn dazu bringen, daß er Ihnen etwas empfiehlt, wovon er selbst nicht überzeugt ist.

3. Statt die ‹Krankenrolle› zu spielen, sollten Sie als Patient lieber die ‹Rehabilitationsrolle› einnehmen, die Ärzte hingegen sollten, statt ‹Problemlöser› zu sein, lieber zu ‹Rehabilitationshelfern› werden. Diese Rollen erfordern eine Umkehrung herkömmlicher Verhaltensmuster, bei denen der Patient seine Beschwerden aufzählt, der Arzt geduldig zuhört und anschließend Behandlungen verschreibt. Statt dessen wird der Arzt ermutigt, die Rolle des Zuhörenden einzunehmen und ‹gutes›, erfolgreiches Verhalten zu unterstützen, zum Beispiel, wie der Patient in seinem Aktivitätsprogramm vorwärtskommt, wie ihm die Reduzierung seiner Medikamenteneinnahme gelingt oder welche Pläne der Patient für die Zukunft schmiedet. Ärzte sollten unbedingt Fragen stellen wie zum Beispiel die folgende: ‹Erzählen Sie mir, was Sie in der letzten Zeit gemacht haben›, anstelle von ‹Wie fühlen Sie sich›, so daß die Betonung von den Schmerzen und der Krankheit abgelenkt, statt auf sie gelenkt wird. Nur so kann der Arzt dem Patienten dabei helfen, der chronischen Schmerzfalle zu entkommen.

4. Auch Psychologen können die Rolle des Rehabilitationshelfers einnehmen. Fast immer können Sie über Ihre nächstgelegene Schmerzklinik (siehe Anhang) oder über Ihren Hausarzt Kontakt zu Psychologen aufnehmen. Es ist empfehlenswert, Ihren Schmerzbewältigungshelfer mit den Prinzipien der verhaltenstherapeutischen Medizin vertraut zu machen, die Sie in diesem Buch finden.

5. Der wichtigste Punkt in diesem Kapitel ist jedoch, daß Sie für Ihr Schmerzproblem keine Lösungen von Ihrem Arzt oder von irgend jemand sonst erhalten können. Die Verantwortung für die Kontrolle über und den Umgang mit Ihren chronischen Schmerzen liegt allein bei *Ihnen*. Nur *Sie* selbst können Ihre Schmerzen beim Schopf pakken. Niemand anders – nicht einmal Ihr Arzt – kann das für Sie tun.

5. Werden Sie wieder aktiv

Ann, die auf Seite 28 vorgestellt wurde, nahm sich ein Übungsprogramm vor, mit dessen Hilfe sie nach und nach ihre Aktivitäten erweiterte. Der Arzt hatte ihr seine Zustimmung signalisiert, und so begann sie spazierenzugehen, Treppen zu steigen, Gegenstände zu heben, auf dem Trimmrad und im Auto zu fahren.

Nachdem sie ihr Ausgangsleistungsniveau festgestellt hatte, steigerte sie ihre Leistungen in kleinen Schritten von Tag zu Tag. Sie verpflichtete sich, sich selbst zu belohnen, wenn es ihr gelang, ihr Tagesziel zu erreichen, und sich zu bestrafen, wenn es ihr nicht gelang. Während viele Menschen Tage erleben, an denen sie ihr Ziel verfehlen, müssen Anns tägliche Ziele und Belohnungen für sie gerade richtig gewesen sein, denn sie schaffte jeden Tag, was sie sich vorgenommen hatte. Eine ihrer Lieblingsbelohnungen war es, morgens lange auszuschlafen. Wenn sie sich eine besondere Prämie gönnte, kaufte sie sich etwas Neues zum Anziehen. Ihre Familie lobte ihren Fortschritt, und ihr Ehemann zeigte ihr seine Bewunderung, indem er ihr Dinge mitbrachte, die sie besonders gerne aß, sie mit Blumen überraschte (zum erstenmal seit 20 Jahren) und indem er sich mit ihr zu vertrauten Gesprächen zusammensetzte, statt den Fernseher einzuschalten.

Ann machte Fortschritte bei Spaziergängen von 35 Schritten bis zu drei Kilometern am Tag. Als sie mit ihrem Übungsprogramm aufhörte, um ihre normalen Aktivitäten wiederaufzunehmen, konnte sie drei Treppen hinauf und hinunter steigen, zwei Stunden lang im Auto sitzen, sieben Kilogramm heben und acht Kilometer auf dem Trimmrad fahren. Schritt für Schritt nahm sie ihre normale Hausarbeit wieder auf. Wenige Monate später machte sie den Führerschein, um mobiler zu sein. Sie nahm einen Teilzeitjob als Kassiererin an, so daß sie ihr eigenes Geld verdiente, und ging gleichzeitig wieder zu ihren Buchhaltungskursen. Sie überredete ihren Ehemann, mit ihr einen Tanzkurs zu belegen, und war stolz auf ihre Fortschritte. Anns Familie berichtete, daß ihre frühere Verdrießlichkeit einer besseren Stimmung gewichen war und daß sie ihren Humor wiedergefunden hatte.

Ann hatte sich aus der Schonungsfalle befreit.

Wenn Sie den Abschnitt über die Schonungsfalle in Kapitel 2 sorgfältig gelesen haben, werden Sie verstehen, wie die Untätigkeit vermutlich zu Ihrem Problem beigetragen hat. «Aber», werden Sie vielleicht sagen, «ich bin so aktiv, wie ich mit meinen Schmerzen nur sein kann. Immer wieder habe ich versucht, aktiv zu sein, aber es endet *immer* wieder damit, daß ich dafür büßen muß.» Und das stimmt wahrscheinlich. Der Grund liegt mit großer Wahrscheinlichkeit darin, daß Sie versuchen, *zuviel auf einmal* zu tun. Ihre Muskeln sind von der Untätigkeit schwach geworden, und wenn Sie etwas Anstrengendes tun, ist es kein Wunder, wenn Sie danach Schmerzen haben. Die Schlüsselwörter für dieses Kapitel sind *allmählich, systematisch* und *regelmäßig*.

Es ist sehr wichtig, daß Sie Ihre Aktivitäten *allmählich* und *systematisch* aufbauen. Sie werden mit einem Übungsprogramm beginnen müssen, für das Sie Zeit brauchen werden, und Sie sollten sich vornehmen, es mindestens über die nächsten paar Wochen hinweg *regelmäßig* durchzuführen. Sie müssen die Körperübungen jedoch nicht für immer beibehalten. Wenn das Niveau Ihrer Aktivitäten irgendwann normaler geworden ist, können Sie Ihre Fortschritte immer mehr in Richtung Ihrer normalen täglichen Aktivitäten ausdehnen. Tatsächlich behalten jedoch viele Menschen ihr Übungsprogramm auch weiterhin bei, ganz einfach deshalb, weil es ihnen Spaß macht. Wenn Sie sich den Körperübungen in der richtigen Weise annähern, können diese sehr befriedigend sein und erheblich dazu beitragen, Ihre Stimmung zu verbessern.

Etwas später in diesem Kapitel werden Ihnen mehrere Übungsformen vorgeschlagen. Sie sollten entscheiden, welche Übungen Ihnen guttun, und diese mit Ihrem Arzt besprechen. Es ist möglich, daß von einigen der Übungen aus medizinischen Gründen abzuraten ist, aber selbst wenn dies der Fall sein sollte, können Sie dennoch sicher sein, daß Sie mit *anderen* arbeiten können. Wenn Sie trotzdem noch Schwierigkeiten haben, Übungen zu finden, die für Sie geeignet sind, lassen Sie sich vielleicht von Ihrem Arzt an einen Krankengymnasten überweisen, der ein Trainingsprogramm genau auf Sie abstimmen kann.

Die Übungen, die in diesem Kapitel vorgestellt werden, sind einfach, aber praktisch, wie zum Beispiel spazierengehen, Treppen steigen, selbst oder als Beisitzer Auto fahren, Aufgaben im Haushalt übernehmen oder auch ganz einfach nur sitzen. Es sind Dinge, die viele Patienten mit chronischen Schmerzen nach und nach aufgegeben haben und die ihnen jetzt sehr schwerfallen. Sie und Ihr Arzt oder

Ihr Krankengymnast können sich auch für andere Übungen entscheiden. Das Wichtigste, was dieses Kapitel Ihnen zeigen möchte, ist die richtige *Methode*, wie Sie wieder aktiver werden können. Sie besteht darin, an einem einfachen Ausgangspunkt zu beginnen und dann kleine, allmähliche, aber stetige Schritte vorwärts zu machen.

Im Lauf der nächsten Wochen sind Sie Teilnehmer eines Trainingsprogramms – eines Trainingsprogramms, durch das Sie wieder in die Normalität zurückkehren können. Auf dieselbe Art wie ein Leistungssportler werden Sie Ihren Körper, Ihre Muskeln und Ihren Geist wieder trainieren. Um zu garantieren, daß diese Anstrengung erfolgreich verläuft, rate ich Ihnen dringend, mit sich selbst Verträge abzuschließen. Ein Muster dafür finden Sie auf den Seiten 74/75. Solche Verträge sind aus mehreren Gründen ganz nützlich:

1. Sie können Ihre Tagesziele ganz genau festlegen.
2. Sie können bei Erfolg oder Mißerfolg Konsequenzen (Belohnungen oder Bestrafungen) festlegen.
3. Sie dienen ausgezeichnet als Erinnerung oder Mahnung, besonders wenn Sie sie an einem auffälligen Platz anbringen, wie zum Beispiel am Kühlschrank, am Fernsehgerät, in der Nähe des Spülbeckens in der Küche oder des Waschbeckens im Badezimmer.

Sie sollten für jede Übung, die Sie in Ihr Programm aufnehmen wollen, einen Ausgangspunkt bestimmen. Zu diesem Zweck sollten Sie Ihr momentanes körperliches Leistungsniveau einschätzen, das bedeutet im wesentlichen festzulegen, wieviel Sie von jeder Übung im Augenblick ohne Anstrengung schaffen. Für die ersten drei Tage Ihres Übungsprogramms sollten Sie bestimmte Zeiten einplanen, um eine Übung auszuprobieren und in Erfahrung zu bringen, wieviel Sie davon bewältigen können, ohne sich anstrengen zu müssen. (In späteren Abschnitten, die spezifische Übungen beschreiben [vgl. Seite 71ff] werden Methoden besprochen, wie Sie Ihre Leistung messen können.) Denken Sie daran, daß Sie nicht *mehr* tun, als Ihnen möglich ist, *ohne* sich irgendwelche körperlichen Schmerzen zuzufügen (weder während der Übung noch später). Seien Sie vorsichtig: übertreiben Sie es nicht. Das Entscheidende bei diesem Programm ist, Ihre Körperkräfte langsam und stetig wiederaufzubauen. Wenn Sie es übertreiben, führt dies lediglich dazu, daß Sie das Programm unterbrechen müssen, bis Sie sich wieder erholt haben, was letztlich einen Rückschritt bedeutet. Rückschritte sollten jedoch unter allen Umständen vermieden werden! Sie verlieren dadurch nur den Mut, es weiterhin zu versuchen. Dieses Programm ist so strukturiert, daß der Erfolg garantiert ist; die einzelnen Schritte sind klein genug, daß Sie sie auf einfache Weise bewältigen können.

Am Schluß werden Sie gebeten, sich Belohnungen auszudenken, die Sie sich gönnen, wenn es Ihnen gelingt, Ihre Tagesziele zu erreichen, und Strafen, die Sie sich auferlegen, wenn Sie es nicht schaffen. Man hat festgestellt, daß die Anwendung von Belohnung und Bestrafung insgesamt dazu beiträgt, die Erfolgsquoten bei Übungsprogrammen zu erhöhen. Weiter unten wird dies ausführlicher dargestellt.

Wenn Sie drei Tage lang Ihr momentanes Leistungsniveau festgestellt haben, ist es Zeit, mit Ihrem Programm zu beginnen, Tagesziele, tägliche Belohnungen oder Bestrafungen und auch einen regelmäßigen Plan festzulegen, dessen Zeiten Sie mit Ihrem Aktivitätstagebuch (siehe Seite 47) abstimmen sollten. In jedem der folgenden Abschnitte wird Ihnen ein Ausgangspunkt vorgeschlagen, der sich an Ihren anfänglichen Messungen orientiert. Sie werden feststellen, daß sich der vorgeschlagene Ausgangspunkt immer leicht *unterhalb* Ihrer Messungen befindet. Dies ist absichtlich so festgelegt, um die Leichtigkeit und den Erfolg zu sichern. Lassen Sie sich nicht verführen, oberhalb dieses bescheidenen Niveaus anzufangen. Sie können nichts gewinnen, aber viel verlieren, wenn Sie zu ehrgeizig beginnen.

Die täglichen Ziele werden jeweils für eine Woche im voraus festgelegt. Und die Ziele jeder folgenden Woche hängen davon ab, welche Fortschritte Sie in der vorangegangenen Woche gemacht haben. Wenn Sie diesem System folgen, werden Sie es leichter haben, Ihr Programm dem jeweiligen Grad Ihrer Fortschritte anzupassen. Sie sollten im Normalfall Ihr Ziel erreichen; dann haben Sie Ihr Programm ungefähr richtig aufgestellt. Wenn Sie jedoch häufig mit Ihrem Programm scheitern, haben Sie wahrscheinlich Ihre Ziele ganz einfach zu hoch gesteckt. Es kann allerdings auch an den Belohnungen und Bestrafungen liegen, die Sie für sich ausgewählt haben, wenn Sie Fehlschläge erleiden. Genaueres dazu später in diesem Kapitel.

Mögliche Ziele für Ihre Aktivitäten

Das Maß Ihrer Aktivitäten sollte sich jede Woche erneut danach ausrichten, was Sie in der vorausgehenden Woche erreicht haben. Jeder einzelne wird woanders beginnen und mit einer anderen, ihm eigenen

Geschwindigkeit Fortschritte machen. Entscheidend ist nicht, wie schnell Sie vorwärtskommen, sondern daß Sie gleichmäßig und stetig Fortschritte machen. Zählen Sie nach, an wie vielen Tagen der vorhergehenden Woche Sie Ihr Ziel erreicht haben, und sehen Sie dann in der folgenden Liste nach:

Übungen	**Gehen**	**Sitzen**	**Treppensteigen**	**Autofahren**
1. Woche	ein Schritt/ Tag	eine Minute/ Tag	eine Treppenstufe/ Tag	eine Minute/ Mal
Folgende Wochen:				
Wenn Sie Ihr Ziel in der letzten Woche zwei- oder einmal in sieben Tagen erreicht haben	ein Schritt jeden zweiten Tag	eine Minute jeden zweiten Tag	eine Treppenstufe jeden zweiten Tag	zwei Minuten jedes zweite Mal
Wenn Sie Ihr Ziel in der letzten Woche sechs-, fünf-, vier- oder dreimal in sieben Tagen ereicht haben	ein Schritt/ Tag	eine Minute/ Tag	eine Treppenstufe/ Tag	eine Minute/ Mal
Wenn Sie Ihr Ziel in der letzten Woche siebenmal in sieben Tagen erreicht haben	zwei Schritte/ Tag	zwei Minuten/ Tag	zwei Treppenstufen/Tag	zwei Minuten/ Mal

Der Vertrag für Ihr Übungsprogramm

Die Verträge für Ihr Übungsprogramm können Sie unterschiedlich gestalten. Sie können sich entscheiden, jedesmal eine Übung zu machen mit einem separaten Vertrag für jede Übung, oder Sie können beschließen, zwei oder mehrere Übungen zusammen zu machen, entweder jeweils mit einzelnen Verträgen oder mit einem Vertrag für alle zusammen. Menschen, die Schwierigkeiten damit haben, sich tägliche Belohnungen und Bestrafungen auszudenken, fällt es oft leichter, einen Vertrag für alle Übungen einzuhalten. Der einzige Nachteil einer solchen Abmachung ist, daß Sie sich damit *mehr* Arbeit für die gleiche Belohnung (oder zur Vermeidung der gleichen Strafe) abverlangen. Wenn Sie sich also für dieses System entscheiden, sollten Sie aus diesem Grunde sicherstellen, daß die Belohnungen und Strafen eine besondere Motivation darstellen! Eine weitere Vorgehensweise kann sein, daß Sie mit einer einzelnen Übung beginnen und nach ein paar Wochen eine zweite hinzufügen und so weiter. Dann revidieren Sie die alten Verträge oder fügen neue hinzu, wie Sie mögen. Wie Sie die Verträge mit sich selbst abschließen und das Übungsprogramm aufbauen, bleibt Ihnen überlassen. Wichtig ist nur, *daß* Sie es tun.

Eine gute Möglichkeit, die Vertragsabschlüsse mit sich selbst einzuhalten, ist, während der Woche eine feste Zeit zu bestimmen, zu der Sie den Vertrag oder die Verträge für die nächste Woche abschließen. So reservieren Sie gewissermaßen eine Therapiestunde mit sich selbst. Prüfen Sie anhand Ihres Aktivitätstagebuches (Seite 47), welche Zeit Ihnen für diese Planungssitzung am angenehmsten ist. Viele Patienten wählen einen Termin am Wochenende, vielleicht nachdem die Kinder im Bett sind. Besonders der Sonntagabend scheint sich dafür in vielen Fällen sehr gut zu eignen. Lassen Sie dann anhand Ihrer Aufzeichnungen die letzte Woche Revue passieren, und bestimmen Sie Ihre Erfolgsquote; entwickeln Sie die jeweiligen Tagesziele für die folgende Woche, und stellen Sie tägliche Belohnungen und Strafen aus einer Liste zusammen, die Sie gemäß den Anweisungen auf den Seiten 69/70 anfertigen.

Halten Sie Ihre Fortschritte fest

Eine wesentliche Voraussetzung für Ihren Erfolg ist, daß Sie ständig einen Überblick über Ihre Fortschritte haben. Die beste Möglichkeit, diese übersichtlich aufzuzeichnen, bietet eine Graphik. Muster für Graphiken einer Gehübung finden Sie auf den Seiten 78/79. Auf der Basis dieser Beispiele können Sie Ihre eigenen Graphiken ganz leicht vorbereiten.

Fertigen Sie für jede Übung eine eigene Graphik an. Sie sehen, daß am unteren Ende der Beispielgraphik die Tage aufgelistet und wochenweise zusammengefaßt sind. Vertikal stehen in der linken Spalte die Meßeinheiten für die Übungen. (Die Gehübung wird z. B. nach der Anzahl der Schritte gemessen.) Sie müssen sich die Größe Ihrer Übungseinheiten gut überlegen, so daß Ihre Fortschritte adäquat auf der Graphik abgebildet werden. Sie können auch gerne ein wenig schummeln und am unteren Ende der Graphik mit irgendeiner Zahl über Null beginnen. Dadurch lassen sich die Einheiten etwas besser gliedern und Ihre Fortschritte deutlicher sichtbar machen. Die Beispielgraphik auf Seite 79 illustriert diese Technik.

Jeden Tag, nachdem Sie Ihre Übung gemacht haben, zeichnen Sie den richtigen Punkt in Ihre Graphik ein und verbinden ihn durch eine Linie mit dem zuletzt eingezeichneten Punkt. Wenn Sie wollen, können Sie die Linie mit farbiger Tinte, Farbstiften oder Kreiden zeichnen, so daß die Kurve Ihrer Fortschritte deutlich hervortritt. Es wurde bereits erwähnt, daß es sinnvoll ist, den Vertrag an einer auffälligen Stelle im Haus aufzuhängen. Dies gilt auch für Ihre Graphik. Abgesehen davon, daß Sie damit Ihrer Familie signalisieren, daß Sie daran arbeiten, Ihr Schmerzproblem zu überwinden, können die Graphiken Ihnen selbst als Erinnerung oder Mahnung dienen.

Wählen Sie sich Belohnungen und Strafen

Während Ihres Übungsprogramms werden Sie sich durch Belohnungen und Strafen bei der Stange halten. Viele Patienten sagen zunächst, «Ich brauche keine Belohnungen und keine Strafen. Schließlich bin ich kein Kind mehr. Ich habe meinen Willen», oder «Das ist unsinnig. Dadurch werde ich nicht motiviert.» Das Gegenteil ist jedoch der Fall: Systeme, die mit Belohnung und Bestrafung arbeiten, sind weder kindisch noch unrealistisch. In Wirklichkeit hat fast *alles*, was wir tun, mit Belohnung oder Strafe zu tun, die wir als Konsequenzen unseres Handelns einkalkulieren; wir gestehen es uns oft nur selbst nicht ein. Menschen arbeiten, um Geld zu verdienen (eine Belohnung) oder einfach, weil ihnen ihre Arbeit Spaß macht (eine innerliche Belohnung) oder damit ihre Familien nicht glauben, sie seien faul (eine Vermeidung von Strafe), und so weiter. Menschen fahren langsamer, als es die Höchstgeschwindigkeit erlaubt, um Unfälle (Strafe) oder Strafzettel (eine andere Form von Strafe) zu vermeiden oder um von ihrer Familie gelobt zu werden, daß sie ein guter Fahrer seien (Belohnung). Menschen gehen sanft, lieb und rücksichtsvoll mit ihren Ehepartnern um, zum Teil deshalb, weil sie Zurückweisungen, Ärger und Griesgrämigkeit als Reaktion (Strafe) vermeiden wollen. Ganz gleich, was wir davon halten, wir alle haben es gern, belohnt zu werden, und möchten Strafen lieber entgehen oder sie vermeiden.

Da dies ein Selbsthilfeprogramm ist, sorgen Sie selbst für Ihre Belohnungen und Strafen, um Ihr eigenes Verhalten zu ‹kontrollieren›. Derartige Übungsprogramme sind niemals einfach durchzuführen. Vielleicht haben Sie Bekannte, die ein ähnliches Programm ‹mal eben› absolvieren wollten und schnell scheiterten. Warum also entscheiden Sie sich nicht dafür, dieses eine gleich richtig durchzuführen, indem Sie sich Belohnungen und Strafen ausdenken, die so beschaffen sind, daß sie Ihnen die nötige Motivation zu geben vermögen?

Belohnungen und Strafen, die Sie nicht wirklich motivieren, verfehlen ihre Wirkung. Der einzige Weg, um festzustellen, ob sie für Sie persönlich etwas taugen, besteht darin festzustellen, ob Sie sich durch sie dazu bringen lassen, Ihre Übungen tatsächlich durchzuführen. Wenn nicht, gibt es zwei Möglichkeiten, woran es liegen könnte: entweder sind die Belohnungen und Strafen nicht stark genug, oder sie werden nicht häufig genug eingesetzt. (Natürlich müssen Sie sie gewissenhaft anwenden, damit sie überhaupt funktionieren.) Eine Belohnung sollten Sie sich gönnen, wenn es Ihnen gelungen ist, Ihre Aufgabe zu erfüllen; eine Strafe dagegen sollten Sie sich dann aufbrummen, wenn Sie dabei gescheitert sind. Vorausgesetzt, Sie haben Ihre Ziele richtig geplant und wirkungsvolle Belohnungen und Strafen gewählt, werden Sie schon nach kurzer Zeit feststellen, daß Ihnen die Übung jedesmal gelingt.

Wenn Sie an diesem Punkt angelangt sind, werden Sie sich vielleicht fragen, «Wie schaffe ich es, Belohnungen und Strafen *täglich* für mich zu finden?» Zunächst erscheint Ihnen diese Aufgabe vielleicht ziemlich abschreckend, besonders wenn Sie für jeden Tag einzeln einen Plan aufstellen müssen. Tatsächlich ist es aber halb so schwer. Um zu sehen, wie es gemacht wird, ist es vielleicht das beste, Sie sehen sich die Seiten 69/70 an. Dort finden Sie Beispiele von Belohnungen und Strafen, die andere Menschen als wirkungsvoll empfunden haben.

Setzen Sie sich mit Ihrem Partner oder mit Ihrer Familie zusammen, und stellen Sie eine lange Liste von Belohnungen und Strafen auf. Es ist ganz nützlich, dies zusammen mit anderen zu machen, da diese Ihnen helfen können, einen Anfang zu finden; aber natürlich geht es auch alleine. Sie können damit beginnen, die Beispiele durchzugehen, und dann selbst kreativ werden. Denken Sie daran, daß alles, was Sie auswählen, Ihrer Verfügungsgewalt unterliegen muß, so daß Sie *selbst* es anwenden können. Obwohl die meisten Menschen diesen Schritt anfänglich ziemlich schwer finden, wird es schließlich immer leichter, sich Sachen auszudenken, nachdem Sie erst einmal damit angefangen haben. Vor allem wenn Sie zu zweit daran arbeiten, sollte es Ihnen gelingen, für jede Liste – eine für Belohnungen, die andere für Strafen – mindestens 20 Punkte zu finden. Und Sie können und sollten sie in den folgenden Wochen erweitern. Wenn Sie einmal in Schwung gekommen sind und regelmäßige Erfolgserlebnisse haben, kann die Aufgabe, sich Belohnungen und Strafen auszudenken, an sich schon zum Vergnügen werden.

Beispiele für mögliche Belohnungen und Strafen

Auf den folgenden beiden Seiten finden Sie einige Vorschläge von Belohnungen und Bestrafungen von anderen Schmerzpatienten. Haken Sie diejenigen ab, von denen Sie denken, daß diese auch *für Sie* eine Belohnung oder eine Strafe sein könnten. Sie können diese Ideen in Ihrer eigenen Liste verwenden oder selbst eine ganz neue Liste aufstellen.

Mögliche Belohnungen	**Mögliche Strafen**
Lange ausschlafen	Früh aufstehen
Abends lange aufbleiben	Früh zu Bett gehen
Etwas, das Sie besonders mögen, zu essen oder zu trinken, z. B.:	Etwas Bestimmtes *nicht* zu essen oder zu trinken, z. B.:
________________	________________
________________	________________
Musik hören	Keine Nachrichten ansehen
Den Rücken massieren lassen	Die Toilette putzen
Geld ausgeben für etwas, das Sie sich wünschen, z. B.:	Eine Geldspende an eine politische Gruppe, die Sie nicht leiden können
________________	
Heiß baden	Kalt duschen
Frühstück im Bett	Kein Frühstück
Karten spielen	Ausgehen ohne Make-up, ohne Socken o. ä.
Ihre Lieblingszeitschrift lesen	Keine Zeitung lesen
Sich vorlesen lassen	Die Küche putzen
Zeit mit jemandem, den Sie sehr mögen, verbringen	Einen griesgrämigen Nachbarn um einen Gefallen bitten

Ihre Liste möglicher Belohnungen:	*Ihre Liste möglicher Strafen:*

Weiter gehen

Der erste Vorschlag betrifft die Verbesserung Ihrer Fähigkeit, lange Strecken zu Fuß zu gehen. Gehen ist eine ausgezeichnete Körperübung und sehr wichtig für viele Tätigkeiten. Doch viele Schmerzpatienten stellen fest, daß sie überhaupt nicht weit gehen können. Dies trifft ganz besonders, wenn auch nicht ausschließlich, auf Menschen zu, die Schmerzen und Beschwerden im Kreuz haben.

Gehen ist eine für das tägliche Leben sehr wichtige Fähigkeit, die Zugang zu vielen anderen Aktivitäten verschafft, die vermieden oder aufgegeben werden, wenn es schwierig wird, normale Distanzen zu Fuß zu überwinden. Bevor Sie entscheiden, ob Sie von diesem Abschnitt betroffen sind, sollten Sie sich überlegen, was Sie aufgrund Ihrer Schmerzen beim Gehen nicht mehr oder nur noch eingeschränkt erledigen können. Wenn eine der folgenden Tätigkeiten dabei ist, sollten Sie das Gehprogramm mitmachen: einkaufen, spazierengehen, wandern, reisen oder eine berufliche Tätigkeit.

Die *Grundeinschätzung* bezieht sich in diesem Fall auf die Frage, wie weit Sie zur Zeit ohne Schwierigkeiten gehen können. Während der ersten drei Tage sollten Sie nur so weit gehen, wie Sie können, *ohne* daß Sie währenddessen oder hinterher Schmerzen bekommen. Planen Sie diesen Spaziergang fest ein – möglichst jeden Tag zur selben Zeit. Ziehen Sie Ihr Aktivitätstagebuch zu Rate, und wählen Sie anhand dessen eine geeignete Zeit aus. Sie sollten während der Übung die Anzahl der Schritte zählen, die Sie hintereinander gehen können (ungeachtet der Schritte, die Sie ohnehin sonst noch während des Tages gehen). Wenn Ihre Gehfähigkeit relativ stark eingeschränkt ist, können Sie Ihr Wohnzimmer als anfängliches Übungsterrain benutzen. Wenn das Gehen nicht Ihr größtes Problem ist, können Sie draußen beginnen oder, je nachdem, wie es das Wetter erlaubt, irgendwo drinnen hin- und hergehen oder zu einem nahe gelegenen Sportplatz. Ganz egal wo Sie gehen, auf jeden Fall sollten Sie Ihre Schritte zählen. Als Schritt zählt, wenn Sie einen Fuß vor den anderen setzen (rechter Fuß, ein Schritt; linker Fuß, zwei Schritte und so weiter). Zeichnen Sie dies in eine Graphik ein, wie es auf den Seiten 78/79 dargestellt und in dem Abschnitt ‹Halten Sie Ihre Fortschritte fest› (vgl. Seite 66) beschrieben wird.

Das Gehprogramm

Nun sind Sie bereit, mit Ihrem Programm zu beginnen. Als erstes müssen Sie sich für jede Woche die Tagesziele setzen. Mit diesen Zielen sollten Sie allmählich die Anzahl der zu gehenden Schritte steigern, und Sie sollten dies durch einen Vertrag bestätigen, den Sie mit sich selbst abschließen. Auf den Seiten 74/75 finden Sie ein Beispiel für einen solchen Vertrag. Sie werden feststellen, daß der Vertrag eine bestimmte Belohnung beziehungsweise Strafe festlegt für den Fall, daß Sie Ihr jeweiliges Ziel erreichen bzw. scheitern. Unterlassen Sie es nicht, den Vertrag aufzusetzen. Die Verträge sind innerhalb Ihres Programms nichts Nebensächliches oder Unwichtiges. Im Gegenteil, sie sind von ganz besonderem Nutzen, nicht nur, weil Sie dadurch genau daran erinnert werden, worauf Sie sich jeweils eingelassen haben, und weil sie eine gute Gedächtnisstütze sind (wenn sie an auffälligen Stellen angebracht werden), sondern auch, weil sie eine wesentliche Motivationsstütze darstellen, indem sie Konsequenzen vorgeben, je nachdem, ob Sie die Aufgaben Ihres Programms erfüllt haben oder nicht.

Stellen Sie Ihr Programm nach den folgenden Schritten auf:

1. Schritt: Setzen Sie sich ein erstes Ziel, indem Sie von Ihrer *niedrigsten* Anfangsleistung der ersten drei Tage zehn Schritte abziehen. So erhalten Sie das Tagesziel für den ersten Tag Ihrer Gehübung. Wenn zum Beispiel Ihre niedrigste Anfangsleistung bei 17 Schritten lag, beginnen Sie mit sieben; wenn sie bei 53 lag, beginnen Sie mit 43; wenn sie bei 419 lag, beginnen Sie mit 409 Schritten.

2. Schritt: Als nächstes bestimmen Sie die Anzahl der Schritte, die Sie während der ersten Woche jeweils dem Ziel des vorangegangenen Tages hinzufügen wollen, und tragen Sie diese auf Seite 76 oben in den ‹Geh-Vertrag› ein. Kennzeichnen Sie außerdem das Blatt als ‹Erste Woche›. Für die erste Woche sollten Sie Ihre Ziele relativ niedrig stecken. Hierfür empfiehlt sich eine tägliche Steigerung um einen Schritt.

3. Schritt: Als nächstes entscheiden Sie, wann Sie mit Ihrem Programm anfangen wollen. Tragen Sie jeden Wochentag sowie das jeweilige Datum in die linke Spalte des Vertrages ein. Errechnen Sie die Schritte Ihres ersten Tagesziels, wie es im Abschnitt ‹1. Schritt› gezeigt wurde (Ihre niedrigste Anfangsleistung abzüglich zehn Schritte), und schreiben Sie es unter den ersten Schritt der täglichen Ziele in Spalte zwei. Fügen Sie für jeden weiteren Tag der Woche Ihr täglich erweitertes Ziel ein. Füllen Sie die ganze Woche aus. Schreiben Sie in den Spalten vier und fünf neben jeden Tag jeweils eine Belohnung und eine Strafe aus der Liste, die Sie zuvor angefertigt haben. Sie können mehrmals dieselben Belohnungen und Strafen eintragen, wobei es jedoch wichtig ist, daß Sie sich nicht zu häufig mit derselben Sache belohnen, um ihrer nicht überdrüssig zu werden – denn dann verliert sie ihre Wirkung als Belohnung. Dasselbe gilt für die Strafen. Wenn Sie sich zu oft dieselbe Strafe auferlegen, besteht die Gefahr, daß Sie sich schließlich daran gewöhnen könnten, in diesem Falle würde sie ihre Wirkung einbüßen.

4. Schritt: Unterzeichnen und datieren Sie den Vertrag. Denken Sie daran, daß Sie sich damit verpflichten, alle Vertragspunkte einzuhalten, einschließlich der Belohnungen und Strafen.

5. Schritt: Befestigen Sie den Vertrag an einem gut sichtbaren Ort, wo Sie daran erinnert werden, ihn zu befolgen, und eintragen müssen, ob Sie Ihre Ziele erreicht haben und ob Sie sich die geplante Belohnung gegönnt beziehungsweise die geplante Strafe auferlegt haben. Die letzten beiden Spalten dienen Ihrer täglichen Selbstbeobachtung.

6. Schritt: Entscheiden Sie vorher, *wann* Sie Ihre Gehübung machen können. Sehen Sie in Ihrem Aktivitätstagebuch nach, und wählen Sie eine Zeit aus, zu der Sie wenig andere Aufgaben zu erledigen haben und noch nicht zu müde sind, denn solche Dinge sollten Ihnen nicht als Ausrede dienen können. Am besten machen Sie die Gehübung jeden Tag zur selben Zeit und lassen sie damit zur Routine werden. Wählen Sie entweder eine bestimmte Zeit aus, wie zum Beispiel 10.30 Uhr morgens, oder entscheiden Sie sich dafür, die Übung einem bestimmten, regelmäßigen Ereignis Ihres Tagesablaufs vorausgehen oder folgen zu lassen, wie zum Beispiel ‹nach dem Frühstück›. Vielleicht können Sie in Ihrem Plan auch beide Möglichkeiten miteinander kombinieren, zum Beispiel: ‹Ich werde meine Gehübung jeden Tag nach dem Frühstück machen, aber nicht später als 10.30 Uhr.› Für welche Art der Zeitplanung Sie sich auch immer entscheiden, tragen Sie sie in das dafür vorgesehene Feld am unteren Rand Ihres Vertrages ein.

7. Schritt: Notieren Sie Ihre Ergebnisse auf Ihrem Vertrag, sobald Sie Ihr tägliches Gehpensum geschafft haben. Benutzen Sie in Ergänzung zum Vertrag auch Ihre Graphik von Seite 80 zur Aufzeichnung Ihrer Fortschritte. Schreiben Sie die Tage an den unteren Rand der Graphik und dazu die Anzahl der Schritte jeweils in die linke Spalte. Markieren Sie täglich den Punkt für die Anzahl der Schritte, die Sie an diesem Tag gemacht haben, und ziehen Sie die Verbindungslinie zu der Markierung des vorhergehenden Tages.

8. Schritt: Nun sollten Sie sich Ihre Belohnung gönnen beziehungsweise sich Ihre Strafe aufbrummen – oder dies jedenfalls ins Auge fassen. Wenn es möglich ist, daß Sie sich sofort belohnen, dann sollten Sie das tun. *Belohnungen, die man sich sofort gibt, wirken am besten.* Wenn Sie sich erst zu einer späteren Tageszeit belohnen können, sollten Sie sich daran erinnern, daß ‹dies die Belohnung dafür ist, daß Sie Ihr Tagesziel beim Gehen erreicht haben›. Und unabhängig davon, wann Sie sich belohnen, sollten Sie sich auf jeden Fall in Gedanken selbst ein Lob aussprechen. Es ist wichtig für Sie anzuerkennen, wenn Sie Ihren Vertrag erfüllt haben. Sagen Sie sich etwa in Gedanken: ‹Ich bin stolz darauf, daß ich mein Tagesziel im Gehen erreicht

Beispiel: Der Geh-Vertrag

Hiermit verpflichte ich mich zu dem Versuch, mein Tagesziel im Gehen zu erreichen und keine Ausflüchte zu finden, wenn ich es nicht tue. Wenn ich mein Tagesziel erreiche, werde ich mich jedesmal selbst belohnen. Wenn ich es nicht schaffe, werde ich mich jedesmal selbst bestrafen.

Meine tägliche Steigerung beträgt ___1___ Schritte/Tag
für die ___1.___ Woche.

Wochentag und Datum	Tagesziel im Gehen (in Schritten)	Tägliche Belohnung	Tägliche Bestrafung	✓ Wenn es Ihnen gelungen ist und Sie sich belohnt oder bestraft haben (B oder S)
Montag 20. Mai	29	eine extra Tasse Kaffee	keine Zeitung lesen	B
Dienstag 21. Mai	30	heißes Schaumbad	kalte Dusche	B
Mittwoch 22. Mai	31	ein leckerer Nachtisch nach dem Mittagessen	kein Mittagessen	B

Donnerstag 23. Mai	32	eine neue Zeitschrift kaufen	kein Fernsehen bis 21 Uhr	B
Freitag 24. Mai	33	die neue Zeitschrift lesen	Um 21 Uhr zu Bett gehen	B
Samstag 25. Mai	34	heißes Schaumbad	Kalte Dusche	B
Sonntag 26. Mai	35	20,- DM für ein neues Portemonnaie	Um 7 Uhr aufstehen	B

Bonus: Wenn ich an allen sieben Tagen mein Ziel erreiche, belohne ich mich mit einem Frühstück im Bett

Ich verpflichte mich, meine Gehübung jeden Tag um 10.30 Uhr zu machen und / oder nach dem Frühstück,

allerdings nicht später als 11 Uhr
(anderer Zeitplan)

Susanne Schmidt
(Unterschrift)

25. 11. 89
(Datum)

Mein Geh-Vertrag

Hiermit verpflichte ich mich zu dem Versuch, mein Tagesziel im Gehen zu erreichen und keine Ausflüchte zu finden, wenn ich es nicht tue. Wenn ich mein Tagesziel erreiche, werde ich mich jedesmal selbst belohnen. Wenn ich es nicht schaffe, werde ich mich jedesmal selbst bestrafen.

Meine tägliche Steigerung beträgt ________ Schritte/Tag
für die ________ Woche.

Wochentag und Datum	Tagesziel im Gehen (in Schritten)	Tägliche Belohnung	Tägliche Bestrafung	✓ Wenn es Ihnen gelungen ist und Sie sich belohnt oder bestraft haben (B oder S)

Bonus: Wenn ich mein Ziel an allen sieben Tagen erreiche, werde ich mich mit ______________________________ belohnen

Ich verpflichte mich, meine Gehübung jeden Tag um ______ Uhr oder

____

(anderer Zeitplan)
zu machen.

______________________________ ______________

(Unterschrift) (Datum)

Beispiel: Das Gehprogramm als Graphik

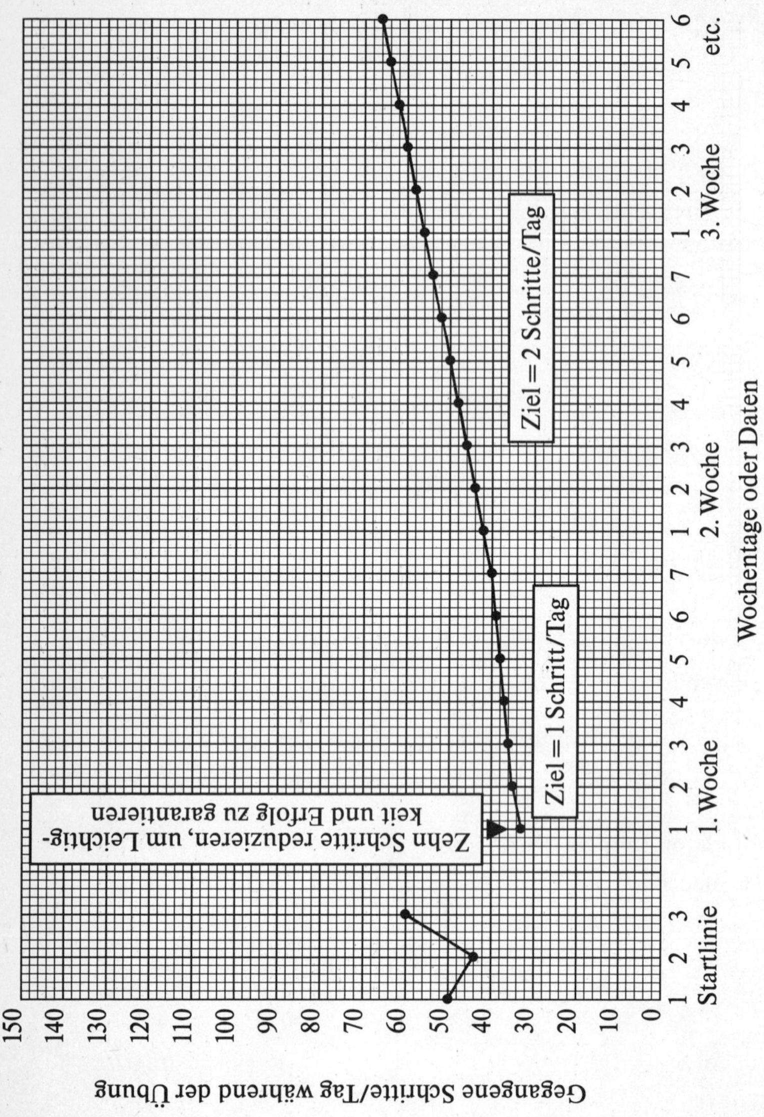

Beispiel: Das Gehprogramm als Graphik

(mit reduzierter Skala, um die Fortschritte besser sichtbar zu machen)

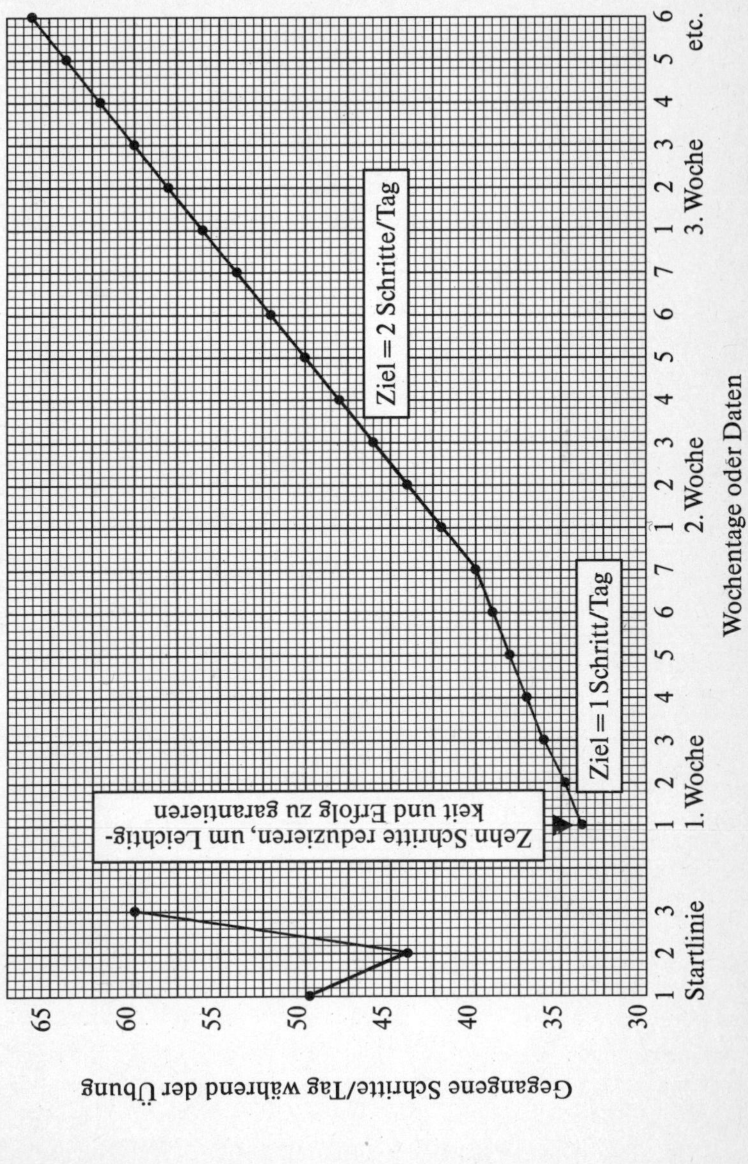

Mein Gehprogramm als Graphik

Wochentage oder Daten

Gegangene Schritte/Tag während der Übung

habe›, oder ‹Ich bin dabei, mein Aktivitätsprogramm einzuhalten›. Das Eigenlob ist ebenso wichtig wie die anderen, greifbareren Belohnungen. Schmerzpatienten haben häufig die Tendenz, sich selbst sehr stark zu kritisieren, sich aber wenig zu loben. Dies ist ein guter Weg, wie Sie damit beginnen können, Ihre negative Meinung über sich selbst abzubauen.

Wenn es Ihnen nicht gelingt, Ihr Tagesziel zu erreichen, müssen Sie sich die Strafe auferlegen, die Sie für diesen Tag bestimmt haben. Versuchen Sie, sie so bald wie möglich hinter sich zu bringen. Was auch immer Sie tun, flüchten Sie sich nicht in irgendwelche Entschuldigungen, um aus Ihrem Vertrag herauszukommen, auch nicht vorübergehend. Es ist zum Beispiel keine Entschuldigung, daß Sie zu irgendeiner anderen Tageszeit aus anderen Gründen eine ganze Menge zu Fuß gegangen sind. Der ganze Sinn dieses Programms zielt darauf ab, Sie *regelmäßig* und *systematisch* wieder in Form zu bringen. Auch dafür, daß Sie ‹vergessen› haben, sich zu belohnen beziehungsweise zu bestrafen, gibt es *keine* akzeptable Entschuldigung. Würde Ihnen vielleicht eine Bank verzeihen, wenn Sie ‹vergessen› würden, eine Rate Ihrer Schulden zurückzuzahlen? Würde ein Polizist die Augen schließen, wenn Sie die Geschwindigkeitsbegrenzung ‹vergessen›? Nun, dieser Vertrag ist ebenso wichtig und ebenso gültig.

9. Schritt: Wenn es Ihnen gelingt, *alle* Tagesziele der ersten Woche zu erreichen, sollten Sie sich auf jeden Fall eine Extrabelohnung gönnen, die als Bonus am unteren Rand Ihres Vertrages vermerkt ist. Es sollte etwas ganz Besonderes sein – Sie haben es verdient!

10. Schritt: Die zweite Woche sollten Sie auf dieselbe Weise angehen wie die erste. Machen Sie einen Vertrag für die ganze Woche, und orientieren Sie sich dabei an der ersten Woche. Ab jetzt sollte die Erfolgsquote jeder vorhergehenden Woche die Grundlage sein für die Ziele, die Sie sich für die folgende Woche stecken. Die Tabelle auf Seite 64 schlägt Ihnen Steigerungsraten vor, die auf Ihren Erfolgsquoten aufbauen. Zählen Sie Ihre Erfolge der vorangegangenen Woche zusammen, und sehen Sie in dieser Tabelle nach, wenn Sie die Ziele für die folgende Woche bestimmen. Wenn Sie zum Beispiel alle Tagesziele der ersten Woche erreicht haben, sind Sie vielleicht bereit, das Ziel eines jeden Tages um eine etwas größere Zahl von Schritten zu erweitern, zum Beispiel täglich zwei Schritte mehr in der zweiten Woche. Wenn Ihre Erfolgsquote jedoch nicht ganz perfekt war, Sie aber an mindestens drei von sieben Tagen Ihr Ziel erreicht haben, sollten

Sie sich in der nächsten Woche für jeden Tag nur einen Schritt mehr vornehmen. Wenn Sie Ihr Ziel an weniger als drei Tagen erreicht haben, sollten Sie Ihr tägliches Ziel reduzieren. Vielleicht möchten Sie aber auch jeden zweiten oder dritten Tag einen Schritt mehr machen. Wenn Sie Ihr Ziel an weniger als drei Tagen erreicht haben, sollten Sie noch einmal überprüfen, ob Ihre Belohnungen und Strafen wirklich motivierend genug sind. Vielleicht müssen Sie wirkungsvollere erfinden. Möglicherweise liegt das Problem auch darin, daß Sie bisher überhaupt versäumt haben, sich zu belohnen oder zu bestrafen, und daß Sie deshalb zu wenig motiviert sind, um erfolgreich zu sein. Dies zeigt lediglich, daß Belohnungen und Strafen tatsächlich nötig *sind*. Stellen Sie sicher, daß Sie das Programm das nächste Mal wirklich vollständig durchführen.

11. Schritt: Benutzen Sie in jeder folgenden Woche die Erfolgsquote der vorhergehenden Woche als Richtlinie, um neue Ziele festzulegen. Beziehen Sie sich dabei immer auf die Tabelle auf Seite 64.

Wenn Sie anfangen, regelmäßig die Übungen zu machen und dabei immer besser in Form kommen, können Sie Ihre Tagesziele oft immer schneller erhöhen. Wenn Sie also stets Ihr Ziel erreichen, und Ihre Tagesziele jeweils um mehr als zwei Schritte erhöhen möchten, können Sie das tun, aber Sie sollten es nicht übertreiben. Arbeiten Sie sich allmählich vorwärts. Es ist sehr wichtig, daß Sie Ihre Ziele nicht so hoch stecken, daß Sie häufig Mißerfolge erleben und schließlich entmutigt werden. Das führt bloß dazu, daß Sie aufgeben.

Noch eine Warnung – *gehen Sie niemals weiter, als Ihr Tagesziel es vorschreibt!* Damit würden Sie Rückschläge riskieren. Der allerwichtigste Aspekt dieses Programms ist die Regelmäßigkeit. Es sind die täglichen Fortschritte, die Sie schließlich zum Erfolg führen werden – sie sind so klein, daß es nicht schwierig ist, sie zu erreichen, und der Erfolg einigermaßen gesichert ist. Diese kleinen Gewinne addieren sich unweigerlich zu einem aktiveren Leben.

Länger sitzen

Schwierigkeiten beim Sitzen sind sehr verbreitet bei Menschen, die unter Kreuzschmerzen leiden, können aber auch bei Patienten mit anderen chronischen Schmerzen auftreten. Durch diese Übung können Sie lernen, wieder längere Zeit zu sitzen. Das Sitzen ist auch eine Voraussetzung für viele andere Aktivitäten. Wenn Sie nicht in der Lage sind, die folgenden Tätigkeiten auszuführen, sollten Sie die Sitzübung mitmachen: zum Essen ausgehen; ins Kino, zu einem Konzert, ins Theater oder zur Kirche gehen; an einem Kursus teilnehmen; eine sitzende Tätigkeit oder Arbeit ausüben.

Für dieses Übungsprogramm gelten dieselben Prinzipien und Schritte, die bereits für das Gehprogramm dargestellt wurden. Auch hier sollten Sie wieder drei Tage lang Ausgangsinformationen sammeln, tägliche ‹Sitzziele› bestimmen, einen Vertrag unterzeichnen, sich selbst belohnen und bestrafen und Ihre Tagesziele langsam steigern, bis Sie in der Lage sind, wieder normal zu sitzen.

Die ersten drei Tage bilden eine Informationsphase, in der Sie einschätzen sollten, wie lange Sie bequem und ohne Schwierigkeiten oder Schmerzen (weder während der Sitzübung noch später) an einem Stück sitzen können (das heißt ohne Unterbrechungen durch Aufstehen oder Hinlegen).

Benutzen Sie den Stuhl in Ihrem Haus, den Sie am *un*bequemsten finden. (Sie werden sich daran gewöhnen müssen, auf unbequemen Stühlen zu sitzen: Restaurants, Fußballplätze und Kirchen haben nicht immer bequeme Polstersessel.) Nehmen Sie sich während des Sitzens eine Beschäftigung vor, die Sie gerne machen, vorzugsweise etwas Aktives wie einen Brief schreiben, stricken, modellieren oder Karten spielen. Vermeiden Sie eher passive Tätigkeiten, wie zum Beispiel fernsehen oder jemandem zuhören, der Ihnen etwas vorliest. Während Sie der gewählten Tätigkeit im Sitzen nachgehen, beobachten Sie drei Tage lang die Zeiten. Zeichnen Sie Ihre Sitzzeiten in eine Graphik ein, wie es auf Seite 66 erklärt wurde.

Das Sitzprogramm

1. Schritt: Setzen Sie sich das Ziel für den ersten Tag auf dieselbe Weise wie beim Gehprogramm. Nehmen Sie die *kürzeste* Zeitspanne der drei Beobachtungstage; ziehen Sie davon einige Minuten ab, und setzen Sie sich diesen Wert als erstes Tagesziel.

2. Schritt: Bestimmen Sie Ihre tägliche Steigerung. Eine Minute pro Tag ist ein vernünftiges Maß für tägliche Steigerungen in der ersten Woche.

Mein Sitz-Vertrag

Hiermit verpflichte ich mich zu dem Versuch, mein Tagesziel im Sitzen zu erreichen und keine Ausflüchte zu finden, wenn ich es nicht tue. Wenn ich mein Tagesziel erreiche, werde ich mich jedesmal selbst belohnen. Wenn ich es nicht schaffe, werde ich mich jedesmal selbst bestrafen.

Meine tägliche Steigerung beträgt ______ für die ______ Woche.

Wochentag und Datum	Tagesziel im Sitzen (in Minuten)	Tägliche Belohnung	Tägliche Bestrafung	✓ Wenn es Ihnen gelungen ist und Sie sich belohnt oder bestraft haben (B oder S)

Bonus: Wenn ich an allen sieben Tagen mein Ziel erreiche, werde ich mich mit ______________________________ belohnen.

Ich verpflichte mich, meine Sitzübung jeden Tag um __________ __________ Uhr zu machen und / oder

____

(anderer Zeitplan)

______________________________ ______________

(Unterschrift) (Datum)

Mein Sitzprogramm als Graphik

Wochentage oder Daten

Zeit, die Sie täglich sitzen

3. Schritt: Füllen Sie Ihren Sitz-Vertrag für die erste Woche aus. Schreiben Sie jedes Tagesziel, die Belohnung und die Strafe sowie einen Bonus auf.

4. Schritt: Machen Sie Ihre Sitzübung jeden Tag zur gleichen, festgelegten Zeit. Sehen Sie in Ihrem Aktivitätstagebuch nach, wenn Sie Ihren Stundenplan festlegen. Denken Sie daran, sich mit etwas anderem zu beschäftigen, während Sie sitzen. Die Zeit vergeht so schneller, und Sie müssen dabei nicht dauernd an Ihre Probleme denken. Wenn Sie nichts parat haben, was Sie tun können, probieren Sie etwas Neues aus. Folgende Tätigkeiten eignen sich besonders, während Sie sitzen: einen Brief schreiben, stricken, häkeln, etwas ausbessern, modellieren, malen, etwas schreiben, sticken, ein Musikinstrument spielen, weben, spinnen, Makramee, Lederarbeiten, töpfern, Schmuck oder Spielzeug herstellen, eine Zeitschrift oder eine Zeitung lesen. Wenn das alles Ihnen nicht zusagt, gehen Sie in ein Bastelgeschäft oder einen Buchladen, und suchen Sie nach etwas, das Ihnen gefällt.

5. Schritt: Halten Sie sowohl in Ihrem Vertrag als auch in Ihrer Sitzgraphik täglich Ihre Fortschritte fest.

6. Schritt: Gönnen Sie sich Ihre tägliche Belohnung, beziehungsweise brummen Sie sich die auferlegte Strafe auf. Vergessen Sie nicht, sich selbst zu loben, wenn Sie Ihre Ziele erreichen.

7. Schritt: Benutzen Sie bei der Vorbereitung der Folgeverträge für die jeweils nächsten Wochen die Erfolgsquoten der vorhergehenden als Richtschnur. Blättern Sie zurück zur Tabelle auf Seite 64, wenn Sie Ihre Ziele festlegen. Lassen Sie sich noch einmal daran erinnern, daß es wichtig ist, *kleine*, aber *tägliche* Fortschritte zu machen. Sie sind so klein, daß Ihnen das spielend gelingen wird. Mit der Zeit werden sie sich zu beträchtlichen Erfolgen summieren, und dadurch können Sie wieder an viele Tätigkeiten anknüpfen, die Sie früher ausgeübt haben.

Treppensteigen

Viele Patienten mit chronischen Schmerzen sind in ihrer Bewegungsfreiheit eingeschränkt, weil sie keine Treppen steigen können. Auch dieses Problem ist vor allem bei Patienten mit Schmerzen im Kreuz sehr verbreitet. Wenn Sie das Gefühl haben, daß Sie deshalb in Ihrer Mobilität eingeschränkt sind, entweder zu Hause oder wenn Sie ausgehen wollen, dann könnte dies eine Übung sein, an der Sie arbeiten sollten. Damit Sie diese Übung ohne großen Aufwand bewerkstelligen können, sollte bei Ihnen zu Hause oder ganz in der Nähe natürlich eine Treppe vorhanden sein, aber schon wenige Stufen können ausreichen.

Beginnen Sie in den ersten drei Tagen damit, Ihre Ausgangsleistung zu messen. Wie viele Stufen hintereinander können Sie ohne Mühe und ohne daß es Ihnen Schmerzen verursacht hinauf- und hinuntersteigen? Machen Sie diesen Test an drei aufeinanderfolgenden Tagen, indem Sie die Stufen zählen und die Ergebnisse in eine der vorgegebenen Graphiken eintragen.

Wenn Sie diese Messungen beendet haben, sind Sie so weit, daß Sie einen Vertrag mit sich selbst unterzeichnen können, für den Sie eines der vorbereiteten Vertragsformulare benutzen sollten. Die folgenden Schritte sollten Sie einhalten:

1. Schritt: Setzen Sie einen Ausgangspunkt fest für den ersten Tag Ihres Übungsprogramms. Ein guter Ausgangspunkt ist etwa drei Stufen weniger als Ihr niedrigstes Ergebnis aus den ersten drei Tagen.

2. Schritt: Setzen Sie sich ein Ziel, um wie viele Stufen Sie sich jeden Tag steigern wollen. Für die erste Woche ist eine Stufe mehr pro Tag ein realistischer Vorschlag.

3. Schritt: Bestimmen Sie tägliche Belohnungen und Bestrafungen für sich selbst aus der Liste, die Sie gemacht haben. Schreiben Sie diese, zusammen mit einem zusätzlichen Bonus, in Ihren Vertrag.

4. Schritt: Wenn Sie den Vertrag unterzeichnet und datiert haben, befestigen Sie ihn zusammen mit der Graphik an einer auffälligen Stelle.

5. Schritt: Beginnen Sie mit Ihrem Übungsprogramm, indem Sie dafür eine regelmäßige Tageszeit reservieren, zu der Sie am wenigsten abgelenkt werden. Benutzen Sie Ihr Aktivitätstagebuch, um die bestmögliche Zeit herauszufinden.

Meine Graphik für das Treppensteigen

Wochentage oder Daten

Anzahl der Stufen, die Sie hinauf- bzw. heruntergegangen sind

Mein Vertrag: Treppensteigen

Hiermit verpflichte ich mich zu dem Versuch, mein Tagesziel im Treppensteigen zu erreichen und keine Ausflüchte zu finden, wenn ich es nicht tue. Wenn ich mein Tagesziel erreiche, werde ich mich jedesmal selbst belohnen. Wenn ich es nicht schaffe, werde ich mich jedesmal selbst bestrafen.

Meine tägliche Steigerung beträgt ________ für die ________ Woche.

Wochentag und Datum	Tagesziel (Anzahl der Stufen)	Tägliche Belohnung	Tägliche Bestrafung	✓ Wenn es Ihnen gelungen ist und Sie sich belohnt oder bestraft haben (B oder S)

Bonus: Wenn ich mein Ziel an allen sieben Tagen erreiche, werde ich mich mit ______________________________ belohnen.

Ich verpflichte mich, meine Übung im Treppensteigen jeden Tag um ______________________________ (Zeit) zu machen und / oder

____

(anderer Zeitplan).

______________________________ ______________

(Unterschrift) (Datum)

6. Schritt: Sofort nachdem Sie Ihre tägliche Übung beendet haben, sollten Sie Ihre Ergebnisse in den Vertrag und in die Graphik eintragen.

7. Schritt: Nach jeder Übung sollten Sie sich so bald wie möglich Ihre Belohnung beziehungsweise Ihre Strafe zukommen lassen, je nachdem, was Sie verdient haben. Wenn Sie Ihr Ziel erreicht haben, sollten Sie außerdem nicht vergessen, sich selbst zu loben. Schließlich erfüllen Sie eine Aufgabe, auf die Sie stolz sein können. Ein solches Übungsprogramm durchzuhalten, ist doch wirklich etwas Großartiges!

8. Schritt: Setzen Sie jede Woche Ihren Vertrag neu auf. Denken Sie daran, jede Woche Ihr Ziel an der Erfolgsquote der vorausgegangenen Woche zu orientieren. Als Richtlinie können Sie die Tabelle auf Seite 64 benutzen.

Länger Auto fahren

Viele Schmerzpatienten berichten, daß sie nicht in der Lage seien, über lange Strecken im Auto zu sitzen, bzw. nicht mehr selbst Auto fahren können. Durch beides können Sie in Ihren Aktivitäten sehr stark eingeschränkt sein. Allerdings können Sie mit der Unfähigkeit, lange im Auto zu sitzen oder selbst zu fahren, genauso umgehen wie damit, nicht gehen, nicht sitzen oder keine Treppen steigen zu können. Es zu lernen, setzt lediglich voraus, daß Sie sich an die körperlichen Aktivitäten langsam gewöhnen und sie langsam steigern.

Beginnen Sie damit, drei Tage lang Ihre Ausgangsleistung festzustellen. Da Sie dafür ein Auto zur Verfügung haben müssen, kann es sein, daß es problematisch wird, diese Testfahrten zu unternehmen. Vielleicht müssen Sie zusammen mit Ihrem Partner oder mit Familienmitgliedern einen Plan ausarbeiten, an welchen Tagen Sie das Auto benutzen können und, wenn nötig, an welchen Tagen jemand für Sie fahren kann. Im Idealfall sollten Sie die Ausgangsinformationen an drei aufeinanderfolgenden Tagen zusammenstellen, aber je nach Ihren Möglichkeiten können Sie auch entsprechende Kompromisse schließen. Ihre Ausgangsleistung messen Sie in diesem Fall nach Minuten, die Sie im Wagen verbringen beziehungsweise selbst fahren, ohne auszusteigen und *ohne* daß Sie währenddessen oder später Schmerzen bekommen – also nur so lange, wie es Ihnen bequem ist. Das Sitzen im Auto oder das Fahren sollte für diese Messungen (und auch später für das darauffolgende Übungsprogramm) nur dem Zweck des Fahrens dienen: Das bedeutet, daß Sie unterwegs keine Besorgungen machen, nichts einladen, befördern oder ähnliches tun sollen. Darüber hinaus sollten Sie Ihre Strecke so planen, daß Sie sich immer in der Nähe Ihres Hauses befinden, so daß Sie jederzeit aufhören können zu fahren, wenn Sie wollen. Während der Ausgangsmessungen sollten Sie vielleicht einfach nur ein paarmal um den Block fahren. Wenn Sie eine Zeitlang nicht mehr im Auto gesessen haben, ist dies unter Umständen eine besonders geschickte Möglichkeit, wieder damit anzufangen. Es ist wichtig, daß Sie sich sehr langsam wieder an den Stress des Fahrens gewöhnen – Verkehr, Autobahngeschwindigkeit, schlechte Wetterbedingungen – ebenso wie an die Übungen selbst.

Wenn Sie einen Führerschein haben, können Sie dieses ganze Übungsprogramm wahrscheinlich allein bewältigen. Alles, was Sie dazu brauchen, ist ein Auto. Wenn Sie jedoch keinen Führerschein haben, werden Sie wohl die Hilfe Ihres Partners oder eines anderen Familienmitglieds benötigen, um zu üben, als Beifahrer im Auto zu sitzen. Wenn Sie sowohl mit dem Fahren als auch mit dem Beifahren Probleme haben, ist es vielleicht am besten, Sie beginnen damit, das Beifahren zu üben, und machen erst dann mit dem Übungsprogramm für das Selbstfahren weiter, wenn sich Ihr Körper gut an diese Tätigkeit gewöhnt hat. Auf jeden Fall werden Sie höchstwahrscheinlich einige Überlegungen wegen des Wagens anstellen müssen, und vielleicht auch wegen eines Fahrers. Da es eventuell nicht möglich sein wird, für jeden Tag eine Vereinbarung zu treffen, müssen Sie den bestmöglichen Plan zusammenbasteln. Doch sollten Sie alles dafür tun, daß Sie an diesem Übungsprogramm mindestens dreimal pro Woche arbeiten können. Wenn Sie seltener dazu kommen, werden Sie nur sehr langsam Fortschritte machen und dadurch eher entmutigt werden. Je mehr Tage Ihnen für Ihre Übungen zur Verfügung stehen, desto besser.

Wenn Sie Ihre Ausgangsmessungen abgeschlossen haben, schließen Sie mit sich selbst einen Vertrag ab. Setzen Sie sich jeweils ein Ziel für jede Fahrt beziehungsweise Mitfahrt; denken Sie sich für jeden Tag eine Belohnung und eine Strafe aus und außerdem einen Extrabonus für die ganze Woche. Planen Sie so, daß Sie beim erstenmal

Mein Vertrag: Auto fahren

Hiermit verpflichte ich mich zu dem Versuch, mein Tagesziel im Auto fahren zu erreichen und keine Ausflüchte zu finden, wenn ich es nicht tue. Wenn ich mein Tagesziel erreiche, werde ich mich jedesmal selbst belohnen. Wenn ich es nicht schaffe, werde ich mich jedesmal selbst bestrafen.

Meine tägliche Steigerung beträgt ______ für die ______ Woche.

Wochentag und Datum	Tagesziel (Zeitspanne)	Tägliche Belohnung	Tägliche Bestrafung	✓ Wenn es Ihnen gelungen ist und Sie sich belohnt oder bestraft haben (B oder S)

Bonus: Wenn ich mein Ziel an allen sieben Tagen erreiche, werde ich mich mit ______________________________ belohnen.

Ich verpflichte mich, meine Übung im Auto fahren jeden Tag um ____ ______________________________ (Zeit) zu machen und / oder

____

(anderer Zeitplan).

______________________________ ______________

(Unterschrift) (Datum)

Meine Graphik zum Auto fahren

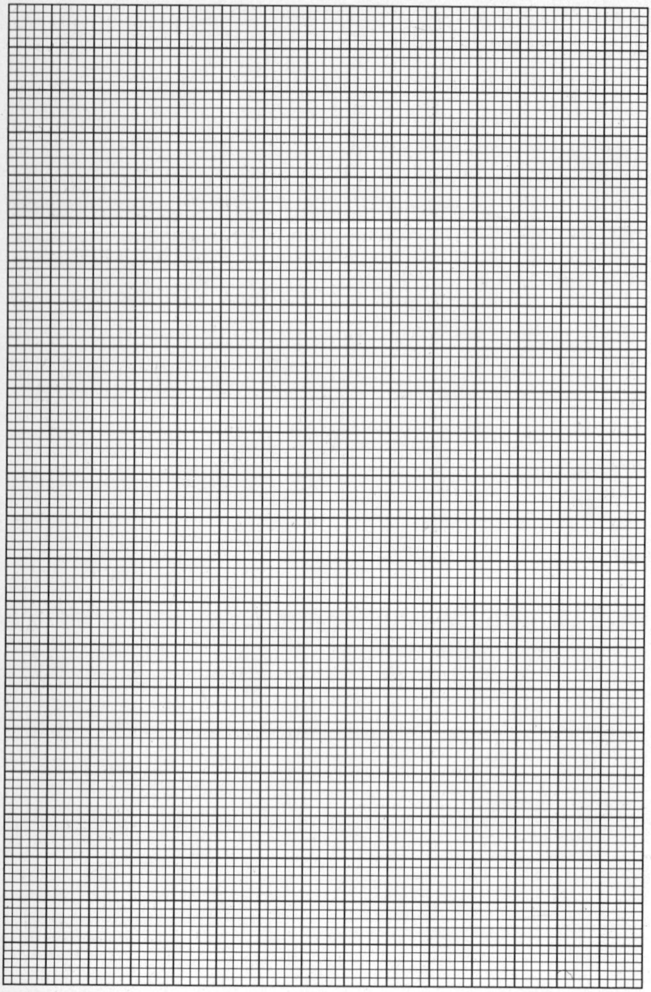

Wochentage oder Daten

Gefahrene Zeit

einige Minuten weniger fahren als bei Ihrem schlechtesten Ergebnis innerhalb der ersten drei Tage. Ein gutes Ziel für eine tägliche Steigerung in der ersten Woche ist eine Minute pro Tag.

Genießen Sie es, zu fahren oder gefahren zu werden. Betrachten Sie die Umgebung, wählen Sie neue Strecken, hören Sie Radio oder unterhalten Sie sich mit Ihrem Partner. Aber diskutieren Sie *nicht* darüber, wie Sie sich fühlen, und sprechen Sie *nicht* über Ihre Schmerzen. Wenn Sie feststellen, daß Sie dies dennoch tun, lesen Sie die Kapitel 8 und 9 in diesem Buch.

Denken Sie daran, daß die Übungsfahrten oder -mitfahrten *zusätzlich* zu den Zeiten absolviert werden müssen, zu denen Sie sonst fahren. Ignorieren Sie, wieviel Sie außerdem gefahren sind. Dies sollte nicht als Entschuldigung dienen, um Ihre regelmäßig eingeplanten Fahr- oder Mitfahrübungen zu umgehen oder zu reduzieren.

Da Sie sich unter Umständen auf jemand anderen verlassen müssen, der Ihnen bei dieser Übung hilft, kann es Probleme geben, wenn die andere Person unzuverlässig ist. Man sollte diese Übung sehr ernst nehmen und ihr im Alltag Vorrang einräumen gegenüber anderen Aktivitäten, die vielleicht wichtiger erscheinen. Aus diesem Grund wird sie im voraus zu Beginn jeder Woche geplant und dann schriftlich niedergelegt. Wenn aber etwas wirklich Unvermeidbares dazwischenkommt, machen Sie so bald wie möglich einen Ersatztermin aus. Wenn Sie wieder lernen, über längere Distanzen im Auto zu sitzen beziehungsweise selbst zu fahren, wird sich das für die ganze Familie auszahlen!

Wenn Ihr Partner dieses Buch ebenfalls liest, wird er besser verstehen, warum es für Sie *beide* so wichtig ist, sich an die Bestimmungen Ihres Vertrages zu halten. Aber denken Sie auch daran, daß es für Sie selbst wichtig ist, daß sich die Hilfe Ihres Partners lohnt. Lassen Sie ihn wissen, daß Sie seine Hilfe schätzen. Seien Sie nett zu ihm oder zu ihr, tun Sie ihm oder ihr im Gegenzug einen besonderen Gefallen, um Ihre Dankbarkeit zu erweisen. Immerhin muß Ihre Übung vielleicht abends nach einem anstrengenden Tag stattfinden oder anstelle einer anderen Beschäftigung, die Ihrem Partner lieb ist. Zeigen Sie ihm, daß Sie sich darüber freuen.

Sonstige Aktivitäten steigern

Es gibt eine Vielzahl anderer Aktivitäten, an denen Sie auf dieselbe Weise arbeiten können – zunächst Ihre Ausgangsposition einschätzen, dann tägliche Ziele ausarbeiten, wöchentliche Verträge und tägliche Belohnungen und Strafen festsetzen. Sie können sich so viele Übungsprogramme vornehmen, wie Sie bequem bewältigen können, entweder eins nach dem anderen oder mehrere nebeneinander. Aber vergessen Sie nicht, Ihren Arzt zu konsultieren und mit ihm gemeinsam festzulegen, welche Übungen die größten Vorteile bringen und Ihrer Gesundheit keinesfalls schaden. Ein Besuch beim Krankengymnasten kann in der Tat ein guter Anfang sein, um sich neue Übungen auszudenken, die besonders auf Ihre Bedürfnisse abgestimmt sind. Der Krankengymnast kann Ihnen häufig eine ganze Reihe spezifischer Übungen vorschlagen und zeigen, wie zum Beispiel Liegestütze, Kniebeugen, Übungen zum Heben der Arme und Beine oder andere, die im Rahmen dieses Buches nicht behandelt werden können, die man aber ebenso zu Hause in einem Selbsthilfeprogramm dieser Art machen kann. Wenden Sie einfach die Formel an – ein vorsichtiger Anfang, langsame Steigerungen, tägliche Ziele, Verträge mit sich selbst und die Anwendung täglicher Belohnungen und Strafen. Dennoch ein Wort zur Vorsicht: Bei manchen der anstrengenderen Übungen, wie etwa Liegestütze oder Kniebeugen, können Sie vielleicht Ihr tägliches Ziel nicht jeden Tag steigern. Statt dessen können Sie eine Steigerung für jeden zweiten, dritten, vierten oder fünften Tag festlegen. Wichtig ist die Regelmäßigkeit der Übungen und die allmähliche Steigerung. Die Steigerungsrate sollte klein genug sein, damit sie Ihnen gelingen kann; der Rest liegt dann bei Ihnen.

Auch andere, sportlichere Übungen, wie zum Beispiel Schwimmen, Fahrradfahren, Joggen, Tennis oder andere Ballspiele sind ebenfalls ausgezeichnet. Sicherlich sind Sie nicht in der Lage, alles zu produzieren. Auch hier ist es wiederum das Beste, Ihre Pläne zusammen mit Ihrem Arzt auszuarbeiten. Es gibt fast immer eine Sportart, die sicher ist und Ihnen gerecht wird. Schwimmen zum Beispiel kann fast jeder. Vielleicht haben Sie Lust, regelmäßig in Ihrem örtlichen Schwimmbad schwimmen zu gehen. Dabei können Sie Ihre Schwimmzüge zählen.

Ein Trimmrad, obwohl es vielleicht etwas teuer in der Anschaffung ist, bietet eine ausgezeichnete Alternative für körperliche Betätigung, die dem in diesem Buch ausgearbeiteten Muster entsprechend programmiert werden kann. Sie können Ihren Ausgangspunkt festlegen, etwas unterhalb davon beginnen und sich für jede Woche ein Ziel setzen, um die Anzahl der erreichten Einheiten zu steigern. Selbstverständlich sollten Sie auch darüber mit Ihrem Arzt sprechen, bevor Sie anfangen.

Weitere Informationen über mögliche Übungsprogramme finden Sie in den Literaturhinweisen auf Seite 215ff.

Mehr Hausarbeit erledigen

Mit der Hausarbeit können Sie in genau derselben Weise verfahren wie mit den anderen Übungen. Vielleicht möchten Sie sich für den Anfang eine besondere Hausarbeit aussuchen und dann langsam andere hinzufügen? Einige der häufig vorkommenden Aufgaben im Haushalt finden Sie in der Liste auf Seite 100. Wahrscheinlich können Sie dieser Aufstellung noch einiges hinzufügen. Machen Sie eine Liste der Aufgaben, die Sie ‹leicht bewältigen können›, und derjenigen, die Sie ‹nicht leicht bewältigen können›, anhand des Arbeitsblattes ‹Meine Liste von Hausarbeiten› auf Seite 101. Benutzen Sie die Beispiele auf Seite 100 als Ausgangsmaterial. Die Dinge, die Sie aufschreiben, sollten Aufgaben sein, die für *Ihre* Hausarbeit wichtig sind und für die Rolle, die *Sie* in Ihrem Haushalt spielen (beziehungsweise so, wie Sie sie gerne sehen würden).

Die üblichen Aufgaben im Haushalt

Die einzelnen Hausarbeiten sind von Haushalt zu Haushalt unterschiedlich. Kreuzen Sie in der folgenden Aufstellung diejenigen Aufgaben an, die in Ihrem Haushalt mit einer gewissen Regelmäßigkeit anfallen. Schreiben Sie auch solche Aufgaben dazu, die hier nicht aufgeführt sind. Dies kann Ihnen als Grundlage für Ihr Arbeitsblatt dienen.

Wählen Sie jetzt eine Aufgabe aus dem ‹Nicht leicht zu bewältigen› Teil der Liste (vorzugsweise eine der einfacheren Aufgaben), und

Andere:

Frühstück vorbereiten ______

Mittagessen vorbereiten ______

Abendessen vorbereiten ______

den Tisch decken ______

den Tisch abräumen ______

Geschirr abwaschen (von Hand) ______
oder
Ein- und Ausräumen
der Geschirrspülmaschine ______

Staubwischen ______

Lebensmittel einkaufen ______

Bettenmachen ______

Staubsaugen ______

die Fußböden wischen ______

das Badezimmer putzen ______

Waschen ______

Bügeln ______

Kleidungsstücke zusammen-
legen ______

Spielzeug, Kleidungsstücke
usw. aufräumen ______

Blumen gießen ______

______

______

______

______

Meine Liste von Hausarbeiten

leicht zu bewältigen	nicht leicht zu bewältigen

Zielaufgabe:

____

Mein Arbeitsblatt für die einzelnen Aufgabenschritte

1. ______________ 11. ______________
2. ______________ 12. ______________
3. ______________ 13. ______________
4. ______________ 14. ______________
5. ______________ 15. ______________
6. ______________ 16. ______________
7. ______________ 17. ______________
8. ______________ 18. ______________
9. ______________ 19. ______________
10. ______________ 20. ______________

teilen Sie sie auf in kleine Aufgabenschritte, zum Beispiel Bettenmachen:

Zielaufgabe:
Die drei Betten im Haus (Heiners Bett, Marias Bett, Ehebett) machen.

Schritte:
Heiners Bett:
1. Das Bettlaken glätten
2. Das Bettlaken über die Matratze straff ziehen und unterschlagen
3. Die Kissen aufschütteln
4. Die Kissenbezüge glätten
5. Die Kissen an den richtigen Platz legen
6. Die Bettdecke aufschütteln
7. Die Bettdecke glätten
8. Die Tagesdecke über die Bettdecke breiten
9. Die Tagesdecke unter die Kissen stecken

Marias Bett:
Schritte 10–18 (dieselben Schritte wie 1–9 oben)

Ehebetten:
Schritte 19–27 (dieselben Schritte wie 1–9 oben)

Dieses Beispiel beschreibt die Arbeitsschritte, die ich vollziehe, wenn ich ein Bett mache. Vielleicht machen Sie es anders. Aber wie auch immer Sie vorgehen, es ist notwendig, daß Sie den Vorgang Schritt für Schritt aufgliedern. Beachten Sie, wie klein die Arbeitsschritte in dem Beispiel sind, und machen Sie selbst keine größeren.

Wenden Sie nun diese Methode auch für vergleichbare Tätigkeiten an, und nehmen Sie eine Grundeinschätzung Ihrer augenblicklichen Kräfte vor. Tun Sie nur so viel, daß Sie bestimmt keine Schmerzen haben werden; das heißt, sie müssen aufhören, bevor die Betätigung schmerzhaft wird – gleich oder später. Wenn das Bett dadurch nur zur Hälfte gemacht wird, lassen Sie es so. Den Rest kann jemand anders besorgen.

Wenn Sie Ihre Grundeinschätzung beendet haben, sind Sie soweit, daß Sie mit sich einen Vertrag abschließen können. Überlegen Sie sich zunächst einen Punkt, von dem aus sie beginnen wollen, indem Sie einen oder zwei Punkte von Ihrem schlechtesten Ausgangsergebnis abziehen. Wenn es Ihnen nicht gelungen ist, auch nur *einen* der Aufgabenschritte zu bewältigen, sollten Sie den ersten Schritt zu Ihrem ersten Ziel machen. Dann setzen Sie tägliche Ziele für sich fest. Zum Beispiel könnten Sie sich dafür entscheiden, jeden zweiten oder jeden dritten Tag einen Schritt weiter zu gehen. Lassen Sie die Betten ungemacht, wenn Sie erst auf halbem Wege angelangt sind. Der Sinn dieses Programms ist, *Sie zu trainieren, nicht* jedoch, das Haus auf Hochglanz zu bringen. Irgendwann werden Sie in der Lage sein, die Betten ganz zu machen. Und letzten Endes wurden sie schließlich bislang auch nicht oder von jemand anderem gemacht, so daß Sie dieses System beibehalten können, bis Sie am Ende Ihres Programms angekommen sind.

Setzen Sie für sich tägliche Belohnungen und Strafen aus und zeichnen Sie Ihre Fortschritte in eine Graphik ein. Zeichnen Sie die einzelnen Schritte ab Schritt Nummer eins unten auf der linken Seite Ihrer Graphik an. Im Fall des Bettenmachens würden die Schritte 1 bis 27 in aufsteigender Folge am linken Rand der Graphik aufgelistet. Die Tage stünden entlang des unteren Randes. Zeichnen Sie den höchsten Schritt ein, den Sie an jedem Tag erreicht haben.

Da es nicht so einfach ist, die Schrittfolgen für Hausarbeit zu quantifizieren wie bei unseren anderen Übungen, und da es manchmal nur schwer gelingt, die Aufgabenschritte jeweils gleich schwierig zu machen, kann es geschehen, daß Ihnen manche Schritte der Gesamtfolge einfacher vorkommen als andere. Wenn Ihnen ein Schritt als zu schwierig erscheint, sollten Sie Ihn in noch *kleinere* Schritte zerlegen. So werden Sie Ihrem Ziel langsam, aber sicher näher kommen.

Jetzt ist es an der Zeit, auch andere Aufgaben im Haushalt in einzelne Schritte zu zerlegen. Die Aufgabenschritte sind normalerweise individuell abhängig davon, wie Sie etwas machen, von Ihrem Haus, Ihren Haushaltsgeräten und der Größe Ihrer Familie. Benutzen Sie das Arbeitsblatt für Aufgabenschritte auf Seite 101, wählen Sie eine Hausarbeit aus, stellen Sie sich vor, wie Sie die Arbeit tun, und teilen Sie jede eigenständige Bewegungsabfolge in getrennte Schritte auf.

Viele Patienten finden es besonders schwierig, eine Hausarbeit nur halb zu erledigen und dann liegenzulassen. Die tiefere Ursache dieses Problems liegt in Ihren Ansprüchen an sich selbst oder in Ihrer Definition dessen, was eine Aufgabe ist begründet. Es kann beispielsweise sein, daß Sie das Gefühl haben, an Ihrer Aufgabe, Staub zu saugen, zu scheitern, wenn Sie nicht das ganze Haus vom Staub befreien. Das Problem liegt natürlich daran, wie Sie Erfolg definieren und warum Sie überhaupt Staub saugen. Sie sollten nach Kräften versuchen, sowohl das, was Sie unter Erfolg verstehen, als auch die Aufgabe selbst nach Maßgabe Ihrer Vertragsvereinbarungen neu zu definieren.

Dabei sollten Sie weder daran denken, wozu Sie früher in der Lage gewesen sind, noch Wunschvorstellungen als Maßstab nehmen, sondern sich auf die Einzelschritte Ihres Selbsthilfeprogramms konzentrieren.

Sie werden bei Ihrer wirklich wichtigen Aufgabe – wieder zum normalen Leben zurückzukehren – vorwärtskommen, wenn Sie allmählich und systematisch daran arbeiten, ohne zu übertreiben. Übertreibungen führen lediglich zu Rückfällen. Lassen Sie eine Hälfte des Zimmers ungesaugt. Sie können immer noch weitermachen, wenn Staubsaugen das nächste Mal auf dem Ihrem Programm steht.

Sich wieder an andere Arbeiten gewöhnen

Natürlich gibt es neben der Hausarbeit auch noch andere Arten von Arbeiten. Aber dieselben Techniken lassen sich auch benutzen, um sich an jede beliebige davon zu gewöhnen, wie zum Beispiel Gärtnern, Nähen, Gelegenheitsarbeiten, bezahlte Arbeit oder ehrenamtliche Tätigkeiten. Arbeit ist ein wichtiger Teil unseres Lebens. Tatsächlich kann, wie im Abschnitt ‹Die Schonungsfalle› im Kapitel 2 beschrieben wurde, ein Mangel an sinnvoller Arbeit sowohl ihre physische als auch ihre seelische Gesundheit zerstören. Andererseits kann, wie später noch in Kapitel 11 im Abschnitt ‹Berufliche Schwierigkeiten› angesprochen wird, unerträgliche oder verhaßte Arbeit Ihre Gesundheit auch beeinträchtigen. Worum es jedoch in diesem Kapitel geht, ist Arbeit, die Sie *gerne* tun, Arbeit, auf die Sie stolz sein können und die Ihnen das Gefühl verschafft, ausgefüllt zu sein. Wenn Sie zur Zeit einen Job haben oder zuletzt hatten, den Sie nicht mochten und von dem Sie glauben, daß er vielleicht zu Ihrem schlechten Befinden beigetragen hat, dann sollten Sie jetzt vielleicht erst einmal unterbrechen, vorwärtsblättern und den Abschnitt aus Kapitel 11, ‹Berufliche Schwierigkeiten›, lesen.

Benutzen Sie das untenstehende Formular, und machen Sie eine Liste der Ziele, die Sie sich selbst gerne setzen möchten. Schreiben Sie auf, ob Sie den Rasen mähen oder den Wagen waschen möchten; auch wenn Sie gerne wieder Sekretärin, Kaufmann, Buchhalter oder was auch immer werden wollen, sollten Sie das aufschreiben, einschließlich der Anzahl der Stunden, die Sie wöchentlich arbeiten möchten (8, 24, 40 usw.). Auch wenn Sie freiwillig in einem Kinderheim, einem Altersheim oder bei der Feuerwehr arbeiten möchten, sollten Sie es aufschreiben. Wie Sie Ihr Gewöhnungsprogramm in Angriff nehmen, folgt im wesentlichen immer dem Ablauf der vorhergehenden Programme. Finden Sie durch Selbsttests heraus, wieviel von der jeweiligen Arbeit Sie derzeit erledigen können, ohne Schmerzprobleme zu bekommen. Messen Sie diese in Minuten, Stunden oder besonderen Einheiten (wie zum Beispiel die Reihen, die Sie mit dem Rasenmäher über das Gras gefahren sind, oder der prozentuale Anteil des Wagens, den Sie gewaschen haben). Dann können Sie für Ihr Trainingsprogramm einen Ausgangspunkt ein wenig unterhalb dieser Marke wählen.

Schließen Sie mit sich selbst einen Vertrag ab. Entscheiden Sie, wie oft Sie sich an der Aufgabe versuchen wollen. Setzen Sie leicht ansteigende Steigerungen für Ihre Ziele fest. Planen und gewähren Sie sich selbst Belohnungen und Strafen.

Wie im vorherigen Abschnitt über die Hausarbeit bereits beschrieben wurde, kann es sein, daß Sie manche Arbeiten liegenlassen müssen, auch wenn sie erst halb erledigt sind. Sie können das nächste Mal daran weiterarbeiten oder jemand anderen bitten, die Arbeit zu Ende zu machen, bis Sie selbst soweit sind, daß Sie die ganze Aufgabe auf einmal bewältigen können. Leider machen wir uns viel zu häufig Gedanken darüber, was die Nachbarn von uns denken mögen. Für Außenstehende sieht es vielleicht komisch aus, wenn der Rasen nur halb gemäht hinterlassen wird oder das Auto nur teilweise gewaschen ist. Aber es gibt Mittel und Wege, mit dieser Art von Problemen umzugehen. Erstens, wenn Sie sich häufig genug mit der Aufgabe beschäftigen, sollte jedem klarwerden, daß Sie keine Arbeit liegenlassen; Sie tun sie bewußt und gründlich, aber nach und nach. Darüber hinaus freuen sich Ihre Nachbarn vielleicht auch sehr darüber, wenn sie beobachten können, daß Sie wieder anfangen zu arbeiten und dabei auch immer besser werden. Eine weitere Möglichkeit, dieses Problem anzugehen, besteht darin, die Nachbarn ganz einfach zu vergessen,

Meine Arbeitsziele

zu Hause	Ehrenamtliche Tätigkeit	Berufstätigkeit

was auch immer sie denken mögen. Was zählt schließlich schon die Meinung anderer Leute? Sind sie es denn wirklich wert, daß man sich ihretwegen Gedanken macht, und sind sie vielleicht wichtiger als Ihre eigene Gesundheit und Ihr Glück und das Ihrer Familie? Warum lehnen Sie es nicht einfach ab, sich darüber Gedanken zu machen, was andere über Sie denken könnten?

Manchmal besteht die Möglichkeit, daß Sie langsam soweit kommen, Ihre Berufstätigkeit wiederaufzunehmen. Einige Firmen sind bereit, sich auf eine schrittweise Rückkehr in den Beruf einzulassen, so daß Sie wieder zur Arbeit gehen und Ihre Arbeitszeiten nach und nach steigern können. Wenn das nicht möglich ist, können Sie sich vielleicht selbst wieder soweit an ein akzeptables Leistungsniveau gewöhnen, indem Sie Ihren früheren Job simulieren und sich darin langsam verbessern. Wenn Sie zum Beispiel Sekretärin sind, können Sie zu Hause mit ansteigendem Leistungsniveau tippen üben; wenn Sie Hausmeister sind, können Sie mit der Arbeit in Haus und Hof beginnen; wenn Sie Lehrer sind, können Sie damit anfangen, Nachhilfestunden zu geben. Manche Patienten finden eine Teilzeitarbeit, durch die sie die Kräfte wiedergewinnen, die sie brauchen, um sich wieder an ein normales Arbeitspensum zu gewöhnen. Ehrenamtliche Arbeit kann demselben Zweck dienen. Und in der Tat sind viele Krankenhäuser, Kindertagesstätten, Altenheime und andere soziale Institutionen auf freiwillige Helfer angewiesen. Häufig können Sie dabei Ihre eigenen Arbeitszeiten selbst bestimmen und die Zeit, die Sie dort verbringen, langsam steigern, je mehr Fortschritte Sie machen. Ehrenamtliche Arbeit kann auch noch andere gute Zwecke erfüllen. Sie kann Ihnen Inhalte liefern, auf die Sie Ihre Gedanken konzentrieren können, so daß Sie nicht immer nur mit Ihren eigenen Problemen beschäftigt sind. Sie kann äußerst befriedigend sein und Ihnen das Gefühl vermitteln, daß Sie gebraucht und geschätzt werden, indem Sie zum Wohlbefinden anderer Menschen beitragen.

Zusammenfassung

In diesem Kapitel wurde Ihnen eine Methode vorgeschlagen, wie Sie wieder aktiv werden können. Diese Methode erfordert, daß Sie durch eine Grundeinschätzung (zählen und aufzeichnen, wie viele Einheiten einer bestimmten Übung oder Tätigkeit Sie ausführen können, *ohne* Schmerzen zu bekommen) ermitteln, wozu Ihr Körper derzeit *fähig* ist. Sie erarbeiten sich einen Ausgangspunkt, indem Sie ein wenig unterhalb Ihrer augenblicklichen Grundvoraussetzungen beginnen und danach Ihre täglichen Ziele für Ihre Fortschritte festsetzen. Mit Hilfe eines Vertrags mit sich selbst bestimmen Sie für eine Woche im voraus täglich ein Ziel und setzen fest, wie Sie sich selbst belohnen oder strafen, je nachdem, ob Sie das Tagesziel erreicht haben oder nicht. Jeden Tag, nachdem Sie Ihre Übungen beendet haben, zeichnen Sie Ihre Fortschritte in eine Graphik ein. Schließlich gewähren Sie sich Ihre Belohnung und loben sich selbst dafür, daß Sie Ihre Ziele erreicht haben. Jede Woche wird der Vertrag erneuert mit den erweiterten Zielen für jeden Wochentag, die auf der Erfolgsquote der vorhergehenden Woche beruhen. Sie können dieses System auf jede erdenkliche Übung oder Tätigkeit anwenden, die Sie erlernen möchten. Einige praktische Übungen wurden hier im einzelnen vorgestellt – gehen, sitzen, Treppen steigen, Auto fahren, Hausarbeit und die Gewöhnung an Arbeit. Sie sollten jedoch in keinem Fall vergessen, Ihre Pläne mit Ihrem Arzt zu besprechen.

Wenn Sie die hier vorgestellte Methode anwenden, bewegen Sie sich langsam wieder zurück zur Normalität. Dieses Programm hat bei Hunderten anderer Patienten mit chronischen Schmerzen seinen Zweck erfüllt und kann auch bei Ihnen funktionieren!

6. Maßnahmen gegen Depressionen

Das Gefühl, wenig oder gar keine Kontrolle darüber zu haben, was mit einem geschieht, ist eine sehr verbreitete Ursache für Depressionen. Dies ist auch der Grund, warum chronische Schmerzen oft von Depressionen begleitet werden. Patienten haben manchmal das Gefühl, daß ihr Leben durch Ärzte, den Schmerz selbst oder die medikamentöse Behandlung in einem gewissen Maß kontrolliert wird, daß sie selbst jedoch keinen Einfluß auf die Dinge haben, die ihre Zukunft bestimmen. Patienten mit chronischen Schmerzen entwickeln oft einen ausgeprägten Pessimismus. Sie leben in dem Gefühl, daß der Schmerz mit ihnen macht, was er will, und daß sie nichts dagegen tun können. Dieses Buch möchte Ihnen vermitteln, daß Sie sowohl Ihre Schmerzen als auch Ihre Depressionen unter Kontrolle bringen können und daß Sie lernen können, damit umzugehen.

Die am weitesten verbreiteten Symptome von Depressionen sind: Energieverlust, Lethargie, Interesselosigkeit gegenüber Aktivitäten, die Sie früher genossen haben, das Gefühl, versagt zu haben oder schuldig zu sein, Selbstbeschuldigungen, häufiges Weinen, Verzweiflung, Appetitlosigkeit, Schlafstörungen, Selbstmordgedanken. Nicht alle Symptome treten bei jedem auf, aber wenn Ihnen einige davon vertraut vorkommen, kann es schon sein, daß Sie an Depressionen leiden. Wenn ja, sollten Sie auf jeden Fall etwas dagegen tun. Es ist erwiesen, daß Schmerzen durch Depressionen verschlimmert werden und umgekehrt, so daß sich viele Patienten in einem Teufelskreis von schlechter Gemütsverfassung und sich verschlimmernden Schmerzen bewegen.

Es ist selbstverständlich möglich, daß Sie Ihre Schmerzen unter Kontrolle bringen, und selbstverständlich schaffen Sie es auch, Ihr

Leben zu meistern! In diesem Buch erhalten Sie Vorschläge, wie Sie sich auf dieses Ziel zubewegen können. Schon der Kauf dieses Selbsthilfe-Buchs und seine Lektüre stellt den ersten Schritt dar, um die Kontrolle über Ihre Stimmungen, Ihren Körper und Ihre Umgebung zurückzugewinnen; und genau das ist damit gemeint, wenn es darum geht, Depression zu bekämpfen. Die Motivation für diesen Versuch beziehen Sie aus der Fähigkeit, von Ihrer Umgebung genügend positive Verstärkungen zu erhalten und die negativen Erfahrungen so weit wie möglich zu reduzieren. Wenn Sie in die chronische Schmerzfalle gegangen sind, ist es wahrscheinlich, daß Sie zu viele negative und zuwenig positive Erfahrungen gemacht haben.

Dieses Buch versucht Ihnen zu zeigen, wie Sie negative Erfahrungen (wie zum Beispiel Schmerzen und Depressionen) minimieren und positive (wie etwa Ihre Fortschritte, angenehme Erfahrungen und Gefühle) maximieren können. Wenn Sie jedoch zu deprimiert sind, um selbst mit der Arbeit zu beginnen, oder wenn Sie Selbstmordgedanken hegen, sollten Sie sofort fachkundige Hilfe in Anspruch nehmen. Einen Psychologen oder einen Psychiater nennt Ihnen Ihr Hausarzt oder die nächstgelegene Schmerzklinik (siehe Adressen im Anhang). In den meisten Städten gibt es außerdem Krisenberatungsstellen, die einen Telefondienst rund um die Uhr anbieten; die entsprechenden Telefonnummern finden Sie im Telefonbuch oder in den Branchenverzeichnissen.

Lernen Sie, sich selbst anzunehmen

Es ist nicht gut, wenn Sie sich selbst nicht leiden können, aber so geht es vielen Menschen. Sie sehen nur ihre negativen Seiten und verbieten sich jeden Gedanken über ihre guten Eigenschaften. Einer der problematischen Aspekte dieser übertrieben selbstkritischen Haltung ist, daß sie oft erdrückende Ausmaße annimmt. Je mehr negative Dinge man an sich selbst entdeckt, desto pessimistischer wird man. Und dann wird es um so schwieriger, an etwas Positives zu denken. Depressive Menschen sind häufig sehr auf eine Reihe bestimmter Fehler fixiert, die sie an sich selbst entdeckt haben. Möglicherweise verbringen sie einen erklecklichen Anteil des Tages damit, über diese Fehler nachzudenken und darüber zu reden, und können daher selten, wenn überhaupt, zugeben, daß sie in Wirklichkeit sehr liebenswerte Menschen sind. Es ist, als hätten sie eine Brille auf, die die schönen, guten Dinge in der Welt und in ihnen selbst ausblendet und ihnen nur die schlechten Aspekte zeigt. Ihre Aufmerksamkeit und ihre Wahrnehmung richten sich nur auf das, was schlecht, falsch oder negativ ist. Diese Art zu denken, die immer zusammen mit der Depression aufzutauchen scheint, dient im Grunde dazu, die Depression aufrechtzuerhalten; sie legt sich wie ein Schleier über das Selbst und verdüstert den Blick in die Welt. Es ist ziemlich schwer, sich gut zu fühlen, wenn man alles nur grau in grau wahrnimmt.

Um einen Stimmungswechsel herbeizuführen, müssen Sie Ihre Denkart ändern. Um die Depression abzuschütteln, müssen Sie Ihre negativen Haltungen und Selbsteinschätzungen verändern. Sie müssen beginnen, das, was an Ihnen positiv ist, Ihre Erfolge und liebenswerten Eigenschaften, wahrzunehmen und zu betonen, *und Sie müssen aufhören*, sich ausschließlich auf Ihre Fehler und Ihre Probleme zu konzentrieren.

Sie können diesen Richtungswechsel dadurch in Gang setzen, daß Sie Ihre positiven Eigenschaften auflisten. Was gefällt Ihnen an sich selbst? Was mögen Sie an sich selbst gut leiden? Worauf sind Sie stolz? Schreiben Sie alles auf, was Ihnen einfällt, egal wie unbedeutend manches davon auch sein mag. Ein Arbeitsblatt dafür finden Sie auf Seite 112.

In unserem Kulturkreis werden wir leider allzu selten ermutigt, uns selbst zu loben oder unsere guten Seiten auch nur *wahrzunehmen*. Das ist wirklich traurig. Aus diesem Grund haben Patienten manchmal Schuldgefühle oder kommen sich oft auch lächerlich vor, wenn sie ihre guten Eigenschaften auflisten sollen. Aber was ist das für ein Irrsinn, der an uns begangen wird, daß wir Angst haben oder zögern, uns selbst als nette, liebenswerte, attraktive Menschen zu erkennen? Es ist überhaupt nicht falsch, dies zu tun, sondern es ist falsch, es *nicht* zu tun. Wir schränken dadurch unser Wohlbefinden ein und verstärken nur unseren negativen Blick auf uns selbst und unsere Umwelt. Befreien Sie sich also von diesen Beschränkungen, und führen Sie sich Ihre positiven Eigenschaften vor Augen.

Beginnen Sie die Liste Ihrer positiven Eigenschaften mit Bemerkungen über Ihr körperliches Erscheinungsbild. Wenn Sie sich nicht attraktiv finden, überlegen Sie, welches Ihre größten Vorzüge sind. Jeder Mensch hat solche Vorzüge. Welche äußeren Merkmale mögen Sie an sich selbst gut leiden (Augen, Haare, Hände, Fingernägel, Augenwimpern, einen gut plazierten Leberfleck, einen haarigen Brustkorb, kleine Füße, schöne Schultern oder Zähne)?

Überlegen Sie so lange, bis Sie einige Dinge gefunden haben. Denken Sie daran, daß das nicht unbedingt solche Merkmale sein müssen, die allgemein bewundert werden. Man kann an sich selbst auch solche Dinge mögen, die normalerweise nicht als schön gelten (große, kräftige Hände, breite Augenbrauen, eine kräftige, rundliche Figur, eine Brille, ein besonderes Muttermal oder eine Narbe). Diese Dinge machen uns interessant und unterscheiden uns von anderen Menschen. *Hören Sie auf*, sich ständig alles vorzuhalten, was Sie als Makel empfinden. Diese Übung soll dazu dienen, Ihre Aufmerksamkeit auf die positiven Dinge zu lenken.

Als nächstes sollten Sie über die Persönlichkeitsmerkmale nachdenken, auf die Sie stolz sind (Freundlichkeit, Stabilität, Humor, Verläßlichkeit, Großzügigkeit, Sensibilität, Liebesfähigkeit, Ordentlichkeit, Gleichmut etc.). Genau wie bei den äußerlichen Merkmalen haben Sie vielleicht Charaktereigenschaften, die Sie selbst an sich mögen, die aber nicht unbedingt mit den kulturellen Normen übereinstimmen (Unberechenbarkeit, Sturheit, Pfennigfuchserei, Zurückhaltung oder Distanziertheit, Gefühlsbetontheit). Wenn Sie bei sich selbst solche Aspekte mögen, sollten Sie diese ebenfalls aufschreiben. Diese Beispiele sind hier nur deshalb angeführt, um das zu illustrieren, was hier von Ihnen verlangt wird; nun sind Sie an der Reihe, diejenigen Merkmale oder Attribute aufzuzählen, die auf Sie zutreffen.

Welche intellektuellen Aspekte finden Sie an sich selbst gut (gesunder Menschenverstand, handwerkliches Geschick, gute Intuition, Belesenheit, Unvoreingenommenheit, Spezialwissen auf einem oder mehreren Gebieten etc.)?

Schreiben Sie schließlich alles auf, was Sie gut können (kochen, mit Kindern umgehen, singen, ein Instrument spielen, Schach spielen, Witze erzählen, streiten oder diskutieren, Schreibmaschine schreiben, schnitzen, irgendeine andere Fertigkeit oder ein Handwerk etc.).

Arbeiten Sie so lange an Ihrer Liste, bis Sie mindestens 15 verschiedene Dinge aufgeschrieben haben. Dann versuchen Sie, jede Woche etwas dazuzuschreiben.

Jetzt, wo Sie eine Liste positiver, attraktiver und liebenswerter Dinge über sich selbst aufgestellt haben, liegt der Trick darin, häufig

Meine positiven Eigenschaften

daran zu denken. Sie müssen Ihre hübsche Nase oder Ihre schönen Augen bemerken, wenn Sie in den Spiegel sehen. Seien Sie stolz auf Ihren Witz, wenn Sie jemanden zum Lachen bringen. Klopfen Sie sich ein bißchen auf die Schulter, wenn Ihr Kind sich Ihnen anvertraut oder sich auf Ihren Schoß kuschelt. Genießen Sie die Köstlichkeiten, die Sie gekocht haben; stellen Sie fest, wie gut es schmeckt und wie die anderen sich darüber freuen.

Sehr wohltuend ist es auch, wenn Sie sich Ihre positiven Eigenschaften immer wieder vor Augen führen. Als Gedächtnisstütze kann Ihnen hierbei zum Beispiel ein Päckchen kleiner Karteikarten helfen. Schreiben Sie auf jede Karte einen Punkt aus Ihrer Liste positiver Eigenschaften. Bewahren Sie die Karten griffbereit in einer Jacken- oder Hosentasche, Schublade oder in Ihrer Handtasche auf. Holen Sie sie mehrmals täglich heraus, und lesen Sie sie durch. Manche Menschen tun das zum Beispiel jedesmal, wenn Sie eine Tasse Kaffee trinken oder eine Zigarette anzünden. Wenn Sie es mit einer anderen Tätigkeit, die Sie mehrmals am Tag verrichten, verbinden, können Sie sicher sein, daß Sie die Karten regelmäßig durchsehen. Die Karten sollten so klein sein, daß Sie sie in jede Tasche stecken und überallhin mitnehmen können, und Sie können sie jederzeit ergänzen, wenn Ihnen etwas Neues eingefallen ist.

Es gibt noch etwas, das Sie in Ihrem Bemühen, sich selbst lieber zu mögen, beachten sollten. Gegen Ende eines jeden Tages sollten Sie alles aufschreiben, was Ihnen an diesem Tag gelungen ist, und sich das Lob erteilen, das Sie verdienen. Sagen Sie sich: ‹Ich bin heute stolz auf mich, denn: Ich habe heute niemandem gegenüber meine Schmerzen erwähnt; ich habe die Aufgaben meines Übungsprogramms erfüllt; ich habe nicht vergessen, Heiner dafür zu loben, daß er sein Bett gemacht hat; ich habe mein Buch aus der Bibliothek zu Ende gelesen; ich habe Anne eine Freude gemacht, indem ich an unseren Hochzeitstag gedacht habe›, oder was auch immer. Versuchen Sie, jeden Tag mindestens eine lobenswerte Tat zu finden; es gibt immer irgend etwas, häufig mehrere Dinge, für die Sie sich an jedem beliebigen Tag loben können, besonders wenn Sie auch die anderen Aspekte dieses Selbsthilfeprogramms in die Praxis umsetzen.

Was Ihnen hier vorgeschlagen wird, ist, sich im Eigenlob zu üben. Wir verlassen uns viel zu oft darauf, daß andere uns loben, anstatt es selbst zu tun. Wenn Sie sich mehr auf sich selbst verlassen, können Sie Ihre Stimmungen besser kontrollieren, und Sie werden eine Menge überflüssiger Enttäuschungen vermeiden. Daß Sie Ihre Launen im Griff haben, dafür sind nur *Sie selbst* verantwortlich und niemand sonst. Viele Beziehungsprobleme beginnen damit, daß wir erwarten, der oder die andere sei verantwortlich dafür, wie es uns geht. Letzten Endes ist dieser Anspruch, den wir an unseren Partner stellen, unfair. Die meisten schlechten Stimmungen reden sich die Menschen selber ein, die zu selbstkritisch sind und zuwenig Eigenlob aufbringen. Wenn Sie jedoch lernen, sich selbst ausreichend zu loben, dann werden Sie auch lernen können, die angemessene Verantwortung für Ihre eigenen Launen zu übernehmen.

Ebenso wichtig, wie Eigenlob zu lernen, ist es auch, daß Sie lernen, mit nutzloser Selbstkritik aufzuhören. Wenn Sie sich dabei ertappen, sagen Sie zu sich selbst: ‹Hör auf, dich zu kritisieren.› Schalten Sie dann sofort um, und loben Sie sich für etwas. Diese Technik, bestimmte Gedanken auszuschalten, ist eine bewährte und wirkungsvolle Methode, aber sie *muß* geübt werden. Da Sie wahrscheinlich ziemlich geübt darin sind, sich selbst zu kritisieren, benötigen Sie vielleicht Hunderte von Versuchen, um Gedanken auszuschalten und umzuschalten, um mit dieser Gewohnheit zu brechen. Vermutlich hat es Sie Abertausende von Versuchen gekostet, um diese Haltung so gut zu erlernen, so daß einige Hundert Übungen, um sie zu verändern, gar nicht so schlimm sind. Wenn Sie wirklich ein ‹Profi› sind, werden Ihre negativen, selbstzerstörenden Gedanken vielleicht fast automatisch kommen. Das bedeutet, daß Sie Ihre ganz besondere Aufmerksamkeit darauf richten müssen, sich dabei zu ertappen. Häufig sind die negativen Gedanken so sehr ein Teil von Ihnen, daß Sie sie gar nicht bemerken, wenn sie auftauchen, falls Sie sich darauf nicht besonders konzentrieren.

Das Ausschalten und Umschalten von Gedanken kann am Anfang schwierig sein, aber je mehr Sie es üben, desto besser werden Sie es lernen. Wenn Sie genug Übung haben, wird es schließlich selbst zur Gewohnheit werden. Und dies ist ein erstrebenswertes Ziel, denn es führt dazu, daß Sie ein positiveres Bild von sich bekommen und jenen negativen Grübeleien ein Ende setzen, die der Depression vorausgehen. Selbst wenn Sie sich zunächst dumm vorkommen, sollten Sie dabei bleiben. Es wird nicht lange dauern, bis es sich auszahlt.

Reduzieren Sie unangenehme Erfahrungen

Ein weiterer Faktor, der zur Entstehung von Depressionen […] ist die ständige Konfrontation mit unangenehmen Situationen. D[…]artige Erfahrungen sind nicht immer zu vermeiden, es gibt jedoch Mittel und Wege, wie man dazu beitragen kann, unerfreuliche Situationen zu reduzieren und deren Bedeutung, wenn sie einmal nicht zu vermeiden sind, so gering wie möglich zu halten.

Menschen, die depressiv sind oder chronische Schmerzen haben, neigen dazu, ihre Erfahrungen als eher unerfreulich einzuschätzen. Außerdem grübeln sie eher und vergleichsweise auch länger über solche Erfahrungen, die sie als unangenehm einschätzen, als über die Ereignisse, die Sie positiv bewerten. Da die Qualität von Ereignissen (angenehm, neutral oder unerfreulich) hauptsächlich eine Frage ihrer *Bewertung* ist, können wir uns mit den oben beschriebenen Techniken – dem Aus- und Umschalten unserer Gedanken – dabei kontrollieren, wie und wie häufig wir darüber nachdenken. Es ist ebenso nutzlos und destruktiv, all seine Gedanken auf erwartete oder vergangene unerfreuliche Erfahrungen zu konzentrieren, wie ständig über seine negativen Eigenschaften nachzugrübeln. Mehr noch, eine derart fehlgeleitete Aufmerksamkeit führt dazu, daß die Dinge eine Bedeutung gewinnen, die in keinem Verhältnis mehr zur Realität steht. Wenn Sie sich dabei ertappen, daß Sie sich im Geist – mehr oder weniger große – Katastrophen ausmalen, blenden Sie diese Gedanken aus und konzentrieren Sie sich auf etwas anderes. Das erfordert natürlich einige Übung, aber wenn Sie dies gewissenhaft in Angriff nehmen, können Sie es schaffen.

Die andere Möglichkeit, möglichst wenig schlechte Erfahrungen zu machen, ist, tatsächlich die Ursachen dessen, was Sie momentan in Ihrer Umgebung als unangenehm empfinden, zu beseitigen. Dafür müssen Sie zunächst genau analysieren, was Sie wann, wo und warum stört. Es ist individuell sehr verschieden, warum Menschen sich in irgendeiner gegebenen Situation schlecht fühlen, aber es gibt vielleicht einige allgemeine Probleme, die häufig die Ursache des Mißbehagens sind:

1. Schüchternheit: Sie haben Angst, etwas ‹Falsches› zu sagen oder zu tun, Angst, daß die andern Sie nicht interessant finden könnten; Sie sind unsicher, was Sie in einer bestimmten Situation tun sollen.

Extreme Selbstkritik: Sie haben rigide, unrealistische Ansprüche an sich selbt; Sie stehen neben sich, kritiseren sich selbst, wenn Sie sich nicht so verhalten, wie Sie denken, daß Sie sich *immer* verhalten sollten.

3. Mangelndes Selbstbewußtsein: Sie lassen zu, daß andere über Ihren Kopf hinweg bestimmen; Sie setzen sich nicht für Ihre Interessen und Rechte ein und fühlen sich hinterher deswegen schlecht.
4. Übertriebene Aggressivität: Sie verletzen die Rechte anderer, um diese davon abzuhalten, Ihre Rechte zu verletzen.

Die Ursachen derartiger Unannehmlichkeiten können Sie ausschalten, indem Sie sie erkennen, sie sich als Probleme vergegenwärtigen und die notwendigen Fähigkeiten erlernen, um sie zu überwinden. Wenn Sie in Gesellschaft anderer selbstsicherer auftreten, sich angemessener behaupten, oder von der Selbstkritik zum Eigenlob ‹umschalten›, können Sie viele unerfreuliche Situationen neutralisieren oder sogar in angenehme verwandeln. Im Kapitel 11, ‹Probleme erkennen und lösen, die Schmerzen möglicherweise verschlimmern›, werden Möglichkeiten, wie Sie mit diesen Problemen umgehen können, detaillierter vorgestellt.

Manche Situationen verursachen Angst oder andere negative Gefühle, obwohl es sich dabei in Wirklichkeit gar nicht um *unsere* eigenen Probleme handelt. Natürlich können wir nicht hoffen, die Probleme aller anderen Menschen für sie zu lösen. Solange wir nicht die *Ursache* sind für die Probleme anderer, sind wir eigentlich nicht dafür verantwortlich. Schließlich trägt jeder Mensch die Verantwortung für sich selbst. Leider gibt es viele Menschen, die die Verantwortung für ihre eigenen Probleme loswerden wollen und versuchen, sie auf Sie abzuladen. In einem solchen Fall haben Sie vier Möglichkeiten:

1. Sie können auf Ihrem Recht bestehen und darum bitten, daß dieses respektiert wird. Schließlich ist es ganz einfach unfair, Sie mit den Problemen anderer zu belasten, wenn Sie selbst genug eigene haben.
2. Sie können versuchen, die andere Person davon zu überzeugen, daß sie für ihr Problem professionelle Hilfe in Anspruch nehmen soll. Dafür gibt es therapeutische Einrichtungen.
3. Sie können sich ganz einfach dazu entschließen, die Probleme eines anderen zu ignorieren.
4. Sie können den Kontakt mit der betreffenden Person, die das Problem verursacht hat, soweit wie möglich vermeiden.

«Das Gefühl für Gesundheit…

...erwirbt man sich nur durch Krankheit», hat schon der große deutsche Aphoristiker Lichtenberg erkannt. Das erinnert an Sentenzen wie «Durch Schaden wird man klug» oder «Einsicht ist der erste Weg zur Besserung».

Allen Aussprüchen gemeinsam ist die Erkenntnis, daß man in erster Linie durch persönliche Erfahrung motiviert wird, in den verschiedenen Bereichen des Lebens das Richtige zu tun. Das gilt für die Gesundheit genauso wie für das Sparen.

Natürlich sind die ersten drei der oben aufgezählten Möglichkeiten die besseren und sollten zuerst ausprobiert werden. Wenn diese Strategien jedoch fehlschlagen, kann die vierte Möglichkeit dazu dienen, dem betreffenden Menschen klarzumachen, daß sein Problemverhalten Sie nicht interessiert und sogar dazu führt, daß Sie den Kontakt mit ihm meiden. Da die meisten Menschen beachtet werden wollen, und das Problemverhalten meist durch Beachtung aufrechterhalten wird (selbst Schelte oder Streit kann Beachtung bedeuten), können Sie durch Nichtbeachtung dazu beitragen, daß dieses Verhalten seltener wird. Der andere merkt, daß dies nicht der richtige Weg ist, um Ihre Aufmerksamkeit zu erregen. Außerdem schafft die vierte Methode natürlich auch Distanz zu der unangenehmen Situation, so daß Sie sich darauf konzentrieren können, mit Ihrem eigenen Leben klarzukommen.

Machen Sie mehr angenehme Erfahrungen

Es ist wirklich viel einfacher, als Sie sich wahrscheinlich vorstellen, mehr Freude und Vergnügen am Leben zu haben. Es gibt einige einfache Dinge, die Sie dafür tun können. Das Naheliegendste ist, mehr Aktivitäten zu entwickeln, die Ihnen Spaß machen. In den meisten Fällen ist dies eine Sache, die Sie selbst steuern können. Alles, was Sie dafür tun müssen, ist, sich Dinge zu überlegen, die Sie wahrhaft genießen können, und diese dann häufiger einzuplanen. Außerdem können Sie lernen, aus den angenehmen Seiten des Lebens mehr für sich zu machen, indem Sie Ihr Augenmerk stärker auf den Genuß richten. Tatsächlich gibt es drei verschiedene Arten, wie man etwas genießen kann – die Vorfreude (sich auf etwas Bevorstehendes freuen), der augenblickliche Genuß (etwas genießen, während es stattfindet) und die Erinnerung (an eine angenehme Erfahrung, die zurückliegt). Jede davon sollten Sie bis zum Äußersten auskosten.

Lassen Sie uns damit beginnen, genußvollere Aktivitäten zu erkennen und zu planen. Depressive Menschen sträuben sich oft gegen diesen Vorschlag. ‹Nichts›, so beharren sie, ‹ist mehr angenehm›. Das stimmt natürlich nur, wenn Sie dafür sorgen, daß es so ist. Aber auch wenn Sie nicht zugeben wollen, daß es tatsächlich Dinge gibt, die Sie gerne tun, so gibt es dennoch einige Aktivitäten, die Sie lieber tun als andere. Gegebenenfalls beginnen Sie einfach damit.

Setzen Sie sich nun mit Ihrem Partner zusammen, und erstellen Sie eine Liste der Dinge, die Sie gerne tun, entweder allein oder mit Freunden zusammen. Einige Vorschläge für verschiedene Arten von Aktivitäten, mit denen Sie Ihre Ideen in Fluß bringen können, finden Sie auf den Seiten 119–121. Einige der genannten Punkte mögen wichtige oder ganz besondere Dinge sein (zum Beispiel mit einer Freundin ins Restaurant ausgehen, einen Astronomie- oder einen Webkursus besuchen, ein neues Buch lesen), andere sind dafür nur Kleinigkeiten, die Sie ohnehin jeden Tag tun (zum Beispiel eine Tasse Kaffee trinken, ein heißes Bad nehmen oder duschen, die Nachrichten im Fernsehen ansehen). Ein Teil dieser Übung besteht darin, Sie auf das Vergnügen aufmerksam zu machen, das Sie selbst denjenigen Aktivitäten abgewinnen können, die Sie sonst schon fast mechanisch tun. Deshalb ist es wichtig, alles aufzuschreiben, was Sie gerne mögen, selbst solche Dinge, die Sie sowieso häufig tun. Wenn Sie dann schließlich alles aufgeschrieben haben, was Ihnen und Ihrem Partner dazu einfällt, sollten Sie die Liste an einer gut sichtbaren Stelle anbringen, genau wie Ihre Verträge und Graphiken.

Angenehme Beschäftigungen – Vorschläge

Im folgenden finden Sie eine Liste verschiedener Beschäftigungen, die viele Menschen angenehm finden. Um Ihnen einige Anhaltspunkte zum Weiterdenken zu geben, stehen jeweils zu Beginn einige Beispiele. Unterstreichen Sie diejenigen, die auf Sie zutreffen, und füllen Sie dann den dafür vorgesehenen Platz mit Ihren eigenen Ideen aus.

Nehmen Sie sich eine bestimmte Anzahl der auf Ihrer Liste angeführten Tätigkeiten vor, unabhängig davon, wie es Ihnen geht. Auf Seite 122 sehen Sie als Beispiel eine Aufstellung angenehmer Tätigkeiten, ganz oben mit einem Wochenziel versehen. Kreuzen Sie die Dinge, mit denen Sie sich beschäftigt haben, an. Zählen Sie am Ende der Woche die Anzahl der Aktivitäten zusammen, die Sie tatsächlich unternommen haben, um festzustellen, ob Sie Ihr Ziel erreicht haben. Wählen Sie eine weitere Aktivität von der Liste als Belohnung aus, wenn Sie geschafft haben, was Sie sich vorgenommen hatten. Und denken Sie außerdem daran, sich selbst dafür zu loben.

Warten Sie nicht nur ab, bis der Zeitpunkt für ein angenehmes Ereignis gekommen ist, sondern freuen Sie sich schon vorher darauf.

1. Körperpflege: Zum Friseur gehen, den Bart trimmen, schen, die Fingernägel lackieren, sich schön anziehen,

2. Essen und wo Sie gerne essen: Hühnchen im Schnellimbiß, selbstgebackene Kekse vor dem Fernseher, Steak im Restaurant,

3. Trinken und wo Sie gerne trinken: Alkoholfreies in der Milchbar, Bier in der Stammkneipe, Wein in einem Weinlokal, heiße Schokolade im Bett,

4. Freizeitbeschäftigungen: zu einem Fußballspiel gehen, Minigolf spielen, mit den Kindern Fußball oder Federball spielen, aufs Land rausfahren,

5. Zwischenmenschliche Aktivitäten: Freunde zum Abendessen einladen, mit einem Freund telefonieren, Karten spielen, zu einer Party gehen, den Partner verführen,

6. Beschäftigung mit Massenmedien: einen Film im Kino ansehen, die Nachrichten oder eine Sportsendung im Fernsehen verfolgen, die Comics in der Zeitung lesen, im Radio die Lieblingsmusik hören,

7. Kulturelle Aktivitäten: in ein Konzert oder ins Theater gehen, einen Schaufensterbummel machen, Modezeitschriften lesen, eine Ausstellung besuchen,

8. Bildung: einen Kurs in der VHS besuchen, einen Ratgeber lesen, ein Programm des Schulfunks verfolgen, etwas Neues lernen,

9. Ruhige Beschäftigungen: sticken, ein Puzzle zusammensetzen, einen Roman lesen,

10. Kreative Beschäftigungen: ein Bücherregal bauen, Schmuck basteln, malen, Gedichte schreiben, ein neues Kochrezept ausprobieren,

11. Reisen: am Wochenende eine andere Stadt besichtigen, eine ‹Vergnügungsfahrt› mit einem Bus machen, historische oder landschaftliche Sehenswürdigkeiten besuchen,

____

____

____

12. Andere Beschäftigungen: Antiquitäten einkaufen, Auktionen oder Trödler besuchen, auf die Jagd nach Sonderangeboten gehen, Münzen sammeln,

____

____

____

Schließlich besteht ein Teil der Freude schon darin, etwas Angenehmes zu erwarten. Wenn Sie zum Beispiel im Wohnzimmer Staub saugen und vorhaben, sich anschließend hinzusetzen und eine Tasse Kaffee zu trinken, sollten Sie sich vorstellen, wie gut der Kaffee Ihnen schmecken wird. Malen Sie sich aus, wie Sie mit hochgelegten Beinen in einem schönen, bequemen Sessel sitzen. Überlegen Sie, welche Schallplatte Sie auflegen wollen, während Sie Ihren Kaffee trinken.

Weiterhin sollten Sie die angenehmen Ereignisse nicht vorbeigehen lassen, ohne sie ganz und gar zu genießen. Wenn Sie dort sitzen und Ihren Kaffee trinken, sollten Sie jeden Schluck auskosten. Beachten Sie das köstliche Aroma. Spüren Sie die Wärme, die sich in Ihrem Magen ausbreitet. Lauschen Sie der Musik. Freuen Sie sich an der Melodie oder am Rhythmus. Fühlen Sie, wie sehr Ihr Körper entspannt ist. Erlauben Sie Ihren Gedanken, sich auf diese Dinge zu konzentrieren. Machen Sie sich *keine* Sorgen darüber, was Sie als nächstes zu tun haben werden, was Sie zu Mittag essen werden, ob die Kinder rechtzeitig von der Schule nach Hause kommen werden, um ihre Hausaufgaben zu schaffen, was der Arzt sagen wird, wenn Sie ihn das nächste Mal aufsuchen, oder irgend etwas sonst. Konzentrieren Sie sich nur auf das Vergnügen dieses Augenblicks. Es ist schade, wenn einem die Freude an einer Tätigkeit dadurch entgeht, daß man

Beispiel für eine wöchentliche Aufstellung angenehmer Beschäftigungen

Diese Woche möchte ich versuchen, mindestens 5 Dinge zu tun, die auf dieser Liste stehen, und alles, was ich mache, abzuhaken, um nicht den Überblick zu verlieren.

1. ✓ Mich hinsetzen und meine Lieblingsplatte anhören ✓ (Mo)
2. Meine Fingernägel pflegen ✓
3. ✓ Mir ein Stück Schokoladenkuchen gönnen (Mi)
4. 1 Stunde sonnenbaden ✓
5. In „Harry's Kneipe" gehen und mein Lieblingsessen bestellen
6. Aufs Land rausfahren (Sa)
7. ✓ Mich schön anziehen ✓ (Fr)
8. Mit Klaus, Ernst und Ruth ausgehen
9. Eine Zeitschrift lesen ✓ (Mi)
10. Abends aufbleiben und den Spätfilm ansehen
11. Einen Einkaufsbummel machen
12. Ins Konzert gehen
13. Den ganzen Samstagmorgen Zeitung lesen
14. Ein Gedicht über irgendetwas schreiben
15. ✓ Mit Klaus schmusen ✓ (Do)

Ich bin stolz auf mich, weil ich mein Ziel, angenehme Dinge zu tun, erreicht habe! Ich werde mich loben und mit folgendem Bonus belohnen:

Ein neuer Schal, der zu meinem Mantel paßt

Meine wöchentliche Aufstellung angenehmer Beschäftigungen

Diese Woche möchte ich versuchen, mindestens ______ Dinge zu tun, die auf dieser Liste stehen, und alles, was ich mache, abzuhaken, um nicht den Überblick zu verlieren.

---

1. ______
2. ______
3. ______
4. ______
5. ______
6. ______
7. ______
8. ______
9. ______
10. ______
11. ______
12. ______
13. ______
14. ______
15. ______

Ich bin stolz auf mich, weil ich mein Ziel, angenehme Dinge zu tun, erreicht habe! Ich werde mich loben und mit folgendem Bonus belohnen:

______

sie einfach nicht beachtet, aber es ist noch schlimmer, sie dadurch zu zerstören, daß man sich dabei negative, düstere Gedanken macht. Richten Sie Ihre Sinne auf den Genuß, indem Sie negative, angstvolle Gedanken abschalten – zumindest bei angenehmen Tätigkeiten. Negative Gedanken oder Ängste lösen sowieso kein Problem!

Viele Menschen, die lernen wollen, das negative, unproduktive Denken auszuschalten und durch die Konzentration auf das Vergnügen zu ersetzen, finden es sinnvoll, für sich selbst eine ‹Kummerkastenzeit› festzusetzen. Wenn Sie feststellen, daß Sie sich Sorgen machen *müssen* oder Zeitspannen brauchen, in denen Sie sich schlecht fühlen können, dann reservieren Sie sich genau dafür eine bestimmte Zeit (zum Beispiel eine bestimmte Stunde an jedem Tag). Dann können Sie die negativen Gedanken jedesmal, wenn sie außerhalb dieser Zeit auftauchen sollten, zur Seite und auf die ‹Sorgenstunde› schieben. Dann, und nur zu der eingeplanten Zeit, können Sie sich Sorgen machen, soviel Sie wollen. Aber hören Sie auf damit, wenn die dafür reservierte Zeitspanne abgelaufen ist!

Außer sich schon im voraus auf angenehme Tätigkeiten zu freuen und sie zu genießen, während Sie andauern, sollten Sie auch nicht versäumen, daran mit Freude zurückzudenken. Vielleicht haben Sie sogar Lust, sie jemand anderem zu beschreiben, wenn Sie erzählen, was Sie tagsüber gemacht haben. Es gehört zusammen – sich an etwas Angenehmes zu erinnern und es noch einmal zu genießen. Aber wie auch immer, ob Sie es jemand anderem beschreiben oder sich nur einfach selbst daran erinnern, immer sollten Sie versuchen, sich so viele Einzelheiten wie möglich ins Gedächtnis zurückzurufen. Konzentrieren Sie all Ihre Sinne darauf, sich zu erinnern und es quasi noch einmal zu erleben (das Aroma des Kaffees, den Geschmack, den Klang der Musik und das Gefühl der körperlichen Entspannung). Sich an eine angenehme Tätigkeit zurückzuerinnern, erhöht das Vergnügen, wenn Sie sich das nächste Mal im voraus auf diese Tätigkeit freuen, und setzt so einen Kreislauf schöner Gefühle in Gang.

Da die meisten Menschen nicht daran denken, sich an den potentiell angenehmen Tätigkeiten zu erfreuen, die sie sowieso täglich verrichten, möchte ich an einem weiteren Beispiel verdeutlichen, was gemeint ist. Nehmen Sie beispielsweise eine schöne Dusche oder ein Bad. Heiße Duschen oder Bäder *können* sehr genußvoll sein. Es kann etwas Wunderbares sein, am späten Nachmittag oder Abend zu duschen oder ein Bad zu nehmen, ganz besonders, wenn Sie einen harten Tag hinter sich haben. Auch vor dem Zubettgehen kann es sehr entspannend sein.

Stellen wir uns vor, daß Sie abends nach der Arbeit im Feierabendverkehr nach Hause fahren und über eine unangenehme Unterhaltung nachdenken, die Sie mit Ihrem Chef geführt haben. Auch der Stapel unerledigter Arbeiten, der auf Ihrem Schreibtisch liegengeblieben ist, bedrückt Sie. Schön und gut, aber nun schalten Sie diese Gedanken ab, und denken Sie statt dessen an die schöne heiße Dusche oder das Bad, das Sie gleich nehmen werden, wenn Sie zu Hause angekommen sind. Stellen Sie sich vor, wie Sie Ihre Arbeitskleidung ausziehen und in die mit heißem Wasser gefüllte Badewanne steigen, sich zurücklehnen und das Gefühl von Wärme und Entspannung in sich aufsteigen lassen. Wenn Sie sich darauf freuen, statt weiterhin an den Straßenverkehr oder an die Probleme bei der Arbeit zu denken, werden Sie in einer viel besseren seelischen Verfassung sein, um zur Ruhe zu kommen und den Abend zu genießen.

Wenn Sie dann zu Hause sind, erklären Sie Ihrem Partner, daß Sie für den Rest des Abends in einer besseren Stimmung sein werden, wenn Sie sich zuerst bei einem schönen Bad oder einer Dusche entspannen. Nur wenige Partner können der Versuchung widerstehen, den andern bei guter Laune zu erleben. Wenn Sie denken, daß er oder sie sich darüber ärgern wird, dann schlagen Sie vor, daß Sie, nachdem Sie gebadet oder geduscht und sich entspannt haben, hinterher den Abwasch erledigen, den Kindern bei den Hausaufgaben helfen, sich um die Urlaubsplanung kümmern, die defekte Türklinke befestigen oder was auch sonst immer zu tun ist.

Wenn Sie Ihren Genuß darüber hinaus steigern wollen, können Sie mehrere Sinne ansprechen. Vervollkommnen Sie einfache Dinge, um Ihr Vergnügen an ihnen zu erhöhen. Zum Beispiel könnten Sie ein gut duftendes Schaumbad oder ein Ölbad benutzen. Nehmen Sie etwas zu trinken oder einen kleinen Imbiß mit in die Wanne. Hören Sie Musik, während Sie baden, oder singen Sie selbst. Lesen Sie ein Buch oder eine Zeitschrift in der Badewanne (sie kann ein bißchen naß werden, aber was macht das schon?). Bitten Sie Ihren Partner mit ins Badezimmer, und unterhalten Sie sich mit ihm.

Denken Sie daran, vergnügliche Situationen als solche wahrzunehmen. Konzentrieren Sie sich darauf. Lassen Sie sich Zeit. Und loben Sie sich dafür. Sagen Sie sich, daß Sie es verdient haben, sich zu entspannen. Denken Sie *nicht* an die Arbeit. Denken Sie *nicht* an die

Schmerzen, sondern genießen Sie das Vergnügen. Plätschern Sie im Wasser herum. Bäder und Duschen können eine schöne Spielwiese sein, und Erwachsene müssen ebenso spielen wie Kinder. Achten Sie auf das schläfrige, zufriedene Gefühl, von dem Sie übermannt werden. Nehmen Sie sich hinterher viel Zeit, um sich abzutrocknen. Sie sollten sich nicht hetzen müssen. Ziehen Sie etwas Bequemes an, und benutzen Sie vielleicht ein angenehmes Parfum.

Wenn es Ihnen gelingt, mit Hilfe dieser Methode einen Weg zu vergnüglicheren Aktivitäten zu finden, dann werden Sie feststellen, daß Sie tatsächlich in einer besseren seelischen Verfassung sind. Sie werden mit Ihrem Partner und Ihren Kindern toleranter umgehen und den Abend mehr genießen. Wenn dann am nächsten Tag bei der Arbeit die Realität auf Sie zukommt, dann denken Sie zurück an Ihren schönen, entspannenden Abend in der Badewanne, spüren Sie noch einmal, wie wohl Sie sich in dem warmen Wasser gefühlt haben, oder freuen Sie sich auf den bevorstehenden Abend.

Eine Dusche am Morgen kann auf ihre Weise ebensoviel Spaß machen. Sie kann Sie aufwecken. Sie kann Sie kräftigen. Plantschen Sie. Genießen Sie es. Singen Sie ein bißchen. Lassen Sie das Wasser über Ihr Gesicht laufen. Achten Sie auf den Duft der Seife oder des Shampoos. Denken Sie nicht an den bevorstehenden Tag. Dafür wird später noch genügend Zeit sein. Genießen Sie Ihre Dusche.

Sie werden feststellen, daß hier verschiedene Anweisungen enthalten sind, die Sie in Ihrem Programm unbedingt befolgen sollten:

1. *Planen* Sie häufig angenehme Tätigkeiten in Ihren Tagesablauf ein (vielleicht häufiger, als Sie es sonst möglicherweise tun würden). Angenehme Tätigkeiten können Sie auch als Belohnung für die Erfüllung einer schwierigen Aufgabe einsetzen.
2. Richten Sie Ihre *Aufmerksamkeit* hauptsächlich auf das *Vergnügen*, das Sie empfinden (vorher, währenddessen und danach).
3. *Vervollkommnen* Sie die Tätigkeit, so daß so viele Sinne wie möglich dabei angesprochen werden (Sehen, Hören, Schmecken, Fühlen und Riechen).
4. *Schalten* Sie negative Gedanken oder Ängste *aus*.
5. *Verändern* Sie die Aktivitäten, so daß sie nicht langweilig werden.
6. Ergänzen Sie die Tätigkeit durch ein Selbstlob, wenn Sie sie als Belohnung benutzen.

Verbessern Sie Ihre Fertigkeiten

Abgesehen davon, daß Sie sich mit angenehmen Dingen beschäftigen sollten, ist es wichtig, solchen Tätigkeiten und Hobbies nachzugehen, die eine gewisse Fertigkeit erfordern und auf diese Weise zu einem Gefühl der Befriedigung und der Erfüllung beitragen. Einige angenehme Tätigkeiten können uns dieses Gefühl vermitteln, andere vielleicht nicht. Das Kapitel 5, ‹Werden Sie wieder aktiv›, zeigt Ihnen eine Methode, wie Sie etwas immer besser beherrschen lernen. Was in diesem Kapitel jedoch nicht angesprochen wird, ist, was *Sie* als befriedigend *erleben*. Menschen haben sehr unterschiedliche Kriterien dafür, was für sie Erfüllung bzw. Befriedigung bedeutet. Wer nicht seinen eigenen Maßstäben folgt, sondern dem, was andere für lohnend erachten, kann leicht in Schwierigkeiten geraten. Wenn Sie lediglich das tun, was andere für richtig halten, um deren Zustimmung zu erlangen, kann es soweit kommen, daß Ihnen irgendwann Ihre eigenen Ziele weniger wichtig vorkommen und mehr noch, daß Sie bestimmte Dinge unterlassen, von denen Sie selbst glauben, daß Sie sie eigentlich tun sollten. Außerordentliche Fähigkeiten und das Gefühl der Befriedigung, das durch diese entstehen kann, kommen auf diese Weise gar nicht zum Tragen. In Kapitel 11, im Abschnitt ‹Die Angst, Erwartungen nicht gerecht zu werden›, wird hierauf noch näher eingegangen.

Besondere Fähigkeiten können aber auch zum Problem werden, nämlich dann, wenn Sie unrealistische Erwartungen hegen, Ihre Ziele zu hoch stecken, oder wenn Sie die Schritte auf dem Weg der ‹Meisterschaft› nicht ausreichend klein halten (siehe Kapitel 5). Die Ziele, die Sie sich setzen, sollten realistisch sein – Ziele, die Sie erreichen *können*. Ein großer Teil dieses Buches zielt darauf ab, genau dieses Arbeits- bzw. Verhaltensmuster nahezubringen – Ziele setzen und in ausreichend kleinen Schritten vorangehen, was selbst bei großen, scheinbar unmöglichen Zielen Erfolgserlebnisse garantiert.

Es kann jedoch sein, daß Ihnen solche Ziele wie weiter gehen, länger sitzen, Freizeitaktivitäten oder die Kontrolle über die Schmerzmedikamente nicht wichtig genug erscheinen. Manchmal braucht man längerfristige oder größere Ziele, um sich zu motivieren. Wenn das auch für Sie zutrifft, ist es vielleicht nützlich, wenn Sie sich auch einige solche Ziele setzen. Nehmen Sie sich etwas Zeit, um das Arbeitspapier auf der folgenden Seite auszufüllen. Überlegen Sie sich einige Ziele, die Sie in den nächsten sechs Monaten, in einem Jahr

Meine langfristigen Ziele

In sechs Monaten	In einem Jahr	In fünf Jahren

und in fünf Jahren erreichen wollen. Jedes Ziel wird dann am besten erreicht, wenn es auf das darauf vorhergehende aufbaut. Aber denken Sie daran, daß Sie alle Ziele, egal ob sie klein oder groß sind, in kleinen, praktikablen Schritten erreichen sollen. Vielleicht möchten Sie noch einmal in Kapitel 5 nachlesen, um zu rekapitulieren, wie Sie Ihre Ziele in kleine Aufgabenschritte mit den entsprechenden Zieldaten unterteilen können. Eine der schwierigeren, aber nützlichen Fähigkeiten, die Sie erlernen müssen, ist, sich *realistische* Ziele zu setzen und Belohnungen und Ruhepausen einzubauen – ohne diese Fähigkeit werden Sie mit Sicherheit scheitern.

Zusammenfassung

Sie können mehr Selbstbeherrschung erlangen, aus der Ihnen mehr angenehme und weniger unangenehme Erfahrungen erwachsen. Zu diesem Zweck müssen Sie angenehme Erfahrungen planen, sich vorher darauf freuen, das größtmögliche Vergnügen daraus ziehen, während sie stattfinden, und sich hinterher häufig daran erinnern. Die Technik des Aus- und Umschaltens von Gedanken können Sie dazu benutzen, negative Gedanken und Ängste auszublenden. Das Einplanen von Zeiten, zu denen Sie sich Sorgen machen dürfen, trägt dazu bei, die Zeit zu begrenzen, die Sie auf unangenehme Gedanken verschwenden. Wichtig ist vor allem, daß Sie die Zeit ausdehnen, in der Sie an Ihr Vergnügen denken.

Disziplin erlangen wir dadurch, daß wir problematisches Verhalten, das uns in Schwierigkeiten bringt, erkennen und bekämpfen. Indem wir realisieren, daß wir nicht verantwortlich sind für die Probleme anderer Menschen und ihnen die Verantwortung auch nicht abnehmen können, sind wir in der Lage, negative Erfahrungen weitgehend zu minimieren.

Äußerst wichtig sind Selbstlob und Selbstermutigung. Sie müssen sich als eine gute, fähige und attraktive Person begreifen. Wenn Sie das nicht können, müssen Sie es üben. Wenn Sie daran arbeiten, Ihre positiven Eigenschaften (machen Sie sich keine Sorgen um Ihre Fehler; an die haben Sie lange genug gedacht) zu bemerken und gutzuheißen, wird Ihnen das helfen, sich selbst mehr zu mögen und Ihre Stimmung zu heben. All diese Dinge werden dazu beitragen, Depressionen, die mit chronischem Schmerz einhergehen, zu bekämpfen.

Wenn Depressionen trotz dieser Vorschläge für Sie ein besonderes Problem bleiben, sollten Sie vielleicht ein Selbsthilfebuch lesen, das sich ausschließlich mit dem Problem der Depression beschäftigt (siehe ‹Literaturhinweise›), oder fachkundige Hilfe suchen.

7. Der Umgang mit Schmerzmitteln

George, der Lehrer, der auf Seite 23 vorgestellt wurde, der zuviel Codein einnahm, bekam einen ‹Schmerzcocktail› verschrieben, der ungefähr die gleiche Stärke hatte wie seine früheren Medikamente. Über einen Zeitraum von 16 Wochen wurde das Codein, das er sechs Jahre lang genommen hatte, nach und nach in kleinen Schritten reduziert. Da sein Medikamentenproblem sehr schwerwiegend war, mußte er seinen Schmerzcocktail anfänglich alle vier Stunden unter medizinischer Überwachung einnehmen. Bald jedoch ging es ihm so gut, daß man ihm den Schmerzcocktail mit nach Hause gab, damit er ihn selbst einnehmen konnte. Er war sehr gewissenhaft und nahm den Cocktail immer genau zur vorgeschriebenen Zeit ein. Wenn er ausging, schätzte er ab, wie lange er weg sein wollte, und nahm die entsprechende Menge des Schmerzcocktails in einer kleinen Flasche in der Jackentasche mit.

Die Verwirrung und Müdigkeit, die zuvor bei ihm aufgetreten waren, wurden weniger in dem Maße, in dem die Medikamentengaben reduziert wurden und er körperlich kräftiger wurde. Er fing an, wieder mehr auf sein Aussehen zu achten, und tatsächlich machte dies einen solchen Unterschied, daß er von manchen Menschen, die ihn einige Wochen nicht mehr gesehen hatten, nicht erkannt wurde. Die Tatsache, daß er in der Lage war, sich von seiner Codein-Abhängigkeit zu befreien, stärkte sein Selbstvertrauen, das zuvor wenig entwickelt war. Seine Schmerzen reduzierten sich so sehr, daß er den Entschluß faßte, an Kursen teilzunehmen, um sich zum Außenhandelskaufmann ausbilden zu lassen. Diese Tätigkeit machte ihm Freude, und später absolvierte er mit guten Noten seine Prüfung. Seine Frau, ebenfalls eine Lehrerin, war entzückt. Sie berichtete, daß die Familie am Ende ihrer Kräfte gewesen sei, bevor George angefangen hatte, den Schmerzcocktail einzunehmen.

Dieses Kapitel betrifft Sie, wenn Sie ständig (über einen Zeitraum von mehreren Monaten hinweg) Analgetika einnehmen oder wenn Sie, jemand aus Ihrer Familie oder Ihr Arzt wegen Ihres Schmerzmittelverbrauchs beunruhigt sind. Analgetika sind schmerzstillende Arzneimittel. Viele Menschen nehmen verschiedene Arten von Medikamenten gegen verschiedene Krankheiten und wissen nicht, welches Medikament für welche Beschwerden gedacht ist. Es ist äußerst wichtig, daß Sie zumindest in Erfahrung bringen, welche Ihrer Medikamente Schmerzmittel sind und welche nicht. *In diesem Kapitel geht es ausschließlich um Schmerzmittel oder um Mittel, mit denen die Schmerzen unter Kontrolle gehalten werden können, nicht jedoch um Medikamente anderer Art.*

Das beste ist, wenn Sie in Zusammenarbeit mit Ihrem Arzt versuchen, Ihren Medikamentenkonsum in den Griff zu bekommen. Wenn er dazu bereit ist, sollten Sie ihm möglichst dieses Kapitel und ebenso den Abschnitt über die ‹Medikamentenfalle› in Kapitel 2 zu lesen geben. Vielleicht möchten Sie sich diese Kapitel auch selbst noch einmal ins Gedächtnis rufen, bevor Sie weiterlesen.

Welche und wie viele Medikamente nehmen Sie?

Der erste Schritt zur Kontrolle Ihres Medikamentenkonsums besteht darin, eine Liste all Ihrer Medikamente zu erstellen, und zwar jeweils mit den Anwendungsgebieten, der Maximaldosierung und je einer Angabe, wieviel Sie davon an normalen und an schlechten Tagen üblicherweise nehmen. Eine Tabelle, in die Sie eintragen können, wie viele Medikamente Sie schätzungsweise einnehmen, finden Sie auf der folgenden Seite. Der Name, die Wirksamkeit und die empfohlene Dosierung stehen auf dem Beipackzettel. Wenn Sie die Anwendungsgebiete eines Medikaments nicht kennen oder sich darüber unsicher sind, dann lassen Sie das entsprechende Feld in der Liste frei, und nehmen Sie sich vor, den Arzt, der es verschrieben hat, danach zu fragen. Wenn Sie die Tabletteneinnahme jedes Medikaments an einem normalen und an einem schlechten Tag schätzen, sollten Sie so genau wie möglich sein. Typischerweise neigen viele Menschen dazu, Ihren Tablettenverbrauch zu *unterschätzen*, häufig deswegen, weil Sie sich Ihrer Gewohnheiten ganz einfach nicht bewußt sind.

Wie viele Medikamente nehmen Sie schätzungsweise ein?

Listen Sie *alle* Medikamente auf, die Sie einnehmen. Wenn Sie nicht wissen, wozu Sie Ihre Medikamente nehmen, kann Ihr Arzt Ihnen helfen, die Spalte ‹Anwendungsgebiet› auszufüllen. Die Dosierung der Wirkstoffe steht auf dem Beipackzettel. In den letzten beiden Spalten sollen Sie schätzen, wieviel von jedem Medikament Sie an einem normalen und an einem schlechten Tag einnehmen.

Name des Medikaments	Anwendungsgebiet	Maximaldosierung	Verbrauch an normalen Tagen	Verbrauch an schlechten Tagen
1.				
2.				
3.				
4.				
5.				
6.				
7.				
8.				
9.				
10.				

Wenn Sie von mehr als einem Arzt Medikamente verschrieben bekommen, dann zeigen Sie die Tabelle jedem von ihnen. Auf diese Weise können Sie sichergehen, daß jeder Arzt weiß, was Sie über seine eigenen Verordnungen hinaus einnehmen. Manche Wirkstoffe vertragen sich schlecht miteinander, und daher ist es sehr wichtig, daß jeder Arzt über *alle* Arzneimittel, die Sie einnehmen, Bescheid weiß.

Es ist aber auch wichtig, daß Sie selbst wissen, was Sie einnehmen und wofür es gut ist. Viele Ärzte sind so überlastet, daß sie die medikamentöse Behandlung nicht vollständig erklären. Sie haben jedoch das Recht, Fragen zu stellen und das Warum und Wozu der vom Arzt verschriebenen Arzneimittel zu erfahren. Schließlich ist es *Ihr* Körper, der mit all den Medikamenten, die Sie einnehmen, fertig werden muß.

Sie sollten von Ihrem Arzt zu Ihrer vollen Zufriedenheit informiert werden. Wenn Sie diese Informationen nicht in zufriedenstellendem Maße bekommen, dann sind Sie entweder nicht beharrlich genug, oder Ihr Arzt ist der Ansicht, daß Patienten nicht so genau Bescheid wissen brauchen oder sollten. Meist jedoch liegt es daran, daß Sie nicht hartnäckig genug darauf bestehen. Die beste Art, Ihren Arzt zu fragen, ist, ihm Ihre Tabelle zu zeigen und ihn zu bitten, daß er Ihnen beim Ausfüllen der Spalte ‹Anwendungsgebietes› hilft. Selbstverständlich gibt es auch Fachbücher, aus denen Sie die nötige Information heraussuchen können. Die meisten Bibliotheken und Apotheken haben ein Exemplar der *Roten Liste* oder ein Wirkstoffverzeichnis, in dem Sie Informationen über Inhaltsstoffe, Anwendungsgebiete, normale Dosierung und Nebenwirkungen von Medikamenten finden können.

Kontrollieren Sie Ihren Schmerzmittelkonsum

Wenn Sie schließlich über die Bezeichnungen, Anwendungsgebiete und Wirkungsweisen Ihrer Medikamente Bescheid wissen, können Sie beginnen, Ihren Analgetikakonsum zu kontrollieren. Wie weiter oben bereits erwähnt wurde, tun Sie dies am besten mit Hilfe, Anleitung und Wissen Ihres Arztes.

Wie Sie bereits in dem Abschnitt ‹Die Medikamentenfalle› erfahren haben, dienen Analgetika zur Bekämpfung akuter, kurzfristiger

Schmerzen. Bei der *ständigen (chronischen) Anwendung* von Schmerzmitteln treten vor allem zwei Probleme auf:

1. Mit der Zeit entwickelt der Körper eine immer stärkere Gewöhnung an den Wirkstoff, so daß Sie immer mehr davon einnehmen müssen, bis schließlich sogar große Mengen nur noch wenig oder überhaupt keine schmerzlindernde Wirkung mehr haben.
2. Medikamente, die unregelmäßig, d. h. immer nur dann, wenn die Schmerzen am stärksten sind, eingenommen werden, verstärken in Wirklichkeit die Schmerzreaktion und machen mit der Zeit die Schmerzanfälle immer schlimmer. Auf diese Weise verlieren die Analgetika nach und nach nicht nur ihre Wirksamkeit, sondern können letztendlich die Schmerzen sogar *steigern*, während gleichzeitig die Wahrscheinlichkeit, daß Nebenwirkungen auftreten, zunimmt.

Tatsächlich bemerken die meisten Schmerzpatienten, daß Ihnen die Analgetika nicht mehr viel helfen, aber weil sie immer noch daran glauben, daß sie eigentlich helfen *müßten* (der ‹Pillen-helfen-gegen-alles›-Mythos), und weil der Arzt sie immer noch verschreibt (was er vielleicht ganz einfach nur deswegen tut, weil Sie danach verlangen), nehmen Sie sie weiterhin in immer stärkeren Dosen ein. Wie in Kapitel 2 (‹Die Medikamentenfalle›) bereits erwähnt wurde, ist das Problem, daß Medikamente die Schmerzen auch verstärken können, sehr heikel. Mit der Zeit entwickelt sich ein Zusammenhang zwischen Ihren Schmerzen und der Einnahme von Medikamenten. Nachdem dieser Zusammenhang hundertfach oder sogar tausendfach wiederholt wurde, kann Ihr Körper *lernen*, mehr Schmerzen zu haben. Wenn Ihre Schmerzen mit den Jahren allmählich immer schlimmer geworden sind, kann dies in der Tat eine der Ursachen dafür sein. Sie haben die Schmerzen durch Medikamente *verstärkt*!

Ihr nächster Schritt besteht darin, ein Medikamenten-Tagebuch zu führen, mit dessen Hilfe Sie genau feststellen können, wie viele Arzneimittel Sie wann einnehmen. Dafür sollten Sie schon Ihr Arbeitsblatt ‹Wie viele Medikamente nehmen Sie schätzungsweise ein?› ausgefüllt haben. Darin steht, was Sie *glauben*, wie viele Medikamente Sie einnehmen. Das Medikamenten-Tagebuch wird Auskunft geben, was Sie *wirklich* schlucken. Es sollte interessant sein festzustellen, ob Ihre Schätzungen sich als richtig erweisen. Achten Sie darauf, daß Sie in das Medikamenten-Tagebuch, das auf den Seiten 136–138 vorgestellt wird, die Stärke Ihrer Schmerzen ebenso eintragen wie die Namen und die jeweilige Dosis Ihrer Medikamente. Führen Sie Ihr Medikamenten-Tagebuch eine Woche lang, bevor Sie den nächsten Schritt in diesem Programm machen.

Wenn Sie eine Woche lang Ihr Medikamenten-Tagebuch geführt haben, können Sie es analysieren, indem Sie die folgenden Fragen beantworten:

1. Haben Sie Ihre Schmerzmittel in regelmäßigen oder unregelmäßigen Abständen eingenommen?
2. Haben Sie versucht, der Einnahme von Medikamenten so lange zu widerstehen, bis die Schmerzen nicht mehr auszuhalten waren?
3. Haben Sie an schlechten Tagen mehr Medikamente genommen und an guten Tagen weniger? (Sehen Sie auf Ihrer Skala nach, auf der die Stärke der Schmerzen aufgezeichnet ist.)
4. Wie stark mußte der Schmerz sein, bis Sie zu Schmerzmitteln gegriffen haben?
5. Ist irgendeine Regelmäßigkeit zu erkennen, wann Ihre Schmerzen am stärksten waren oder wann Sie die meisten Medikamente genommen haben (war es zum Beispiel zu einer bestimmten Tageszeit besonders schlimm?).
6. Wenn es eine erkennbare Regelmäßigkeit gab, können Sie diese zu irgendwelchen Ereignissen in Ihrer Umgebung in Beziehung setzen (zum Beispiel wenn Sie allein waren, von der Arbeit nach Hause fuhren usw.)?

Wenn Ihre Antworten so aussehen wie bei den meisten Schmerzpatienten, nämlich daß Sie unregelmäßig Schmerzmittel einnehmen, daß Sie versuchen, deren Einnahme so lange wie möglich hinauszuzögern, daß Sie an schlechten Tagen mehr einnehmen als an guten und sie immer dann einnehmen, wenn die Schmerzen ziemlich stark sind, dann ist die Wahrscheinlichkeit groß, daß Sie durch die Art Ihrer Schmerzmittelanwendung dazu beigetragen haben, Ihre Schmerzen zu verstärken statt zu lindern.

Das erste, was Sie sich für die Einnahme von Schmerzmitteln merken müssen, ist, sie *regelmäßig* nach einem *festgesetzten Zeitplan* einzunehmen. Auf diese Weise wirken sie am besten, und außerdem sind sie dadurch von Ihren Schmerzanfällen abgekoppelt.

Der nächste wichtige Punkt, auf den Sie unbedingt achten müssen, ist, daß hohe Dosen von Schmerzmitteln Ihre Leber und Ihre Nieren,

Mein Medikamenten-Tagebuch

Notieren Sie jedesmal, wenn Sie ein Schmerzmittel einnehmen, die Art des Medikaments und die eingenommene Menge. Notieren Sie außerdem stündlich den ganzen Tag über, solange Sie wach sind, wie stark Ihre Schmerzen sind.

Zeit	Schmerzmittel	Dosierung	Stärke der Schmerzen (0 = schmerzfrei; 10 = stärkste vorstellbare Schmerzen)
6–7.00			
7–8.00			
8–9.00			
9–10.00			
10–11.00			
11–12.00			
12–13.00			
13–14.00			
14–15.00			

Zeit	Schmerzmittel	Dosierung	Stärke der Schmerzen (0 = schmerzfrei; 10 = stärkste vorstellbare Schmerzen)
15–16.00			
16–17.00			
17–18.00			
18–19.00			
19–20.00			
20–21.00			
21–22.00			
22–23.00			
23–24.00			
24–1.00			
1–2.00			

Zeit	Schmerzmittel	Dosierung	Stärke der Schmerzen (0 = schmerzfrei; 10 = stärkste vorstellbare Schmerzen)
2–3.00			
3–4.00			
4–5.00			
5–6.00			

die alle Medikamente abzubauen haben, sehr stark beanspruchen. Da die Schmerzmittel Ihre Schmerzen wahrscheinlich ohnehin nur in sehr geringem Maße lindern, wäre es sicherlich gut, wenn Sie deren Einnahme verringern oder schließlich ganz einstellen würden.

Wenn Sie Ihre Schmerzmittel reduzieren oder damit ganz aufhören wollen, sollten Sie dies *allmählich* tun. Die besten Chancen, sich von Medikamenten zu lösen, ob sie nun süchtig machen oder nicht, haben Sie dann, wenn Sie es *langsam* tun. Patienten (und auch Ärzte) versuchen manchmal, die Einnahme von Medikamenten abrupt zu beenden. Das ist ungefähr so, als würden Sie zur Gewichtsreduktion plötzlich gar nichts mehr essen. Beides ist gefährlich, und die Wahrscheinlichkeit, daß es gelingt, ist gering. Das negative Resultat derartiger Kraftakte ist in der Regel, daß die Abhängigkeit oder die Angst vor der Abhängigkeit stärker wird als je zuvor. Teil des Programms in vielen Schmerzkliniken ist es, den Schmerzmittelentzug allmählich und systematisch durchzuführen.

Wenn Sie zum jetzigen Zeitpunkt akzeptiert haben, daß Ihre chronischen Schmerzen etwas sind, mit dem Sie auch in Zukunft zu leben haben werden, und wenn Sie nicht länger nach einer endgültigen Heilung suchen, wollen Sie sicher nicht bis in alle Ewigkeit Schmerzmittel einnehmen. Abgesehen davon, daß Sie die Schmerzen verstärken, wenig lindernde Wirkung haben und, wie bereits weiter oben erklärt, Leber und Nieren schädigen, dienen sie dazu, Sie, Ihre Familie und andere Menschen daran zu erinnern, daß Sie ein ‹*kranker*› Mensch sind. Ziel dieses Buches ist jedoch, daß Sie sich wie ein ‹*gesunder*› Mensch verhalten, daß Sie von anderen als solcher betrachtet werden und daß Sie sich auch entsprechend fühlen.

Der ‹Schmerzcocktail›

Ein bewährtes Mittel, Ihre Medikamenteneinnahme systematisch zu reduzieren, ist der ‹Schmerzcocktail›. Den Schmerzcocktail kann Ihnen Ihr Apotheker nach den Anweisungen Ihres Arztes herstellen. Dafür muß er Ihre Schmerzmittel mit einer ‹Tarnflüssigkeit› wie zum Beispiel Kirschsaft mischen. Durch die Tarnflüssigkeit wird sichergestellt, daß Sie jedesmal, wenn Sie Ihre Medikamente einnehmen, das Gefühl haben, daß es dieselbe Menge ist, egal, wie viele Wirkstoffe tatsächlich darin enthalten sind. (Siehe das Diagramm auf Seite 140.) Dies erleichtert den Entwöhnungsprozeß, wie ich weiter unten noch erklären werde. Damit der Schmerzcocktail wirkt, müssen Sie die folgenden Schritte einhalten:

1. Schritt: Ausgehend von Ihrem Medikamenten-Tagebuch sollten Sie zusammen mit Ihrem Arzt einen optimalen Zeitplan ausarbeiten, wann Sie die Medikamente einnehmen. Achten Sie darauf, wie groß die Zeitabstände waren, zu denen Sie sie üblicherweise eingenommen haben, und machen Sie Ihren neuen Plan so, daß die Abstände zu Beginn etwas kürzer sind, als sie im Durchschnitt bis dahin waren. Dadurch gewöhnen Sie sich leichter daran, die Schmerzmittel bereits zu einem Zeitpunkt einzunehmen, *bevor* Sie starke Schmerzen bekommen. Der Zeitplan sollte *vollkommen regelmäßig* sein, zum Beispiel alle drei Stunden, alle vier Stunden, alle fünf Stunden, alle sechs Stunden. Versuchen Sie nicht, sich hier ein schwer zu erreichendes Ziel zu setzen. Zunächst einmal soll Ihnen nur gelingen, Ihre Medikamente *regelmäßig* einzunehmen. Wenn Sie sich zum Beispiel für einen Zeitabstand von vier Stunden entscheiden, und Sie normalerweise Ihre ersten Tabletten um 7.30 Uhr morgens einnehmen, sollten Sie die

Wie Sie den Schmerzcocktail anwenden

1. Schritt: Mischen Sie die Wirkstoffe in die Tarnflüssigkeit

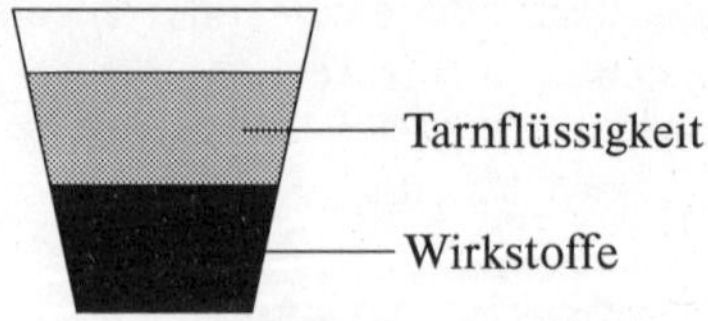

2. Schritt: Nehmen Sie den Schmerzcocktail zu regelmäßigen Zeiten ein, beispielsweise alle vier Stunden

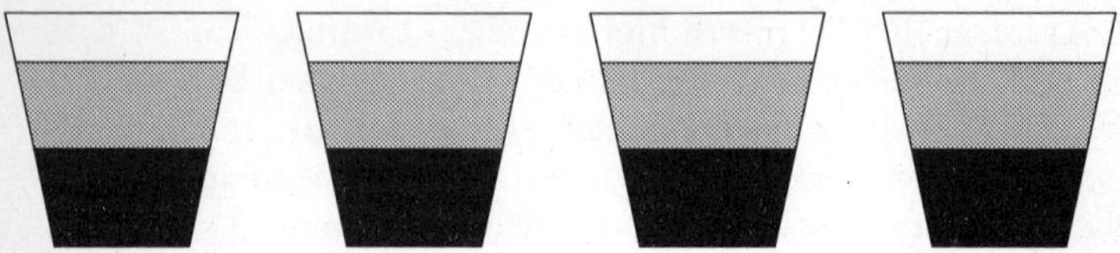

8.00 12.00 16.00 20.00

3. Schritt: Vermindern Sie langsam die Wirkstoffe

4. Schritt: Dehnen Sie die Zeitabstände aus, beziehungsweise verringern Sie die Häufigkeit der Einnahme, zum Beispiel alle sechs Stunden, dann alle acht Stunden usw.

8.00 14.00 20.00 usw.

folgenden Tabletten um 11.30, 15.30, 19.30 und 23.30 einnehmen.

Wenn Sie nachts normalerweise keine Medikamente einnehmen, dann lassen Sie die Nacht in Ihrem Plan aus. Wenn ja, dann arbeiten Sie auch für die nächtliche Einnahme einen regelmäßigen Plan aus. Wenn Sie solch einen Zeitplan erstellt haben, können Sie den nächsten Schritt in Angriff nehmen.

2. Schritt: Ihr Arzt wird entscheiden müssen, wie Ihr Schmerzcocktail hergestellt werden kann, so daß er dem Apotheker seine Anweisungen geben kann. Ihre tägliche Menge Schmerzcocktail sollte mit der Menge an schmerzstillenden Wirkstoffen beginnen, die Sie vorher durchschnittlich eingenommen haben, oder sogar ein wenig mehr, so daß Sie sich leicht und ohne Schwierigkeiten daran gewöhnen können. Der Arzt muß bestimmen, wieviel von jedem Schmerzmittel Sie bei jeder Einnahme erhalten. Ärzten und Apothekern sei geraten, die Zusammensetzung so zu bestimmen, daß der Patient jedesmal 10 cl (Medikamente *und* Tarnflüssigkeit zusammen) zu sich nimmt.

3. Schritt: Der dritte Schritt besteht darin, daß Sie sich aller anderen Schmerzmittel, die Sie im Haus aufbewahren, entledigen. Dies schafft eine größere Verbindlichkeit und hilft Ihnen, der Versuchung zu widerstehen. Außerdem ist es eine ausgezeichnete symbolische Handlung, mit der Sie sich selbst signalisieren, daß es Ihnen wirklich ernst ist. Werfen Sie die alten Medikamente nicht in die Toilette (Umweltschutz!), sondern bringen Sie sie zur Beseitigung in die Apotheke.

4. Schritt: Wenn Sie Ihren Zeitplan für den Schmerzcocktail gemacht haben, vervollständigen Sie den Vertrag zur Einnahme des Schmerzcocktails auf Seite 142. Schreiben Sie die Zeiten, zu denen Sie den Schmerzcocktail einnehmen wollen, in die linke Spalte. Den ausgefüllten Vertrag hängen Sie in die Nähe der Flasche mit dem Schmerzcocktail. Während der nächsten Wochen vermerken Sie auf dem Vertrag jedesmal, wenn Sie den Cocktail zur vorbestimmten Zeit einnehmen. Und denken Sie sich eine besondere Belohnung für jede Woche aus, in der Sie den Plan konsequent eingehalten haben – ein Abendessen in Ihrem Lieblingsrestaurant, ein neues Buch oder eine neue Schallplatte, ein neues Kleidungsstück, Theater- oder Konzertkarten, einen Sonntagsausflug, ein neues Werkzeug, einen Haushaltsgegenstand oder etwas anderes, das Ihnen als Motivationshilfe dienen kann. Und gönnen Sie sich die Belohnung so schnell wie möglich, nachdem Sie eine Woche erfolgreich hinter sich gebracht haben.

Mein Vertrag zur Einnahme des Schmerzcocktails

Hiermit verpflichte ich mich, den Zeitplan zur Einnahme meines Schmerzcocktails strikt einzuhalten. Ich verpflichte mich außerdem, zu keiner anderen Zeit den Schmerzcocktail und auch keine anderen Schmerzmittel einzunehmen. (Vermerken Sie an jedem Tag, ob Sie den Cocktail planmäßig eingenommen haben.)

Zeitplan	1. Tag	2. Tag	3. Tag	4. Tag	5. Tag	6. Tag	7. Tag

Wenn es mir gelingt, mich vollständig an meinen Zeitplan für den Schmerzcocktail zu halten, werde ich mich belohnen mit

____

____

(Unterschrift)

____

(Datum)

5. Schritt: Nun können Sie mit der Einnahme Ihres Schmerzcocktails beginnen. Den Zeitplan, den Sie ausgearbeitet haben, müssen Sie *strikt einhalten*, den Schmerzcocktail zum festgesetzten Zeitpunkt einnehmen, auch dann, wenn Sie überhaupt keine Schmerzen haben. Außerdem dürfen Sie in den Zeiten dazwischen weder den Schmerzcocktail noch irgendwelche anderen Schmerzmittel einnehmen – selbst wenn Sie wirklich starke Schmerzen haben. Es ist wichtig, daß Sie Ihren Körper neu konditionieren, daß er nicht länger dann Schmerzmittel bekommt, wenn er Schmerzen signalisiert. Das neue System beruht auf *planmäßiger* Schmerzmittelgabe. Wenn Sie vorhaben auszugehen, füllen Sie die benötigte Menge in eine kleinere Flasche um, und stecken Sie diese in Ihre Handtasche, Aktentasche, Manteltasche oder in das Handschuhfach in Ihrem Auto. Verschwinden Sie rechtzeitig in Richtung Toilette, und nehmen Sie planmäßig Ihren Schmerzcocktail ein. Normalerweise geht dies ganz unauffällig.

6. Schritt: Wenn Sie sich einmal an den regelmäßigen Zeitplan für den Schmerzcocktail gewöhnt haben, sollten Sie mit Ihrem Arzt eine Vereinbarung treffen, die darin enthaltenen Wirkstoffe allmählich über einen bestimmten Zeitraum hinweg zu reduzieren. Es ist ratsam, daß Sie sich zusammen mit Ihrem Arzt ein Endziel setzen, wie zum Beispiel ‹vollständiges Absetzen der Schmerzmittel› oder ‹Reduzierung meiner Schmerzmittel auf die Hälfte› innerhalb eines festgelegten Zeitraums – zum Beispiel drei Monate, sechs Monate oder länger. Dann kann jede Woche oder alle zwei Wochen ein neues Rezept gemischt werden, wobei die Menge der Wirkstoffe jedesmal leicht verringert wird. Fast immer ist es am besten, wenn Sie die Details nicht kennen – etwa das genaue Timing oder um wieviel die Wirkstoffe in dem neuen Rezept reduziert wurden. Dies mag wie ein Widerspruch erscheinen zu dem, was weiter oben gesagt wurde; daß Sie wissen müssen, was Sie einnehmen. Aber in Wirklichkeit *werden* Sie wissen, was in dem Schmerzcocktail enthalten ist, da Sie den Anfang und das Endziel der Behandlung selbst festlegen. Das Prinzip, das der Unkenntnis der genauen Zusammensetzung des Schmerzcocktails zugrunde liegt, ist, zu verhindern, daß der Körper auf dieses Wissen mit übertriebenen Schmerzattacken reagiert, die damit zusammenhängen, daß Ihnen die Veränderungen in der medikamentösen Behandlung bekannt sind.

Auf dem Gebiet der Schmerzforschung gibt es eine Vielzahl wissenschaftlicher Untersuchungen, die zweifelsfrei belegen, daß Erwartungshaltungen einen großen Einfluß darauf haben, wie wir unsere Schmerzen wahrnehmen. So sollten wir die Verantwortung übernehmen für den regelmäßigen und allmählichen Abbau der Medikamente. Es ist aber wirklich praktikabler, die Einzelheiten nicht zu kennen. Überlassen Sie diese dem Arzt und dem Apotheker. Aber stellen Sie sicher, daß Sie während der Durchführung des Programms Ihren Part übernehmen, indem Sie weiterhin Ihre wöchentlichen Verträge mit sich selbst abschließen und sich für deren wöchentliche Einhaltung belohnen. Sollten Sie Fehlschläge erleben, versuchen Sie, Ihre Belohnungen zu steigern oder sich jeden Tag zu belohnen, wie es in Kapitel 5 erklärt wurde.

7. Schritt: Wenn Sie es sich zum Ziel gemacht haben, gänzlich auf die Einnahme von Schmerzmitteln zu verzichten, werden in Ihrem Schmerzcocktail gegen Ende Ihres Programms nur noch ganz wenige schmerzlindernde Wirkstoffe enthalten sein. An diesem Punkt können Sie zusammen mit Ihrem Arzt entscheiden, unter Umständen das Programm schneller zu beenden, indem Sie die zeitlichen Abstände zwischen den Einnahmen des Schmerzcocktails ausdehnen. Wenn Sie zum Beispiel einem Vier-Stunden-Rhythmus folgen, können Sie auf einen Sechs-Stunden-Rhythmus übergehen, nach ein paar Wochen auf einen Acht-Stunden-Rhythmus, schließlich auf einen Zwölf-Stunden-Rhythmus. Zu guter Letzt können Sie so sehr reduzieren, daß Sie den Schmerzcocktail nur noch jeden zweiten Tag nehmen, und wenn Sie schließlich ‹reif› dafür sind, können Sie ihn ganz weglassen. Doch diese Veränderung Ihres Zeitplans sollten Sie erst gegen Ende Ihres Programms vornehmen und nur unter Aufsicht Ihres Arztes.

8. Schritt: Wenn Ihr Ziel nur darin bestand, Ihre Schmerzmittel auf einen bestimmten Bruchteil des früheren Verbrauchs zu reduzieren, können Sie, wenn Sie Ihr Ziel erreicht haben, wieder zur Einnahme von Tabletten übergehen. Aber Ihren Zeitplan für die Einnahme der Medikamente sollten Sie weiter konsequent einhalten: Sie dürfen keine Tablette auslassen und auch keine zusätzlichen Tabletten einnehmen. Wenn Sie sich zu einem späteren Zeitpunkt dazu entschließen sollten, die Einnahme von Schmerzmitteln noch weiter zu reduzieren, können Sie zum Schmerzcocktail zurückkehren und denselben Vorgang wiederholen.

Den Schmerzcocktail können Sie auch bei anderen zuviel oder falsch eingenommenen Medikamenten wie zum Beispiel Schlaftabletten oder Beruhigungsmitteln anwenden. Der obige Abschnitt beschränkt sich zwar auf Schmerzmittel, aber wenn Sie und Ihr Arzt beschließen, daß in dem Cocktail auch noch andere Medikamente, wie zum Beispiel die oben genannten, enthalten sein sollten, so ist das durchaus möglich. Oder es können eigene Cocktails für andere problematische Medikamente verordnet werden. Schlafcocktails oder Nervencocktails können ebenso dazu dienen, Patienten von Medikamenten zu entwöhnen, bei denen es schwierig oder gefährlich ist, diese abrupt abzusetzen.

Es kann einige Fälle geben, in denen es Ihnen nicht möglich sein wird, den Schmerzcocktail anzuwenden. Zum Beispiel könnte es schwierig sein, sowohl Ihren Hausarzt als auch Ihren Apotheker dazu zu bringen, den Cocktail zu verschreiben beziehungsweise zu mischen, wenngleich die meisten dazu bereit sind. Es ist gegebenenfalls möglich, die Prinzipien des Schmerzcocktails auch auf die Einnahme von Tabletten zu übertragen. Die Cocktails haben den Tabletten gegenüber jedoch einige Vorteile:

1. In Tabletten sind oft ziemlich große, festgelegte Wirkstoffmengen enthalten, was die allmähliche geringfügige Reduktion der Wirkstoffe erschwert, die im Cocktail auf einfache und zuverlässige Art veränderbar sind. Pillen können meist nur in wenige Stücke zerbrochen werden, und diese sind nicht immer gleich groß. (Das Zerbrechen von Tabletten bewirkt außerdem, daß sie schlechter schmekken.)
2. Bei Tabletten ist es nicht zu vermeiden, daß Sie immer genau darüber Bescheid wissen, welche exakte Dosis Sie einnehmen und welche auch noch so geringen Veränderungen beim Einnehmen passieren. Dadurch geben Sie Ihrem Körper und Ihrem Gehirn die Chance, Schwierigkeiten zu *erwarten*, wenn die Dosis reduziert wird, und die Wahrscheinlichkeit, daß Sie Probleme bekommen, steigt.

Ist eine Umstellung auf einen Schmerzcocktail nicht möglich, kann die Methode des Schmerzmittelabbaus mit reduzierter Tabletteneinnahme trotzdem funktionieren. Das Wichtigste ist, Ihre Medikamenteneinnahmen nach einem bestimmten *Zeitplan* auszurichten, und wenn Sie sich dazu entschließen, die Gesamtdosis zu reduzieren, dann tun Sie es *allmählich* in *kleinen* Schritten über einen langen Zeitraum hinweg. Natürlich müssen Sie *vorher* die Reduktionsmengen und die genauen Daten ausarbeiten und sich dann rigoros an diesen Plan halten. Sie sollten keinesfalls Änderungen in Ihrem Programm vornehmen, egal wie Sie sich *fühlen*. Mit Tabletten kann diese Versuchung allerdings sehr groß sein. Wenn Sie von Ihrem Plan abweichen, werden Sie sich bald an dem Punkt wiederfinden, an dem Sie begonnen haben, nämlich als Ihre Medikamenteneinnahme durch die Stärke Ihrer Schmerzen reguliert wurde. Das Ziel dieses Programms ist es, die erworbene automatisierte Verknüpfung von Schmerz und Medikamenteneinnahme aufzulösen.

Wenn Sie Ihre Schmerzmittel injiziert (gespritzt) bekommen, können diese in eine oral zu verabreichende Form überführt und als Schmerzcocktail angewandt werden. Ständige Injektionen für den Rest Ihres Lebens sind natürlich noch schlimmer als die ständige Einnahme von Tabletten. Wenn Sie Schmerzmittel gespritzt bekommen haben, kann es im Rahmen eines Selbsthilfeprogramms schwierig sein, auf orale Medikamente überzuwechseln. Wenn Sie regelmäßig (oder unregelmäßig) Schmerzmittelinjektionen erhalten, sollten Sie sich vielleicht lieber eine Zeitlang in eine Schmerzklinik begeben oder sich einer stationären Behandlung im Krankenhaus unterziehen, um sich von dieser Art der Schmerzmittelanwendung zu befreien.

Eine letzte Bemerkung: Die Methode des Schmerzcocktails ist natürlich nur dann anzuraten, wenn Sie *chronische* Schmerzen haben und *ständig* oder relativ regelmäßig Schmerzmittel einnehmen müssen.

Der regelmäßige und langsame Abbau der Medikamente wird durch die Anwendung des Schmerzcocktails relativ einfach. Dennoch durchlaufen Sie einen Prozeß des Umlernens, und es kann daher sein, daß Ihr Körper einige Schwierigkeiten hat, sich an Ihre neuen Pläne anzupassen. Schließlich verändern oder brechen Sie vielleicht mit jahrelangen Gewohnheiten. Deshalb kann ich nicht oft genug betonen, daß die Schritte klein genug sein müssen, um sicher zum Erfolg zu führen. Denken Sie vor allem daran, daß Sie, wenn Sie sich strikt an die Vorschriften halten, Ihre Schmerzattacken bald viel besser unter Kontrolle haben werden und daß Ihr Körper sich an einen stabileren, regelmäßigen Plan gewöhnen *wird*, der häufig dazu führt, daß Ihre Schmerzempfindlichkeit nachläßt.

Anmerkung zum Schmerzcocktail (von Dr. med. Hubertus Kayser)

Viele Menschen, die in die Medikamentenfalle geraten und in ihr gefangen sind, schaffen es ohne Hilfe von außen nicht, ihr wieder zu entkommen, obwohl sie die Bedeutsamkeit eines solchen Schrittes für ihr weiteres Leben erkennen.

Auf den vorangehenden Seiten beschreibt Connie Peck, wie man sich mit Hilfe des Schmerzcocktails in enger Zusammenarbeit mit dem Hausarzt und dem Apotheker von der Medikamentensucht befreien kann. Dieses aus der Verhaltenstherapie entlehnte Therapieschema hat vor allem in den angelsächsischen Ländern Anhänger gefunden. Aufgrund anders gewachsener Strukturen in unserem Gesundheitswesen halte ich dieses Modell nur unter günstigsten Bedingungen in der Bundesrepublik Deutschland für praktikabel. Deshalb favorisiere ich einen anderen erfolgversprechenden Weg, den ich anhand eines Beispiels aus meiner praktischen Arbeit in einer Schmerzklinik erläutern möchte. Gefahren, die dem Patienten aus dem Entzug der Medikamente entstehen (z. B. Hirnkrämpfe), werden dadurch sicher vermieden.

Marianne*, 46 Jahre alt, ist eine Frau vom Lande. Schon mit 19 Jahren hat sie nach der Hochzeit ihre erste Tochter zur Welt gebracht. Es folgen drei weitere Kinder in den nächsten Jahren. Leben und Arbeit auf dem Bauernhof geben ihr nicht die erwünschte Anerkennung und so nimmt sie schon bald einen Bürojob an. Derweil betreut die in der Nachbarschaft wohnende Schwiegermutter die Kinder. Als Sekretärin des Chefs eines Kleinbetriebes hat sie große Verantwortung zu tragen, auf Arbeitszeiten kann sie nicht achten. Schuldgefühle gegenüber ihren Kindern unterdrückt sie.

Nach elf Jahren kündigt sich der Konkurs der Firma an. Während dieser Zeit beginnt bei Marianne ein zunächst anfallartiger Kopfschmerz in der rechten Kopfhälfte. Schon bald helfen einfache Schmerzmittel nicht mehr; der Arzt, den sie aufsucht, verschreibt Kombinationspräparate. Auch diese Mittel verschaffen ihr nur eine immer kürzer dauernde Schmerzerleichterung, so daß Marianne immer mehr und immer stärkere Tabletten schlukken muß.

Da sie keine neue Arbeit findet, nimmt Marianne an einer Umschulung zur Pflegehelferin teil, ein Berufswunsch, den sie schon als junges Mädchen gehegt hatte. Inzwischen hat sie aber den Tablettenkonsum so weit gestei-

* Der Name wurde geändert.

gert, daß sie häufig wie benommen zur Arbeit fährt. Sie fühlt sich erschöpft und kaputt, zeigt sich anderen Leuten gegenüber abweisend und gereizt und kommt nachts nicht zur Ruhe. Von Bekannten wird sie angesprochen und gefragt, ob sie betrunken sei. Der Kopfschmerz läßt sich mittlerweile gar nicht mehr beeinflussen, so daß sie ihre begonnene Ausbildung abbricht. Die Hausärztin überweist Marianne zur Schmerztherapie in die nächstgelegene Schmerzklinik.

Nach der dortigen Untersuchung und dem Gespräch mit dem Schmerzarzt erklärt sich Marianne mit einem stationären Krankenhausaufenthalt einverstanden, der sie von dem ständigen Schmerzmittelkonsum befreien und ihr ein neues Leben ohne Kopfschmerzen bringen soll. Denn nicht selten wird ein zunächst anfallartiger Schmerz erst durch die Einnahme bestimmter Schmerzmittel zum Dauerschmerz; nach dem Entzug dieser Schmerzmittel nimmt die Stärke und Häufigkeit der Beschwerden dann rapide ab.

Während des stationären Krankenhausaufenthaltes erlebt Marianne erstmals nach vielen Jahren wieder schmerzfreie Zeiten. Durch Nervenblockaden werden noch bestehende muskuläre Verspannungen durchbrochen. Durch ein krankengymnastisches und physikalisches Programm in Verbindung mit einem speziellen Entspannungsverfahren wirkt sie Verspannungen selbständig entgegen. Nicht zuletzt lernt sie in vielen Gesprächen sich und ihr Verhalten im beruflichen und familiären Bereich besser kennen und benennt Alternativen für die Zukunft.

Wieder zu Hause, startet Marianne neue Initiativen, um einen Job zu finden. In ihrer Freizeit nimmt sie einen Hinweis, den man ihr in der Klinik gab, auf und beginnt, häufiger Sport zu treiben. In der Nachbargemeinde nimmt sie an einer sportlichen Frühjahrskur «Laufen ohne zu schnaufen» teil und belegt in einem Wettlauf über 5 km den 2. Platz in ihrer Altersgruppe.

Marianne ist der Medikamentenfalle entkommen.

8. Was kann ich bei Schmerzen tun, was sollte ich lassen?

Der Umgang mit Schmerzen

Es gibt viele Möglichkeiten, mit Schmerzen umzugehen. Mit Schmerzen umgehen heißt, die Bedeutung der Schmerzen in Ihrem Leben zu vermindern, und dies beinhaltet gleichzeitig, neue Möglichkeiten zu finden, wie Sie reagieren, sich verhalten, reden oder denken, wie Sie die Schmerzen in den Hintergrund drängen und den anderen Aspekten Ihres Lebens mehr Bedeutung verleihen. Es beinhaltet außerdem, daß Sie solche Verhaltensweisen, Gesprächsthemen oder Gedanken vermeiden, die Ihre Schmerzen verschlimmern und ihnen eine Bedeutung geben, die zu Lasten anderer Dinge geht. In diesem Kapitel werden Ihnen Möglichkeiten vorgeschlagen, wie Sie sich verhalten, wie Sie sprechen und denken können, um *bei ausreichender Übung* langsam den Stellenwert Ihrer Schmerzen zu verringern. Rom ist auch nicht an einem Tag erbaut worden – eine solche Wandlung vollzieht sich langsam. Sie werden regelmäßig und häufig üben müssen. Aber wenn Sie in diesem Buch bis hierher gekommen sind, haben Sie wahrscheinlich den Gedanken bereits akzeptiert, daß es keine schnellen Antworten gibt und daß niemand anders Ihr Schmerzproblem lösen kann als Sie selbst. Schließlich können Sie *lernen*, mit Ihren Schmerzen besser zurechtzukommen.

Wie Sie ausführlich in Kapitel 5 gehört haben, ist es wesentlich, aktiv zu sein und Ihr Leben so normal wie möglich zu gestalten. Sie müssen lernen, sich nicht mehr länger als kranken Menschen zu betrachten.

Ebenso wichtig ist, daß andere Menschen Sie nicht als Invaliden ansehen. Die Leute reagieren auf jeden Hinweis, daß Sie krank sind oder Schmerzen haben, indem sie Sie in die Rolle des Kranken drängen. Wenn Sie es zulassen, wie ein Invalide behandelt zu werden, werden Sie über kurz oder lang einer sein. Wenn Sie andererseits die anderen dahingehend beeinflussen, Sie wie einen gesunden Menschen zu behandeln, werden Sie sich binnen kurzem besser fühlen und weniger Schmerzen haben.

Viele der nun folgenden Vorschläge sollen Ihnen neue Wege aufzeigen, sich nicht mehr wie ein Kranker zu benehmen, so daß andere Menschen Ihnen die ‹Rolle des Kranken› nicht mehr zuspielen werden. Diese Gedanken sollen Ihnen auch beibringen, sich weniger um Schmerzen und Krankheiten zu kümmern. Im Endeffekt bedeutet das, daß Sie lernen werden, sich nicht durch den Schmerz unterkriegen zu lassen. Statt dessen werden Sie, in der ‹Rolle des Gesunden› (selbst dann, wenn es Ihnen nicht gutgeht), allmählich die Oberhand über Ihre Schmerzen gewinnen – im Inneren ebenso wie nach außen.

13 Hinweise von Schmerzpatienten für Schmerzpatienten

Die folgenden Hinweise sind von vielen Schmerzpatienten erprobt und für gut befunden worden. Studieren Sie sie eingehend, und probieren Sie sie dann selbst aus:

1. Egal, wie Sie sich fühlen, kleiden Sie sich morgens als erstes immer vollständig an. Tragen Sie nicht bis in den Tag hinein Ihr Nachthemd, Ihren Schlafanzug oder Morgenmantel. Wenn Sie wie fürs Bett angezogen sind, werden andere auf Sie reagieren, als seien Sie krank. Darüber hinaus hilft Ihnen das Ankleiden, sich tagsüber nicht wieder ins Bett zu legen.

2. Vermeiden Sie es, sich tagsüber hinzulegen. Das heißt, daß Sie jeder Versuchung widerstehen nüssen, sich auf das Sofa, ins Bett oder auf den Boden zu legen, auch dann, wenn Sie lesen, fernsehen oder andere Dinge tun. Es kann schwierig sein, Ihre Gewohnheiten zu ändern, wenn Sie sich häufig im Liegen ausruhen. Vielleicht müssen sie sich langsam davon entwöhnen. Versuchen Sie, die Zeit, die Sie tagsüber liegend verbringen, jeden Tag um fünf oder zehn Minuten zu verringern. Vielleicht hilft es Ihnen, wenn Sie mit sich selbst darüber einen Vertrag abschließen, ähnlich denjenigen, die in Kapitel 5 erklärt wurden. Setzen Sie sich das Ziel, täglich die Zeit zu verringern,

die Sie liegend verbringen, und legen Sie tägliche Belohnungen fest, wenn Sie Ihren Vertrag erfüllt haben. Dann können Sie Ihre täglichen Fortschritte in eine Graphik einzeichnen. Wenn Sie an Ihrem Übungsprogramm (das ebenfalls in Kapitel 5 beschrieben ist) gearbeitet haben, sollten Sie in der Lage sein, das Liegen langsam durch andere Aktivitäten – Gehen oder Sitzen – zu ersetzen. Die Gewohnheit, sich tagsüber hinzulegen, sollten Sie innerhalb weniger Wochen völlig abgelegt haben. Wenn Sie mit dieser Gewohnheit einmal gebrochen haben, ist es natürlich ganz wichtig, das neue Verhalten auch ausnahmslos durchzuhalten. Abgesehen davon, daß Schmerzen sich dadurch möglicherweise verschlimmern, können sich, wenn Sie sich tagsüber hinlegen, nächtliche Schlafstörungen, von denen Schmerzpatienten häufig geplagt werden, noch zusätzlich steigern.

3. Wenn Sie Schmerzen haben, sollten Sie sich aktiv mit etwas beschäftigen und auch bei dieser Tätigkeit bleiben. Backen Sie einen Kuchen, lesen Sie etwas, spielen Sie Karten, erstellen Sie eine Liste, machen Sie einen Spaziergang, unternehmen Sie eine Fahrt mit dem Auto, setzen Sie ein Puzzle zusammen, beschäftigen Sie sich mit einem Hobby. Mit anderen Worten: Tun Sie etwas. Lenken Sie sich ab von Ihren Gedanken und Sorgen über die Schmerzen oder den Versuch, sie zu lindern. Diese Ablenkung mag am Anfang schwierig sein, aber es sollte einfacher werden, wenn Sie bei der einmal gewählten Tätigkeit bleiben. Zwingen Sie Ihre Gedanken und Ihren Körper, sich ganz auf diese Tätigkeit zu konzentrieren. Es ist hilfreich, eine Liste möglicher Aktivitäten in Reichweite zu haben, die Sie, wann immer es notwendig wird, zu Rate ziehen können. In Kapitel 3 haben Sie zusammen mit Ihrem Partner eine solche Liste potentieller Beschäftigungen erstellt, auf die Sie nun zurückgreifen können. Wählen Sie aus dieser Liste etwas aus, und fangen Sie an.

4. Verwöhnen Sie sich. Tun Sie sich etwas Gutes. (Aber bitte nicht, indem Sie sich schonen!) Machen Sie einen Schaufensterbummel, und kaufen Sie sich etwas Neues zum Anziehen. Gehen Sie zum Friseur, verwenden Sie besondere Sorgfalt auf Ihre Körperpflege, nehmen Sie ein Schaumbad, lassen Sie sich einen Schnurrbart oder Kinnbart wachsen, oder rasieren Sie sich, wenn Sie einen haben, kaufen Sie ein neues Parfum oder ein neues Aftershave, besorgen Sie sich ein neues Make-up oder ein Schmuckstück, oder ziehen Sie Ihr Lieblingskleid, Ihr Lieblingsjackett oder Ihr Lieblingshemd an. (Ein besseres Aussehen kann Ihnen zu einer wesentlich besseren Lebenseinstellung ver-

helfen.) Gönnen Sie sich jede kleine besondere Aufmerksamkeit, solange Sie dadurch aktiv etwas tun.

5. Verhalten Sie sich so, daß andere nicht merken, daß Sie Schmerzen haben. Versuchen Sie, jegliches ‹Schmerzverhalten› abzulegen, das anderen einen Hinweis darauf geben könnte, daß es Ihnen nicht gutgeht. Geben Sie sich Mühe, normal zu gehen, normal von einem Stuhl aufzustehen, vermeiden Sie es, sich an schmerzenden Stellen zu reiben, vermeiden Sie es, zusammenzuzucken oder ein schmerzverzerrtes Gesicht zu machen. Versuchen Sie zu lächeln, zu zwinkern, zu lachen oder entspannt und glücklich auszusehen. Die meisten Menschen glauben, daß die Art, wie sich jemand verhält, davon bestimmt ist, wie er sich fühlt, aber die Umkehrung stimmt ebenso. Wie Sie sich verhalten, hat einen gravierenden Einfluß darauf, wie Sie sich fühlen. Wenn Sie sich so verhalten, als ginge es Ihnen gut, werden Sie sich wirklich besser fühlen. Versuchen Sie es; Sie werden überrascht sein! Wenn Sie sich auf diese Anstrengung konzentrieren, werden Sie auch leichter Ihre Gedanken von den Schmerzen ablenken können.

6. Planen Sie regelmäßig Unternehmungen mit anderen Menschen, mit der Familie oder mit Freunden. Ändern Sie *nie* Ihre Pläne, und sagen Sie *nie* eine geplante Aktivität ab, weil Sie sich ‹nicht danach fühlen›. Selbst wenn Ihre Schmerzen schlimm sind, zwingen Sie sich dazu, festgelegte oder geplante Aktivitäten mitzumachen, ohne die anderen wissen zu lassen, daß Sie sich nicht wohl fühlen. Und lassen Sie unter keinen Umständen bei irgend jemandem den Eindruck entstehen, ein Märtyrer zu sein. Wenn Sie sich nicht wohl fühlen, machen Sie einfach weiter, und behalten Sie es für sich. Sehr wahrscheinlich werden Sie sich mit der Zeit besser fühlen. Wie bereits in Kapitel 5 besprochen, ist es dabei natürlich wichtig, daß Sie sich nur solche Dinge vornehmen, die innerhalb Ihrer Leistungsgrenzen liegen. Da Sie allmählich immer mehr zu Kräften kommen werden, können Sie mit der Zeit auch solche Aktivitäten einplanen, die größere Anstrengungen erfordern. Aber die Steigerungsrate sollte sorgfältig in kleinen Schritten geplant werden.

7. Es ist gut, einen Tagesplan aufzustellen und sich daran zu halten, so lassen sich viele Dinge leichter bewältigen. Nehmen Sie sich Zeit, zu überlegen, wie Sie Ihren Tag gestalten wollen. Vielleicht wollen Sie eine anstrengendere Tätigkeit lieber mit einer etwas ruhigeren abwechseln, statt zwei anstrengende Dinge hintereinander zu tun. Ausruhen (sitzend, nicht liegend) ist nichts Schlechtes, solange Sie es als

Belohnung benutzen. Machen sie eine Ruhepause, *nachdem* Sie irgendeine geplante Aktivität *beendet* haben. Tatsächlich hilft es vielen Patienten, wenn sie ihre Ruhepausen ebenso vorausplanen wie das, was sie aktiv tun. Ruhepausen bieten eine schöne Gelegenheit, eine Tasse Kaffee zu trinken, ein Buch, eine Zeitschrift oder eine Zeitung zu lesen, zu puzzeln oder zu stricken. Außerdem können Sie zu diesen Zeiten sehr gut die Entspannungsübungen machen, die in Kapitel 10 besprochen werden.

8. Vielleicht haben Sie sich angewöhnt, Ihre Familienangehörigen um besondere Gefälligkeiten zu bitten, wenn Sie Schmerzen haben. Zum Beispiel Ihnen Ihre Medizin oder die Wärmflasche zu bringen; vielleicht bitten Sie jemanden um eine Rückenmassage; vielleicht erwarten Sie, daß es im Haus ruhig ist oder die Kinder nicht toben; vielleicht wollen Sie, daß der Fernseher abgeschaltet oder die Stereoanlage leiser gestellt wird; vielleicht bitten Sie darum, daß Ihnen das Essen ans Bett gebracht wird, statt sich an den Eßtisch zu setzen. Welche Bitten Sie auch immer in der Vergangenheit vorgebracht haben: Sie sollten sie in Zukunft unterlassen! Vermeiden Sie Rücken- oder Kopfmassagen; setzen Sie sich zum Essen an den Eßtisch; stellen Sie keine besonderen Ansprüche mehr auf Ruhe und Frieden. Wenn Sie das Kapitel 7 ‹Kontrollieren Sie Ihre Schmerzmittel› sorgfältig gelesen haben, dann wissen Sie, daß Sie Ihre Schmerzmittel nach einem regelmäßigen Zeitschema einnehmen sollten und nicht dann, wenn Sie Schmerzen haben. Holen Sie sich den Schmerzcocktail zum festgelegten Zeitpunkt selbst, und nehmen Sie ihn ohne weiteres Aufheben ein. Verzichten Sie auf besondere Apparaturen, Hilfsmittel oder Rituale, die Ihre Schmerzen kurzfristig zu lindern scheinen. Schaffen Sie alle extra dafür gedachten Gegenstände ab: Wärmflaschen, Heizkissen, Krankenhausbetten, hydraulische Hilfsapparaturen oder Spezialkissen. Vermeiden Sie besondere Rituale, wie zum Beispiel auf einem Bein zu stehen oder auf bestimmte Weise zu sitzen mit hochgelegten Beinen oder einem Kissen hinter dem Kopf. Auch wenn es so scheint, daß sie kurzfristig funktionieren, so tragen all diese Dinge auf lange Sicht doch nur dazu bei, daß Ihr Leben angefüllt ist mit Tätigkeiten, die der Linderung Ihrer Schmerzen dienen sollen. Außerdem erinnert diese besondere Ausrüstung um Sie herum Sie und andere daran, daß Sie ein kranker Mensch sind; im Gegenzug bedeutet das, daß jeder Sie wie ein solcher behandelt.

9. Wenn Sie ein Übungsprogramm absolviert haben, wie es im Ka-

pitel 5 beschrieben ist, werden Sie allmählich feststellen, daß Sie in der Lage sind, mehr zu tun. Vielleicht können Sie nun anfangen, Dinge selbst in die Hand zu nehmen, die bisher andere für Sie erledigt haben. Diese Art der Veränderung beinhaltet normalerweise, daß fest etablierte Arbeitsteilungen innerhalb der Familie neu festgelegt werden müssen. Und oft ist dies für den anderen genauso hart wie für Sie selbst. Die beste Möglichkeit, mit diesen Gewohnheiten zu brechen, ist, diese Dinge zunächst in kleinem Umfang selbst zu tun, um den anderen zu demonstrieren, daß Sie es *können*. Das kann so einfache Dinge beinhalten, wie zum Beispiel, daß Sie sich bestimmte Gegenstände selbst holen. Halten Sie die anderen davon ab, solche Dinge für Sie zu tun, und machen Sie es vor deren Augen selber. Erklären Sie ihnen, daß Ihr Übungsprogramm funktioniert. Ein Teil des Programms besteht eben darin, daß auch Ihre Familie Verhaltensweisen ändert, die Ihren Schmerz mit aufrechterhalten.

10. Behalten Sie es für sich, wenn Sie Schmerzen haben. Bleiben Sie bei Ihren Unterhaltungen bei anderen Themen. Wenn Sie jemand fragt, wie es Ihnen geht, greifen Sie zu einer kleinen Notlüge, sagen Sie ‹gut›, und wechseln Sie dann das Thema. Erlauben Sie niemandem, Sie als kranken Menschen hinzustellen. Wenn das jemand versucht, wechseln Sie das Thema. Sprechen Sie aus dem gleichen Grund nicht über sich selbst wie über einen Kranken. Vermeiden Sie es, anderen etwas über Ihre Behandlungen zu erzählen oder was der Schmerz Ihnen für Kummer macht. Vermeiden Sie vor allem, darüber zu reden, wie Sie sich *fühlen*. Sprechen Sie statt dessen lieber darüber, was Sie *gemacht* haben. Sprechen Sie darüber, was *andere* gemacht haben. Stellen Sie Fragen. Interessieren Sie sich für andere Menschen. Patienten mit chronischen Schmerzen neigen dazu, egozentrisch zu werden. Aber die Leute mögen Sie nicht dauernd nur über sich selbst sprechen hören. Geben Sie ihnen eine Chance, auch über ihre eigenen Interessen und Aktivitäten zu sprechen.

11. Ihre *Gedanken* beeinflussen nachhaltig Ihr Befinden. Ihre Gedanken in eine positive Richtung zu lenken, können Sie lernen. Sehr wahrscheinlich haben Sie bisher viel über Ihre Schmerzen oder über die Hoffnungslosigkeit Ihrer Situation nachgedacht. Aber genauso können Sie lernen, Ihre Gedanken auf positivere Dinge zu lenken. Erstellen Sie eine Liste mit schönen Dingen, die Ihre negativen Gedanken ersetzen können: Ihr Urlaub im nächsten Jahr, Ihre Arbeit, Ihre Pläne fürs Wochenende oder etwas, das Ihre Kinder oder Ihre

Freunde betrifft. Vielleicht haben Sie auch Lust, sich angenehme Szenen oder Bilder auszumalen, an die Sie vor dem Einschlafen denken. Stellen Sie sich ein oder zwei angenehme Szenen vor, und üben Sie dann damit. Zum Beispiel könnten Sie sich ausmalen, daß Sie an einem hellen Sandstrand liegen und spüren, wie die warme Sonne Ihren Körper erhitzt, Sie lauschen dem Geräusch der Brandung und atmen den Geruch von Salz und Seegras ein. Beziehen Sie dabei möglichst alle Ihre Sinne ein. Stellen Sie sich den Anblick, die Geräusche, die Gerüche, den Geschmack und das Gefühl, das zu der jeweiligen Situation gehört, vor. Tun Sie das jedesmal, wenn Sie sich entspannen. Behalten Sie die Szene im Kopf, und spinnen Sie sie immer weiter aus.

12. Verändern Sie Ihre Einstellung gegenüber dem Schmerz. Wir alle reden mit uns selbst in sogenannten ‹inneren Dialogen›. Schmerzpatienten erzählen sich in ihrem inneren Dialog häufig, wie schrecklich und wie extrem hoffnungslos ihre Situation ist und wie vollkommen unfähig sie sind, damit umzugehen. So etwas ständig zu wiederholen, macht das Problem nur noch schlimmer. Daher ist es wichtig, daß Sie versuchen, Ihren inneren Dialog in Richtung auf konstruktivere Gedanken zu verändern. Statt zu sagen: ‹Es ist hoffnungslos; mein Leben ist zerstört›, versuchen Sie, Aussagen zu machen wie zum Beispiel: ‹Chronische Schmerzen sind nicht angenehm, aber ich kann damit umgehen. Indem ich meine neuen Strategien einübe, werde ich in der Lage sein, mit meinen Schmerzen klarzukommen und ein normaleres Leben zu führen. *Ich* bin derjenige, der die Kontrolle ausübt, nicht der Schmerz.› Nehmen Sie einige Karteikarten zur Hand, und schreiben Sie auf jede eine andere derartige Aussage. Fangen Sie mit den hier genannten an, und fügen Sie dann ein paar eigene Aussagen hinzu. Üben Sie diese mehrmals am Tag. Jedesmal, wenn Sie sich dabei ertappen, daß Sie an Ihre Schmerzen denken, schalten Sie Ihre Gedanken um. Holen Sie Ihre Karteikarten hervor, und wiederholen Sie Ihre Aussagen. Versuchen Sie, Ihrer Sammlung jeden Tag eine neue Aussage hinzuzufügen.

13. Durch eine Technik, die Psychologen unter dem Begriff ‹Stressimpfung› bekannt ist, können Sie mit Hilfe Ihrer Einbildungskraft trainieren, mit Schmerzproblemen schon im voraus umzugehen. Am besten üben Sie, während Sie mit geschlossenen Augen bequem in einem Sessel sitzen. Zunächst führen Sie sich ein mögliches Problem vor Augen, und dann stellen sie sich vor, wie Sie es erfolgreich lösen.

Sie könnten sich zum Beispiel vorstellen, was Sie tun würden, wenn Sie an dem Samstag, an dem die Familie eine Wanderung und ein Picknick geplant hat, an dem Sie teilzunehmen versprochen haben, einen ernstzunehmenden Schmerzanfall erleiden. Benutzen Sie die Überlegungen, die in diesem Kapitel dargestellt werden, und stellen Sie sich vor, daß Sie der Familie gegenüber Ihre Schmerzen nicht erwähnen. Stellen Sie sich vor, wie Sie den Wagen fahren, das Grillfeuer vorbereiten, mit den Kindern spielen und sich statt auf Ihre Schmerzen auf diese Tätigkeiten konzentrieren. Wiederholen Sie die positiven Aussagen, die Sie machen würden: ‹Die Kontrolle übe ich aus, nicht der Schmerz. Er wird binnen kurzem vorbei sein.› Jetzt stellen Sie sich vor, wie der Schmerz allmählich nachläßt. Loben Sie sich für den Erfolg Ihrer Strategie.

Durch diese Art, sich etwas vorzustellen, können Sie lernen, besser mit den Schmerzen umzugehen, indem Sie sich auf bestimmte Situationen vorbereiten. Versuchen Sie, problematische Situationen und Ihre möglichen Verhaltensweisen im voraus gedanklich durchzuspielen. Dadurch lassen sich die Ereignisse, wenn Sie wirklich eintreten, viel leichter bewältigen.

Zusammenfassung

Wenn Sie Schmerzen haben, ist es sehr wichtig, daß Sie nicht davor kapitulieren. Worauf Sie Ihre Aufmerksamkeit und Ihre Gedanken richten, beeinflußt bis zu einem gewissen Grad Ihr Wohlbefinden. Wenn Sie sich auf die Schmerzen und die Linderung der Schmerzen konzentrieren, werden Sie Ihre Wahrnehmung gegenüber dem Schmerz eher intensivieren. Im Gegensatz dazu wird Ihnen die Konzentration auf andere Dinge helfen, die Schmerzen zu verringern. Daher werden in diesem Kapitel Vorschläge gemacht, wie Sie sich mit Dingen beschäftigen können, durch die Sie abgelenkt werden und die nicht zulassen, an die Schmerzen zu denken oder darüber zu sprechen oder sich mit vermeintlich schmerzlindernden Ritualen zu beschäftigen. Abgesehen davon, daß Sie Ihre Aufmerksamkeit von den Schmerzen ablenken sollen, sollten Sie auch versuchen, nach außen so normal und gesund wie möglich zu wirken. Sowohl Sie selbst als auch Ihre Mitmenschen reagieren auf die Art, wie Sie sich verhalten. Wenn Sie sich wie ein Kranker verhalten, werden Ihre Familie und

Ihre Freunde Sie in die Rolle eines Kranken drängen. Wenn Sie sich wie ein Gesunder verhalten (auch wenn Sie sich zunächst nicht so fühlen), werden die anderen Sie auch normaler behandeln. Darauf werden Sie wiederum normaler reagieren und sich schließlich auch normaler *fühlen*. Nichts davon ist einfach durchzuführen. Sie werden es üben müssen. Das nächste Kapitel zeigt, wie Ihre Familie Ihnen dabei helfen kann.

9. Hilfe durch die Familie

Die Partner oder die Familien von Schmerzpatienten fühlen sich häufig genauso hilflos wie der Patient selbst. Über Monate, manchmal über Jahre hinweg müssen sie zusehen, wie der geliebte Mensch unter Schmerzen leidet, immer schwächer, lustloser und zunehmend demoralisiert und deprimiert wird, während die Hoffnung auf Heilung von Therapie zu Therapie schwindet. Wenn die normalen Aktivitäten innerhalb der Familie über Jahre hinweg eingeschränkt waren, da der Patient besonders versorgt werden und sich die ganze Familie auf die Probleme und Bedürfnisse eines einzigen Mitglieds konzentrieren mußte (oft zu Lasten der Bedürfnisse anderer Familienmitglieder), kann sich schließlich die gesamte Familie dabei verschleißen.

Für Sie als Familie ist es vielleicht am besten, wenn Sie zurückblättern und auch den Anfang des Buches bis hierher lesen (soweit Sie das nicht ohnehin schon getan haben), bevor Sie weitergehen. Sie werden dann sowohl Ihr unter chronischen Schmerzen leidendes Familienmitglied als auch den hier vorgeschlagenen, generellen Ansatz zum Umgang mit chronischen Schmerzen besser verstehen. Dieses Verständnis wird Sie in die Lage versetzen, dem Grundprinzip der Veränderungen besser zu folgen, die hier für *Ihr* Verhalten vorgeschlagen werden.

Die verbreitetsten (und ganz normalen) Reaktionen der Familie sind im allgemeinen entweder übergroße Besorgtheit (Überprotektion) oder Isolation und Problemverleugnung. Leider können mit der Zeit beide dieser üblichen Formen, mit der Situation umzugehen, dazu führen, daß die Probleme der Familie und des Patienten sich weiter verschlimmern.

Die überfürsorgliche Familie

Lyn, eine 28jährige Frau, leidet seit ihrem zwölften Lebensjahr unter Rükkenschmerzen aufgrund einer Mißbildung Ihrer Wirbelsäule. Ihre Eltern haben für ihr einziges Kind sehr viel Verständnis aufgebracht. Lyns Mutter hat ihren Beruf als Krankenschwester aufgegeben, um zu Hause zu bleiben und sich um ihre Tochter kümmern zu können, so daß sie fast den ganzen Tag zusammen waren. Dabei achtete sie darauf, daß sich Lyn nicht überanstrengte. Nähen, Brettspiele und Musik waren ihre Lieblingsbeschäftigungen. Lyns Mutter sorgte außerdem dafür, daß Lyn ihre Schmerzmittel in Form von Injektionen erhielt, wenn es nötig war. Da sie nichts mit anderen Kindern unternehmen konnte, hatte Lyn keine sozialen Kontakte außerhalb ihrer Familie.

Als Lyn erwachsen wurde, war dieses Verhaltensmuster vollkommen eingeschliffen. Lyns Eltern hatten ihre Garage in eine Wohnung für sie umgebaut, und sie verbrachte dort die meiste Zeit. Mutter und Tochter stritten sich ständig über die Medikamente – Lyn wollte immer mehr davon, während ihre Mutter versuchte, die Medikamentengaben in vernünftigen Grenzen zu halten. Noch immer verbrachte Lyns Mutter viele Stunden damit, ihre Tochter zu unterhalten, die nichtsdestotrotz häufig niedergeschlagen und reizbar war. Wenn Lyn eine besonders schlechte Nacht hatte, was sehr häufig vorkam, schlief ihre Mutter bei ihr in der Garage.

Mit 28 Jahren hatte Lyn noch nie einen Freund gehabt und auch immer noch keine Freundinnen. Wenn man ihr vorschlug, sich mehr in Gesellschaft zu begeben, wurde sie überängstlich, weil sie keine Ahnung hatte, wie sie das anstellen sollte.

Lyns Vater, der sich früher auch um sie gekümmert hatte, indem er sie zu ihren Musikstunden oder zur Arztpraxis brachte und von dort wieder abholte, verhielt sich ihr gegenüber weniger wohlwollend, als Lyn älter wurde. Lyns Mutter jedoch ließ ihr weiterhin dieselbe Unterstützung und übertriebene Fürsorge angedeihen wie im Kindesalter und wurde ungehalten, wenn ihr gesagt wurde, daß Lyn mehr für sich selbst tun solle. Wieder und wieder erzählte die Mutter, wie sie ihre Arbeit als Krankenschwester aufgegeben hatte, um sich ihrer kranken Tochter zu widmen.

Bei überfürsorglichem Verhalten in der Familie übernehmen ein oder mehrere Familienmitglieder die Pflichten und Verantwortungen des ‹Kranken› innerhalb der Familie, um das behinderte Familienmitglied nicht ‹zu überfordern› (das heißt: es wird peinlichst darauf geachtet, daß es nichts tun muß, was ihm Schmerzen verursachen könnte). Der Schmerzpatient kann so von den anderen Familienmitgliedern ‹überwacht› und dafür getadelt werden, daß er zuviel tut, während ihm gleichzeitig gesagt wird, daß dieser Schutz ein Privileg für ihn sei.

Durch diese Interaktionsmuster innerhalb der Familie wird der Patient immer stärker in die Passivität gezwungen, so daß er nach einem längeren Zeitraum unter Umständen wirklich zum Invaliden wird. Aber der Prozeß geht langsam und schleichend vor sich. Die Übernahme der Familienpflichten des Patienten geschieht allmählich, indem der Patient mehr und mehr seiner früheren Funktionen an andere Familienmitglieder abgibt. Es geschieht alles so langsam, daß es niemandem wirklich auffällt, wie sich die Familienstruktur verändert.

Oft bestärken sich die beteiligten Familienmitglieder in dieser Art der übertriebenen Fürsorge noch gegenseitig. Der Patient fühlt sich normalerweise dadurch erleichtert, daß er von seiner Ansicht nach potentiell Schmerzen verursachenden Tätigkeiten befreit wird (wie zum Beispiel Geschirr spülen, Bettenmachen, Schränke säubern, Rasen mähen, Fenster putzen oder die Kinder zum Klavierunterricht bringen). Er lobt sogar die anderen, die ihm diese Überfürsorge angedeihen lassen: «Was würde ich ohne dich tun?» – «Du bist eine große Hilfe.» – «Du bist so gut zu mir.» – «Robert ist eine große Hilfe im Haushalt.» Auch Freunde der Familie, Verwandte und Nachbarn sparen oft nicht mit Anerkennung für die überfürsorgliche Familie: «Ist es nicht wunderbar, wieviel Verständnis die Familie Dorothee gegenüber aufbringt?» – «Es ist ein großes Glück für dich, daß dir deine Familie zur Seite steht.»

Andererseits liegt in dieser Familienstruktur auch eine Bestrafung. Das kranke Familienmitglied fühlt sich schuldig, weil es seine Familienpflichten nicht erfüllen kann. Mehr noch, die Familienmitglieder, die zusätzliche Pflichten übernehmen, werden sich von Zeit zu Zeit darüber ärgern, besonders wenn sie dafür andere Dinge, die sie lieber tun, aufgeben müssen. Diese Spannungen führen zu Auseinandersetzungen, gegenseitigen Beschuldigungen und dadurch zu noch größeren Schuldgefühlen. Eine ausführlichere Erklärung dieser Vorgänge finden Sie in den Abschnitten über die ‹Schonungsfalle› und die ‹Klage-Unmut-Schuld-Falle› in Kapitel 2.

Zusammenfassend läßt sich sagen, daß kennzeichnend für die überfürsorgliche Familie ist, daß der Patient daran gehindert wird, bestimmte Tätigkeiten auszuführen (die dann von anderen Familienmitgliedern übernommen werden). Aus übertriebener Fürsorge und unangemessen großer Rücksichtnahme, die sich mit gelegentlichem, unterschwelligem Ärger und Unmut vermischen können, erwachsen dem chronisch schmerzkranken Patienten Schuldgefühle («Ich leiste meinen Beitrag zum Familienleben nicht.») ebenso wie den Familienangehörigen («Was bin ich für ein Mensch, wenn ich auf einen Kranken ärgerlich bin?»).

Isolation und Verdrängung der Probleme

Carolyn, eine 34jährige Bäuerin, bekam nach einem Sturz von einem Traktor Rückenschmerzen. Damals war sie gerade erst sechs Monate lang verheiratet. Ron, ihr Ehemann, war erst vor kurzem Witwer geworden und hatte vier Kinder im Teenageralter. Carolyn, selbst kinderlos, hatte sich einige Jahre zuvor scheiden lassen und als Sekretärin in der Stadt gearbeitet, bevor sie Ron heiratete.

Nach ihrer Verletzung verhielt sich ihre Familie zunächst sehr rücksichtsvoll, aber als die Rückenschmerzen chronisch wurden, begann sie – zumindest aus der Sicht Carolyns – immer weniger Interesse zu zeigen. Ron wurde mehr und mehr von seiner Arbeit in Anspruch genommen. Abends gingen sie nicht mehr aus. Als seine erste Frau chronisch krank wurde, hatte Ron versucht, die Krankheit zu ignorieren. Nun widerholte er dieses Verhaltensmuster. Die Kinder waren mit der Schule und ihren Freunden beschäftigt, und Carolyn hatte das Gefühl, von ihr würde erwartet, sie solle trotz ihrer Schmerzen für die anderen zur Verfügung stehen. Sie beschwerte sich darüber, daß Ihre Familie die Mahlzeiten zu bestimmten Zeiten forderte und erwartete, ein bestimmtes Hemd oder einen bestimmten Pullover fertig gewaschen und gebügelt vorzufinden, wenn sie es brauchten. Sie fühlte sich als ihre neue Mutter nicht akzeptiert.

In der Stadt hatte Carolyn nach ihrer Scheidung ein aktives soziales Leben geführt und genossen, und nun empfand sie die Isolation des Landlebens und die Routinearbeiten im Haushalt als bedrückend und langweilig.

Obwohl Carolyn verschiedene Male versuchte, ihre Probleme zur Sprache zu bringen, weigerte sich Ron, mit ihr darüber zu diskutieren. Er speiste sie mit der Floskel ab, daß schon alles in Ordnung käme, wenn sie den Dingen nur ihre Zeit lassen würde.

Als sie in letzter Zeit dreimal wegen unerträglicher Schmerzen ins Krankenhaus gebracht werden mußte, wurde Ron sehr besorgt und streichelte ihr während der ganzen Fahrt ins Krankenhaus im Notarztwagen übers Haar. Auch von den Kindern wurde ihr während dieser Ereignisse mehr Sympathie und Verständnis entgegengebracht.

Carolyn war sich sehr wohl im klaren darüber, daß ihr Problem eine ganze Menge mit ihrem Mann zu tun hatte – mit seinem Mangel an Verständnis und seiner Weigerung, ihre Einsamkeit und ihr Gefühl, nicht willkommen zu sein, ernst zu nehmen und zu akzeptieren. Aber immer wenn

Carolyn versuchte, ihm diese Zusammenhänge zu erklären, wurde er nur ärgerlich über die Ärzte und beharrte darauf, daß es eine Behandlung geben müsse, die seiner Frau helfen könne.

In dieser Familienstruktur werden die Schmerzen der Patienten völlig verdrängt – abgesehen von solchen Momenten, in denen sie derart unerträglich werden, daß die Familie sie einfach nicht mehr ignorieren kann und gezwungen ist, sich darum zu kümmern. Aber die meiste Zeit über bleiben nicht nur die Schmerzen unbeachtet, sondern auch alle anderen Aspekte im Leben der Patientin – Unterhaltungen, Aktivitäten, Interessen, Träume und Ziele. Kurz gesagt, zusammen mit ihren Schmerzen wird die Patientin selbst ignoriert und verleugnet. Die Familie geht mit Problemen um, indem sie sie verdrängt. Wenn zum Beispiel die Frau chronische Schmerzen hat, wird der Mann sich mehr und mehr von seiner Arbeit oder von seinem Geschäft in Anspruch nehmen lassen und immer längere Zeit von zu Hause abwesend sein. Die Kinder folgen dem Beispiel des Vaters und konzentrieren sich auf außerschulische Aktivitäten. Der einzige Zeitpunkt, zu dem die Patientin Beachtung erlangen kann, ist während einer ernsthaften Schmerzattacke. Wenn diese schlimm genug ist, kann sie bewirken, daß der Mann und die Kinder der Patientin wieder mehr Zuwendung schenken.

Patienten, die in solchen Familienstrukturen leben, berichten häufig, daß sie sich normalerweise gar nicht erst beklagen, weil ihnen ja sowieso keiner zuhört. Leider kann dies zu noch dramatischeren Gebärden oder Hilfeschreien führen, das heißt zu häufigen schweren Schmerzattacken, die im Krankenhaus behandelt werden müssen, zu Unfällen oder, in schweren Fällen, sogar zu Schmerzmittelvergiftungen. Da normale Klagen ebenso wie das normale Verhalten des Patienten, alle seine Interessen und Aktivitäten ignoriert werden, hat der Patient keine Möglichkeit, das Maß an Aufmerksamkeit zu erlangen, das jeder Mensch braucht. Nur wenn er krank ist, schenkt man ihm Beachtung. Die Familie erzieht den Patienten systematisch dazu, daß der einzige Weg, sich Aufmerksamkeit, Beachtung und Liebe zu verschaffen, darin besteht, sehr krank zu sein. Es ist also kein Wunder, daß ein Patient anfängt, häufigere und schwerere Schmerzanfälle zu erleiden. Dies mag sich so anhören, als bekäme der Patient seine Schmerzanfälle nur, um Aufmerksamkeit zu erregen. Dies ist jedoch eindeutig nicht der Fall. Die Schmerzen sind nicht erfunden, gewollt oder übertrieben. Sie sind *real* und bei schweren Anfällen in der Tat unerträglich. Was jedoch stimmt, ist, daß die Schmerzen deshalb schlimmer sind, weil die familiäre Umgebung in einer Weise auf die Schmerzen reagiert, daß die schweren Schmerzattacken *erlernt* werden. Der nächste Abschnitt wird dazu beitragen, dieses Phänomen zu klären.

Schmerzen als gelernte Reaktion

Für viele Menschen ist es schwer zu verstehen, wie körperliche Reaktionen oder Empfindungen gelernt werden können. Die meisten Menschen denken, nur äußerliches Verhalten könne gelernt werden. Dies ist jedoch nur zum Teil richtig, da nicht nur Verhaltensweisen, sondern auch Gedanken und körperliche Reaktionen gelernt werden können. Vielleicht trägt ein Beispiel zum Verständnis bei.*

Wenn Sie Hunger haben und Ihr Lieblingsessen wahrnehmen (z. B. ein Steak, das auf einem Grill brutzelt), dann läuft Ihnen das Wasser im Mund zusammen. Das bedeutet, wenn zu diesem Zeitpunkt Ihre Speichelmenge gemessen würde, könnte man feststellen, daß Sie mehr Speichel produzieren als normalerweise. Wenn wir jedoch denselben Test gemacht hätten, als Sie noch ein Säugling waren, der noch nie ein gegrilltes Steak gekostet hat, hätten Sie keinen zusätzlichen Speichel produziert. Die zusätzliche Speichelproduktion ist eine *gelernte*, physiologische Reaktion des Körpers. Ihr Körper hat gelernt, ein Steak als wohlschmeckende Nahrung zu erkennen, und dieser Lernprozeß ruft nun in Ihnen eine automatisch ablaufende physiologische Reaktion hervor. Essen, das Sie nicht mögen (zum Beispiel die gebratenen Heuschrecken, die in manchen Teilen der Welt verspeist werden), würde bei Ihnen zu keiner zusätzlichen Speichelproduktion führen. Im Gegenteil, es kann sogar Ekelgefühle hervorrufen. Das Gefühl des Ekels ist ebenfalls eine *gelernte physiologische Empfindung*. Niemand bezweifelt die Realität des zusätzlichen Speichels

* Diese Fußnote ist für eher fachlich versierte Leser gedacht. Man sollte bedenken, daß dieses Beispiel sich auf das Lernen durch klassische Konditionierung bezieht, während das meiste Schmerzverhalten tatsächlich über operante Konditionierung gelernt zu werden scheint. Es wird jedoch ein Beispiel für eine körperlich gelernte Reaktion dargestellt, in der Annahme, daß dieses Beispiel leichter verstanden wird als andere Analogien operanter Konditionierung.

oder des Ekels, und sie sind *gelernte* Reaktionen. Analog dazu sollte es keinen Zweifel darüber geben, daß auch Schmerzen unter bestimmten Umständen gelernt werden können und daß sie dennoch ebenso real sind. Im wesentlichen sind gelernte Schmerzen nicht anders als Schmerzen, die durch eine Verletzung bewirkt werden. Lediglich die Ursachen unterscheiden sich. Tatsächlich nimmt man an, daß Schmerzen, die anfänglich von einer Verletzung herrühren, schließlich gelernt werden können, so daß sie lange Zeit über die Heilung hinaus weiterbestehen können. Gelernte Schmerzen können genauso schlimm oder sogar noch schlimmer sein als akute Schmerzen. Und sie sind mit Sicherheit genauso real.

Ungünstige Lernprozesse in der Familie...

Die beiden oben beschriebenen Verhaltensmuster (übertriebene Fürsorge bzw. Verdrängung) innerhalb der Familie stellen die Extreme dar. Häufiger kommt in den Familien eine Mischung aus übertriebener Fürsorge und Verdrängung zustande. Wahrscheinlich konnten Sie den einen oder anderen Aspekt ihres eigenen Familientypus in diesen kurzen Beschreibungen erkennen. Als Wichtigstes ist jedoch festzuhalten, daß die familiäre Umgebung durch beide Verhaltensmuster bewirkt, daß die Schmerzen *gelernt* werden. In beiden Fällen und ebenso in den Mischungen daraus wird das Schmerzverhalten verstärkt und das normale Verhalten bestraft oder ignoriert. In der überfürsorglichen Familie wird das Schmerzverhalten (zum Beispiel der Rückzug von Aktivitäten, Ausruhen usw.) durch die Familie verstärkt (indem sie die Aufgaben des Patienten mit übernimmt, ihm Verständnis entgegenbringt usw.), während schmerzfreies oder normales Verhalten bestraft oder verboten wird (der Patient wird davon abgehalten, Verantwortung zu übernehmen). Im anderen Familientypus, in dem Isolation und Verdrängung dominieren, wird das Schmerzverhalten (schwere Schmerzattacken) dadurch verstärkt, daß die Familie ihm Beachtung schenkt und daß normales Verhalten ignoriert wird oder zumindest nicht die üblichen Belohnungen oder Anerkennungen erfährt, durch die es aufrechterhalten würde. Manches Schmerzverhalten (geringfügigere Klagen) wird ignoriert, aber stärkere Schmerzen wirken verstärkend. Jede dieser beiden Familienstrukturen fördert letztlich den Fortbestand der chronischen

Schmerzfalle, indem sie den Lernprozeß des Körpers fördern, die Schmerzempfindung als häufigere und intensivere Erfahrung wahrzunehmen.

Noch eine weitere subtile Veränderung, die viele Familien während ihres Anpassungsprozesses an das Zusammenleben mit einem Schmerzpatienten lernen, beinhaltet eine Neuverteilung der Rollen innerhalb der Familie. Wenn die Ehefrau und Mutter chronische Schmerzen hat, kann ein älteres Kind oder der Ehemann die Mutterrolle in der Familie übernehmen – der- oder diejenige, der im Haushalt die Entscheidungen trifft, der die jüngeren Kinder zurechtweist und sich um ihre Belange kümmert. Wenn eine berufstätige Frau chronische Schmerzen bekommt, kann ihre ungewohnte Abhängigkeit vom Ehemann beide aus dem Gleichgewicht bringen. Wenn der Ehemann und Familienvater chronische Schmerzen hat, wird die Frau einige seiner Aufgaben als ‹Ernährer› und Entscheidungsträger übernehmen, während ältere Kinder z. B. mehr Anteile an der Hausarbeit übernehmen. Solche Veränderungen im Rollenverhalten können sich leicht verfestigen und sind dann möglicherweise nur unter Schwierigkeiten wieder rückgängig zu machen. Alle Familienstrukturen sind schwer aufzubrechen, da sie auf Gewohnheiten beruhen, die von der ganzen Familie angenommen wurden. Dies bedeutet, daß jede Veränderung dadurch erreicht werden muß, daß das Verhaltensmuster jedes einzelnen Familienmitgliedes verändert wird.

... und wie sie verändert werden können

Nancy, die 17jährige Tochter von Ann, deren Fall auf Seite 28 beschrieben und auf Seite 60 weiterverfolgt wurde, hatte die volle Verantwortung für die Hausarbeit und darüber hinaus für ihre jüngere Schwester übernommen, als ihre Mutter langsam arbeitsunfähig wurde. Am Anfang beklagte sich Nancy über ihr schweres Los. In dem Maße aber, in dem sich ihr soziales Leben und ihr Kontakt zu Gleichaltrigen reduzierte, weil sie nach der Schule Aufgaben im Haus zu übernehmen hatte, fügte sie sich den Anforderungen in der Familie. Obwohl Ann ihre Tochter bei der Arbeit beaufsichtigte und sie häufig kritisierte, lobte sie sie auch und sagte, daß sie nicht wüßte, wie sie ohne sie zurechtkommen sollte. Auch Nancys Vater, der sonst nur spärlich Komplimente verteilte, lobte Nancy für ihre Arbeit im Haushalt. Ihre jüngere Schwester dagegen ärgerte Nancy ständig, drang in ihr Zimmer ein und entwendete Dinge, die Nancy wichtig waren.

Als Ann damit anfing, ihre Aktivitäten zu steigern, wie auf Seite 60 beschrieben, war sie überrascht, als sie entdeckte, daß sie bei dem Versuch, ihre Rolle als Hausfrau und Mutter wiedereinzunehmen, auf Nancys Widerstand stieß. Obwohl sich Nancy nach wie vor über die Hausarbeit beschwerte, zahlte sich ihre Rolle als Mutter der Familie offenbar doch auf die eine oder andere Weise aus. Außerdem hatte Nancy auch kaum mehr Freunde und Bekannte, mit denen sie hätte etwas unternehmen können, da sie sie schon Jahre vernachlässigt hatte.

Ann löste das Problem des Rollentauschs dadurch, daß sie ihrer Tochter erlaubte, nach der Schule einen Teilzeitjob anzunehmen, so daß sie anfangen konnte, Geld für ihr Studium an der Universität zu sparen. Indem sie Nancy aus dem Haus entfernte, war Ann in der Lage, ihre frühere Rolle wiedereinzunehmen, und Nancy erhielt eine neue Aufgabe. Nancys Eltern konnten sie für ihren Teilzeitjob und ihr wachsendes Bankkonto loben; dieses Lob ersetzte dasjenige, das sie früher für ihre Rolle als Ersatzmutter in der Familie erhalten hatte.

Die wichtigste Möglichkeit für eine Familie, sich zu verändern, besteht darin, ihre Aufmerksamkeit von dem, was der Patient *nicht* kann, abzulenken und auf das zu richten, was der Patient *kann*. Zu diesem Zweck sollten Sie als Familienmitglieder verschiedene Dinge anders machen als bisher:

1. Hören Sie auf, sich für das, was der Patient tut, verantwortlich zu fühlen. Sie sollten dem Schmerzpatienten nicht länger bestimmte Tätigkeiten verbieten oder ihn deswegen entmutigen. Er weiß selbst, was er kann und was er nicht kann, und ist in der Lage, seine eigenen Entscheidungen zu treffen. Wenn er etwas tut, wovon Sie der Meinung sind, daß er es lieber lassen sollte, ist es besser, den Mund zu halten. Wenn er danach Schmerzen bekommt, sollten Sie nicht sagen: ‹Ich hab's dir doch gesagt.› Sie dürfen es nicht einmal andeuten. Er bemüht sich um ein Trainingsprogramm, das anstrengend ist und für das er vielleicht von Zeit zu Zeit einige Unbequemlichkeiten in Kauf nehmen muß. Auf lange Sicht jedoch wird es sich auszahlen.

2. Ermutigen Sie ihn, wenn er wieder anfängt, sich normal zu verhalten: sich selbst anzieht, Essen kocht, abends ausgeht, etwas näht oder baut, einen Brief schreibt, Geschirr abwäscht, einen Freund besucht oder einkaufen geht. Es ist äußerst wichtig, daß Sie dem normalen Verhalten des Schmerzpatienten Beachtung schenken. Das hat nichts mit Herablassung zu tun. Schließlich bedeutet es für ihn eine Anstrengung, ganz normale Dinge zu tun, und diese Anstrengung sollte nicht

unbeachtet bleiben. Das ist ein entscheidender Punkt in vielen Familien: Sie sind so sehr damit beschäftigt, darauf zu achten und darüber zu wachen, was der Patient alles nicht kann, daß seine Erfolge gar nicht bemerkt werden. Drehen Sie den Spieß um, und beachten und loben Sie das, was er erreicht. Je mehr Erfolge mit Anerkennung belohnt werden, desto mehr Anstrengung wird dafür aufgewendet. Und abgesehen davon *freuen* Sie sich doch wirklich über das Essen, das für Sie gekocht wurde, über den Pullover, der für Sie gestrickt wurde, über einen frisch gemähten Rasen oder darüber, daß Sie zur Party Ihres Chefs in Begleitung Ihres Partners gehen können, oder nicht? Warum sollten Sie es also nicht sagen? Wir verhalten uns manchmal, als sei Lob etwas Künstliches, Unnatürliches oder bloß etwas für Kinder. *Wir alle haben es nötig, daß man uns lobt!* Wir alle brauchen es, daß man uns sagt, daß andere sich über bestimmte Dinge, die wir tun, freuen und dafür dankbar sind. Es ist die Art, wie gelobt wird, die das Lob künstlich oder unnatürlich erscheinen läßt. Lob oder Anerkennung und Dank für etwas, das jemand für uns tut, kann sehr natürlich und echt sein. Es erfordert nur eine geringe Anstrengung, jemandem, der sich Mühe gegeben hat, sich hübsch zu machen, zu sagen, daß er hübsch, stattlich und schön aussieht, daß Sie den neuen Haarschnitt oder das neue Hemd gut leiden mögen. Sie können es auf hunderterlei Arten zum Ausdruck bringen, daß Ihnen ein Essen geschmeckt hat (eine Umarmung und ein Kuß; ‹Das war das Beste, was ich seit langem gegessen habe›; oder ‹Donnerwetter, Mami, die Kartoffeln waren gut›). Alles was von Ihnen verlangt wird, ist, daß Sie normales Verhalten *bemerken* und die Anstrengung anerkennen. Wenn Ihnen das gelingt, werden Sie feststellen, daß der Schmerzpatient anfangen wird, *Ihre* Anstrengungen zu bemerken, und damit befinden Sie sich wieder auf dem Weg zu der Gegenseitigkeit, von der in Kapitel 2 die Rede war. Darüber hinaus tragen Sie dazu bei, die Symptome chronischer Schmerzen tatsächlich zu beseitigen. ‹Krankheits-› und ‹Schmerzverhalten› und der zugehörige Lebensstil wird durch normales Verhalten und normale Aktivität ersetzt. Man kann nicht gleichzeitig gut gepflegt und ungekämmt aussehen, und man kann nicht gleichzeitig Essen kochen und im Bett liegen.

3. Das dritte, was Sie tun können, ist, dem Patienten dabei zu helfen, daß er es vermeidet, über seine Schmerzen oder seine Probleme zu reden. Ihrem unter chronischen Schmerzen leidenden Familienmit-

glied, das versucht, dem Programm dieses Buches zu folgen, wurde gesagt, daß er nicht über seine Schmerzen und Probleme sprechen soll. Der Grund dafür besteht darin, daß die Schmerzen und die Probleme schlimmer werden, wenn man sich darauf konzentriert. Wenn er statt trüber Gedanken angenehme Dinge im Kopf hat, an etwas denken kann, was er tut, statt darüber nachzugrübeln, wie schlecht er sich fühlt, dann wird es ihm länger bessergehen. Bis zu einem gewissen Maß wird das Wohlergehen von den Inhalten der Gedanken und Unterhaltungen bestimmt. Auch wenn er vielleicht weiterhin Schmerzen verspürt, obwohl er nicht daran denkt oder darüber spricht, wird ihre Wirkung auf sein Wohlergehen beziehungsweise auf sein Leiden geringer sein, wenn er seine Gedanken ablenkt und auf normalere Unterhaltungen und Aktivitäten richtet. Haben Sie je bemerkt, daß, wenn Sie eine bestimmte Art von Schmerzen haben – zum Beispiel Kopf- oder Zahnschmerzen – und von einem besonders spannenden Film oder Buch gefangengenommen werden, Sie den Schmerz zwar immer noch spüren, ihn aber nicht mehr so häufig und nicht mehr so intensiv wahrnehmen, als wenn Sie im Bett liegen und versuchen würden einzuschlafen, ohne an etwas anderes zu denken. Nun, hier bewahrheitet sich dasselbe Prinzip.

Da das Denken an oder das Reden über ihre Schmerzen, Therapien (wie zum Beispiel Medikamente, die letzte Operation oder die Krankengymnastik) oder andere Dinge, die mit dem Problem zusammenhängen, unter Schmerzpatienten häufig und sehr weit verbreitet ist, kann diese Gewohnheit ziemlich schwer zu durchbrechen sein. Es ist wichtig, daß Sie solche Themen nicht selbst aufbringen, und wenn Ihr Partner es tut, sollten Sie ihn darauf hinweisen, daß er nicht darüber sprechen soll. Fragen Sie ihn nicht, wie es ihm geht. Fragen Sie statt dessen danach, was er tut, was er über dies und jenes denkt, welche Übungen er heute gemacht hat oder mit wem er gesprochen hat.

Die beste Art, wie Sie dieses neue Verhaltensmuster einführen können, ist, miteinander zu vereinbaren, Ihre Gewohnheiten zu ändern. Auf diese Weise hat Ihr Partner nicht das Gefühl, daß Sie ihm irgend etwas aufdrücken. Überlegen Sie mit ihm zusammen, wie Sie ihm am besten dabei helfen können, daß er vermeidet, über Schmerzen und Probleme zu reden. Und dann halten Sie sich an Ihre gemeinsamen Vereinbarungen.

Noch ein wichtiges Wort zur Warnung: Sie sollten nicht versuchen, diesen Vorschlag in die Tat umzusetzen, bevor Sie sich nicht wirklich

Mühe gegeben haben, den zweiten Vorschlag (Seite 166/167) zu realisieren. Den Familien scheint es immer leicht zu fallen, nicht mehr über Schmerzen zu reden, aber oft vergessen Sie es, oder sie kommen sich blöde dabei vor, wenn Sie normales, ‹gesundes› Verhalten bemerken und loben sollen. Aber wenn Sie nicht über Schmerzen und Probleme sprechen, *ohne* gleichzeitig auf normales Verhalten zu achten, dann landen Sie schließlich bei der Familienstruktur, die unter dem Abschnitt ‹Isolation und Verdrängung der Probleme› auf Seite 161f. beschrieben ist. Der große Unterschied ist die *Verschiebung* der Aufmerksamkeit innerhalb der Familie, weg von den Problemen und hin zu normaler Lebensführung. Und denken Sie daran, daß Sie bei Ihren Bemühungen Geduld aufbringen müssen. Eine Veränderung wird sich nur allmählich vollziehen. Es ist wichtig, daß Sie keine rasanten Veränderungen erwarten, da Sie es mit sehr eingeschliffenen Verhaltensmustern zu tun haben. Es hat schließlich lange Zeit gedauert, bis Sie sie gelernt haben; daher wird es auch einige Zeit erfordern, bis Sie sie wieder verlernen.

4. Wenn die Familie ihre Aufmerksamkeit von Schmerzen und Problemen ablenken soll, fragen sich manche Familienmitglieder, *worüber* sie denn dann überhaupt reden sollen. Sie können schließlich nicht die ganze Zeit nur ‹gesundes› Verhalten loben. Aber es gibt noch eine Menge andere positive, glückliche Momente im Leben, über die Sie sich unterhalten können. Wenn die Schmerzen bisher Ihr Familienleben beherrscht haben, haben Sie in letzter Zeit über solche Dinge nicht mehr gesprochen. Um Sie bei einem Neuanfang zu unterstützen, werden Ihnen im folgenden einige Vorschläge gemacht.

a) Erzählen Sie dem Schmerzpatienten, was *Sie* gemacht haben. Vertrauen Sie ihm an, was Sie erlebt haben, als er nicht in der Nähe war. Dadurch kann er sich dafür interessieren, was Sie tun, und wird schließlich in der Lage sein, selbst Fragen zu stellen. Viele Ehegatten oder andere Familienmitglieder kommen gar nicht darauf, dem Patienten etwas über ihre Aktivitäten oder Probleme zu erzählen. Leider trägt dies nur dazu bei, ihn noch mehr zu isolieren.

b) Fragen Sie nach, und vergewissern Sie sich, daß Sie auch erfahren, was der Schmerzpatient gemacht hat. Viele Schmerzpatienten hören irgendwann auf, den anderen etwas über die Ereignisse und Aktivitäten in ihrem Leben zu erzählen, aus Angst, andere zu langweilen, die über vermeintlich viel ‹wichtigere› oder ‹interessantere›

Dinge nachdenken. Zeigen Sie Ihr Interesse. Stellen Sie weiterführende Fragen. Vergewissern Sie sich, daß Sie wirklich zuhören.

c) Überlegen Sie sich einige Themen von allgemeinem Interesse, über die Sie sich gerne miteinander unterhalten. Vielleicht hilft es Ihnen, wenn Sie den Arbeitsbogen ‹Gemeinsame Gesprächsthemen finden› (siehe gegenüberliegende Seite) ausfüllen und Ihre Notizen hinterher miteinander vergleichen. Themen, die Sie beide aufgelistet haben, sind eine gute Grundlage für interessante Unterhaltungen. Wenn Sie jedoch Schwierigkeiten haben, gleiche Themen zu finden, sollten Sie vielleicht zusammen einige neue Interessengebiete entwikkeln. Sie könnten zum Beispiel zusammen etwas lesen, einen Kurs machen oder demselben Verein beitreten. Gemeinsame Aktivitäten führen zwangsläufig zu mehr gemeinsamen Interessen.

d) Schmieden Sie zusammen Zukunftspläne. Viele Schmerzpatienten und ihre Familien machen keine Pläne, weil sie das Gefühl haben, daß die Zukunft so unsicher sei. Aber da Sie nun alle weiteren Operationen, Krankenhausaufenthalte und andere zeitraubenden Behandlungen aufgegeben und sich auf den Weg der Rehabilitation gemacht haben, wird es Zeit, wieder damit zu beginnen. Lassen Sie Ihrer Vorstellungskraft freien Lauf. Es ist schwer, glücklich zu sein, wenn Sie nichts haben, auf das Sie sich freuen können. Pläne und Träume sind oft langfristige Vorhaben. Das können solche Dinge sein wie zum Beispiel eine Reise, die Sie seit langem gerne machen würden, an einen Ort, an dem Sie noch nie gewesen sind, der Erwerb eines Grundstücks, der Bau eines eigenen Hauses, der Kauf einer Campingausrüstung oder eines Bootes. Erlauben Sie sich ruhig auch einige Träume, deren Verwirklichung Ihnen vielleicht fast unmöglich erscheint. Wir alle brauchen phantasievolle Träume. Machen Sie realistische Pläne, und träumen Sie in Ihrer Phantasie. Wer weiß? Im Lauf der Zeit können sogar Träume wahr werden. Wichtig ist, daß Sie einige gemeinsame Pläne entwickeln, über die Sie miteinander reden können. Sich über diese Möglichkeiten zu unterhalten, kann Ihnen eine Menge Vergnügen bereiten.

5. Wenn der Schmerzpatient in Ihrer Familie dem Rat folgt, allmählich, aber systematisch wieder aktiv zu werden, wie es im Kapitel 5 erklärt wird, wird er langsam immer mehr tun können. Während die Aktivität auf diese strukturierte Art und Weise gesteigert wird, ist es auch wichtig, die Erfolge auf einer allgemeineren Ebene *anzuwen-*

Gemeinsame Gesprächsthemen finden

Erstellen Sie eine Liste von Gesprächsthemen, von denen Sie denken, daß Sie sich beide dafür interessieren. Knicken Sie das Blatt in der Mitte, und füllen Sie jeweils unabhängig voneinander Ihren Teil aus. Dann vergleichen Sie Ihre Notizen miteinander. Vergewissern Sie sich gegenseitig, daß Sie sich wirklich *beide* für die aufgezählten Themen interessieren. Es hat keinen Zweck, sich gegenseitig zu langweilen. Arbeiten Sie so lange daran, bis Sie zehn Themen gefunden haben, für die Sie sich beide interessieren.

Liste des Patienten	Liste des Partners

den, indem er nach und nach anfängt, mehr praktische Dinge zu erledigen. Diese praktischen Dinge müssen keine lästigen Pflichten sein; praktische Tätigkeiten können viel Spaß machen und auf entspannende Weise die Zeit vertreiben. In der Tat ist es wichtig, daß frühere Aktivitäten, die der Patient einmal gern getan hat, wieder in das Leben Ihres Partners und Familienmitglieds Eingang finden. Auch Sie können daran Gefallen finden! Möglicherweise sind viele Freizeitaktivitäten, an denen die Familie gemeinsam teilnehmen kann, oder die Sie und Ihr Partner zusammen machen können, längst über Bord geworfen worden. Und warum sollten Sie jetzt, wo er wieder länger stehen und sitzen kann, nicht anfangen, einiges davon wiederaufzunehmen?

Aktivitäten, die über Monate und Jahre brachgelegen haben, geraten schließlich häufig in völlige Vergessenheit. Manchmal muß man lange nachdenken, um sich wieder an alles zu erinnern, was man früher einmal gerne getan hat. Um Ihrer Erinnerung ein bißchen auf die Sprünge zu helfen, finden Sie auf der rechten Seite eine Liste von Beschäftigungen, mit denen andere Schmerzpatienten als Teil ihres Programms wieder begonnen haben. Gehen Sie die Liste zusammen durch, und machen Sie einen Haken bei jedem Punkt, von dem Sie meinen, daß Ihre Familie oder Sie als Paar vielleicht Lust dazu haben könnten. Wenn Sie Ihre eigene Liste erstellen, dann gehen Sie vor allem von solchen Aktivitäten aus, die Sie früher gern gemacht haben, oder schlagen Sie Dinge vor, von denen Sie häufiger gesprochen, die Sie aber nie in die Tat umgesetzt haben. Vielleicht mögen Sie sogar ein paar Dinge hinzufügen, die Ihnen vielleicht absurd erscheinen, aber Spaß bringen könnten.

Beschäftigungsprogramm für die Familie (Teil 1)

Im folgenden finden Sie Vorschläge für Freizeitaktivitäten, die Sie in der Familie oder als Paar ausführen können. Machen Sie einen Haken neben diejenigen Punkte, für die Sie sich interessieren, und fügen Sie diese dann Ihrer eigenen Liste hinzu.

Aktivitäten für die ganze Familie	Aktivitäten für Paare
Ein Picknick veranstalten	Gemeinsam ein Buch lesen
Zelten	Ins Kino gehen
Zu einem Fußball-, Handball- oder Volleyballspiel gehen	Ins Konzert oder ins Theater gehen
Ins Kino gehen	Minigolf oder Tennis spielen oder eine andere Sportart betreiben
Im Park spazierengehen	Am Wochenende wegfahren
Einkaufen (Spielzeug, Sportausrüstung, Hobbygeräte usw.)	Einkaufen (oder einen Schaufensterbummel machen)
Ins Restaurant oder in eine Pizzeria gehen	Zusammen einen Kurs besuchen (zum Beispiel einen Kochkurs, einen Sprachkurs, Malkurs, Töpferkurs usw.)
Aufs Land fahren	Einem Verein oder einer Gruppe beitreten (zum Beispiel einem Sportverein, einer kirchlichen Gruppe, einer Tanzgruppe, einer politischen Gruppe usw.)
Schlittschuhlaufen gehen	Zum Essen ausgehen
Karten spielen	In einer Kneipe frühstücken
Schwimmen gehen	Tanzen gehen
In den Zoo gehen	Gemeinsam kochen
Drachen steigen lassen	
Einen Garten anlegen	
Fangen spielen, kicken oder andere Spiele machen	

Beschäftigungsprogramm für die Familie (Teil 2)

Während der nächsten vier Wochen sollten Sie pro Woche von jeder Liste eine Beschäftigung einplanen. Notieren Sie das Datum, die Aktivität, was Sie vorher planen müssen und wer dafür verantwortlich ist.

Woche	Datum	Aktivität für die ganze Familie	Planung und Verantwortliche(r)
1.			
2.			
3.			
4.			

Woche	Datum	Aktivitäten für Paare	Planung und Verantwortliche(r)
1.			
2.			
3.			
4.			

Wenn Sie mit den Listen fertig sind, machen Sie genaue Pläne, wie und wann Sie mit den jeweils ausgewählten Aktivitäten beginnen wollen. Erstellen Sie einen Stundenplan für den nächsten Monat. Versuchen Sie, *mindestens eine* Aktivität von jeder Liste *pro Woche* durchzuführen. Im Arbeitsbogen ‹Beschäftigungsprogramm für die Familie (Teil 2)› auf der linken Seite werden Sie sehen, daß die Aktivitäten für die folgenden vier Wochen geplant werden. Schreiben Sie auf ihr eigenes Arbeitsblatt das Datum, wann Sie eine bestimmte Aktivität durchführen möchten. Schreiben Sie rechts davon auf, welche Dinge nötigenfalls organisiert werden müssen, um das Vorhaben zu realisieren. Um zum Beispiel im Restaurant essen zu gehen, muß vielleicht ein Tisch reserviert werden; um ein Fußballspiel zu besuchen, müssen Sie Karten kaufen; um etwas zu bauen, müssen Sie Material beschaffen. Schreiben Sie außerdem auf, wer für jede dieser organisatorischen Aufgaben zuständig ist.

Wenn Sie die Pläne einmal gemacht haben, sollten Sie ihnen unbedingten Vorrang vor *allem* anderen einräumen. Und Sie sollten sie befolgen, ganz egal, wie es einem von Ihnen geht. Schmerzen, Ärger oder was auch immer sollten nicht als Entschuldigung dafür dienen, die Pläne zu ändern oder umzuwerfen. Wenn Sie, der Patient, sich nicht wohl fühlen, machen Sie trotzdem mit. Wahrscheinlich werden Sie feststellen, daß es Ihnen bessergeht, wenn Sie erst einmal damit angefangen haben. Und Sie, die Familie, sollten nicht vergessen, Ihre Freude darüber zum Ausdruck zu bringen, daß der Schmerzpatient mit Ihnen zusammen wieder etwas unternimmt. Schließlich sollten Sie auch noch darauf achten, daß sich die Unterhaltungen innerhalb der Familie während der Aktivitäten um positive, angenehme Themen drehen.

6. Helfen Sie Ihrem Partner dabei, allmählich seine alte Rolle in der Familie wiedereinzunehmen. Dies kann bedeuten, daß Sie die Kinder ermutigen, mit ihren Problemen zu ihm zu kommen, oder daß Sie bestimmte Entscheidungskompetenzen wieder in seinen Verantwortungsbereich zurückgeben. Rollenveränderungen sind häufig sehr subtil und müssen sorgfältig analysiert werden, bevor sich feststellen läßt, welche Pflichten oder Verantwortlichkeiten irgendwann auf andere Familienmitglieder übergegangen sind. Übersehen Sie dabei nicht die alltäglichen Entscheidungen, wie zum Beispiel das Erstellen der Einkaufsliste, darüber, was es zu essen gibt, das Ausstellen von

Schecks, die Verwaltung der Finanzen der Familie, das Zurücklegen von Geld auf ein Sparkonto, das Ausfüllen der Steuererklärung, das Auffüllen des Heizungstanks, derjenige zu sein, der die Kinder ermahnt, der den Partner im Bett verführt oder die Wahl des diesjährigen Urlaubsortes trifft.

Die Aufgabe, die Rollen innerhalb der Familie neu anzupassen, muß von allen Seiten wahrgenommen werden, da jeder damit einverstanden sein muß, welche Pflichten an das Familienmitglied mit chronischen Schmerzen zurückgegeben werden und nach welchem Zeitplan dies geschieht. Da die Verantwortlichkeiten nach und nach abgegeben worden sind, sollte auch der umgekehrte Prozeß allmählich ablaufen. Die beste Möglichkeit, damit anzufangen, besteht wahrscheinlich darin, eine gemeinsame Liste zu erstellen, auf der die einzelnen Punkte nach Schwierigkeitsgrad und zeitlichen Zielvorstellungen für die Rückgabe von Verantwortlichkeiten geordnet sind. Beachten Sie jedoch, daß ein Familienmitglied, das eine verantwortliche Rolle übernommen hat, häufig Schwierigkeiten hat, diese wieder abzugeben. Gehen Sie also einfühlsam vor, und seien Sie auf gegenseitiger Basis verhandlungsbereit. Möglicherweise müssen Sie Kompromisse machen oder einander auf andere Weise entgegenkommen.

Zusammenfassung

Die Rehabilitation eines Schmerzkranken von seinem chronischen Schmerzproblem erfordert eine Veränderung der Gewohnheiten *aller* Familienmitglieder. In diesem Kapitel wurden verschiedene Ideen zur konstruktiven Veränderung dargestellt. Beginnen Sie damit, mehr Dinge miteinander zu tun, die Ihnen Spaß bringen. Konzentrieren Sie Ihre Gespräche mehr auf angenehme, positive Themen, wie zum Beispiel auf Aktivitäten außer Haus, Themen, die Sie alle interessieren, oder auf Pläne und Zukunftsträume. Das bedeutet nicht, daß Sie *niemals* über Probleme oder unangenehme Dinge reden dürfen (obwohl Sie versuchen sollten, das Thema Schmerzen selbst so weit wie möglich zu vermeiden), aber meistens sollten sich die gemeinsamen Gespräche schon von den Problemen wegbewegen. Der Schmerzpatient sollte nicht ent-, sondern ermutigt werden, sich an allen möglichen Arten von Aktivitäten zu beteiligen. Normale Tätigkeit sollte beachtet und gelobt werden. Und schließlich sollten Sie sich Mühe geben, dem Patienten seine alten Verantwortlichkeiten und Rollen zurückzugeben.

Es ist nicht immer einfach, diese Empfehlungen in die Praxis umzusetzen. Benutzen Sie die Arbeitsblätter in diesem Kapitel, um sich mit ihrer Hilfe den Start zu erleichtern. Häufige Rückblicke auf Ihre Fortschritte und gelegentliche erneute Lektüre dieses Kapitels können Sie ebenfalls dabei unterstützen. Auch wenn es schwer ist, damit zu beginnen, werden Sie feststellen, daß das Programm viel einfacher wird, wenn Sie erst einmal in Schwung gekommen sind. Und das stimmt zumindestens teilweise auch deshalb, weil die Praxis, die in diesem Kapitel dargestellt ist, dazu führt, daß das Miteinander innerhalb der Familie viel konstruktiver wird und so für alle Betroffenen zu einem glücklicheren Leben führt.

10. Beugen Sie den Schmerzen vor

Ein großer Teil dieses Buches befaßt sich damit, Ihnen Mittel und Wege zu zeigen, wie Sie Ihre Reaktionen auf die Schmerzen kontrollieren können. Und tatsächlich führt dies oft dazu, daß die Schmerzen geringer werden. Aber es gibt noch eine weitere Möglichkeit, wie Schmerz verhindert werden kann, und zwar durch Entspannung der Muskeln. Wie schon in den vorhergehenden Kapiteln an verschiedenen Stellen angemerkt wurde, sind Muskelverspannungen eine häufige Ursache von Schmerzen. Auch bereits vorhandene Schmerzen anderer Herkunft können sich dadurch verschlimmern. Daher kann es eine sehr wirksame Vorbeugungsmaßnahme sein, Entspannungsverfahren zu lernen und zu üben.

Während wir einige Muskeln unseres Körpers sehr gut kontrollieren wie zum Beispiel die Handmuskeln, die wir ganz nach Belieben an- und wieder entspannen können, unterliegen andere, wie etwa Kopf-, Nacken- und Rückenmuskulatur nicht direkt unserem Willen. Diese Muskeln können sich so sehr verspannen, daß sie Schaden anrichten, oft schneller, als wir bemerken, was da vor sich geht. Wenn Sie dann wirklich schmerzen, kann es schwierig sein, auf schnelle Weise Abhilfe zu schaffen. Angenommen, man findet wirklich die richtigen Muskeln heraus, so ist zu diesem Zeitpunkt auch ihre Entspannung keine Garantie mehr dafür, daß der Schmerz sofort verschwindet. Die Muskeln können dann bereits gereizt sein und selbst in entspanntem Zustand aufgrund der langen Verspannung, die dem Schmerz vorausging, auch noch weiterhin schmerzen. Es ist also am besten, die Entspannungsverfahren anzuwenden, *bevor* die Muskeln so verspannt sind, daß sie Schmerzen verursachen. Das bedeutet konkret, diese Zonen zunächst regelmäßig zu entspannen.

Wenn Sie den Verdacht haben, daß ein Teil Ihrer Schmerzen durch Muskelverspannungen hervorgerufen wird, lassen Sie es sich durch Ihren Arzt oder Krankengymnasten bestätigen. Sie können Ihnen außerdem dabei helfen herauszufinden, welche Muskeln oder Muskelgruppen genau die Wurzel des Übels bilden. Muskeln, die diese Art von Schmerzen verursachen, treten im allgemeinen markanter hervor als normal, da sie durch die häufige Anspannung ‹trainiert› werden, und die Problemstellen lassen sich in den meisten Fällen durch eine einfache Untersuchung leicht herausfinden.

Am häufigsten treten Schmerzen durch Muskelverspannung im Kopf, in den Schultern und im Nacken auf. Eine Anspannung in einer dieser Körperregionen kann zu dem verbreiteten Symptom, dem Kopfschmerz, führen. Auch zwischen den Schulterblättern oder in anderen Bereichen können Schmerzen auftreten. In den folgenden Abschnitten finden Sie detaillierte Übungsanleitungen zur Entspannung von Kopf-, Schulter- und Nackenmuskulatur, da diese Bereiche von den meisten Menschen als problematisch empfunden werden. Dieselben Anleitungen gelten jedoch grundsätzlich auch für die Entspannung der Muskeln anderer Körperteile.

Die Übungen, die Sie im folgenden lernen werden, bestehen darin, daß Sie die betreffende Muskelgruppe zuerst anspannen und dann wieder entspannen. Die Anspannung dient dazu, daß Sie die richtigen Muskeln identifizieren können und daß Sie zwischen dem Gefühl der Anspannung und dem der Entspannung besser unterscheiden lernen. Später, wenn Sie einmal die Entspannung sicher beherrschen werden, brauchen Sie den Teil der Übung, bei dem Sie die Muskeln anspannen, nicht mehr zu machen. Sie werden dann in der Lage sein, die Muskeln in denjenigen Körperbereichen, die Ihnen jetzt noch Probleme machen, ständig in entspanntem Zustand zu halten.

Diese Übungen erfordern nur ein paar Minuten Zeit und können überall gemacht werden. Die ersten Male üben Sie vielleicht lieber in einer entspannenden, von Ablenkungen freien Umgebung, so daß Sie den besten Nutzen aus den Übungen ziehen und diese korrekt lernen. Danach sollten Sie die Übungen jedoch *häufig* wiederholen, und zwar während Ihrer täglichen Aktivitäten. Sie können die Übungen im Stehen oder im Sitzen, bei der Arbeit oder in der Freizeit machen.

Verspannung der Stirnmuskulatur

Zwei Muskelgruppen im Stirn- und Schläfenbereich (die Frontalis- und die Temporalis-Muskeln) verursachen bei manchen Menschen Kopfschmerzen. Wenn Sie dazu gehören, versuchen Sie es mit den folgenden Übungen:

1. Runzeln Sie die Stirn. Beachten Sie den Zug der Muskeln quer über Stirn und Kopfseiten. Halten Sie diese Spannung fünf Sekunden lang an. Nun entspannen Sie sie wieder. Achten Sie darauf, wie sich die Muskeln lockern und weich werden. Lassen Sie sie 30 bis 45 Sekunden lang entspannt. Konzentrieren Sie sich darauf, wie sich diese Muskelgruppe in entspanntem Zustand anfühlt. Wiederholen Sie die Übung, wenn diese Muskeln nicht völlig entspannt sind.
2. Ziehen Sie die Augenbrauen hoch, wodurch Ihre Stirn und andere Kopfmuskeln gedehnt werden. Konzentrieren Sie sich auf das Gefühl der Anspannung, und bleiben Sie fünf Sekunden lang in dieser Stellung. Jetzt entspannen Sie sie wieder. Spüren Sie, wie die Muskeln sich quer über die Stirn und die Kopfseite hinweg entspannen. Wiederholen Sie die Übung, wenn diese Muskelgruppe nicht völlig entspannt ist.

Wenn Sie beim An- oder Entspannen stärkere Schmerzen haben, kann dies sogar ein gutes Zeichen sein. Das bedeutet wahrscheinlich, daß Sie die richtige Muskelgruppe erwischt haben.

Verspannung der Kiefermuskulatur

Es mag Ihnen seltsam vorkommen, aber häufig rühren Kopfschmerzen und ebenso manche Formen von Gesichtsschmerzen daher, daß Menschen unbewußt die Zähne zusammenbeißen und dabei ihre Kaumuskeln (die Masseter) verspannen. Viele Menschen sind sich dessen bewußt, erkennen aber nicht, daß dies die Ursache Ihrer Schmerzen sein könnte. Versuchen Sie, die Zähne aufeinanderzupressen, und legen Sie die Hand in Längsrichtung Ihres Kiefers. Sie sollten die Bewegung des Muskels spüren können. Da Sie nun wissen, wo er sich befindet, versuchen Sie, die Zähne aufeinanderzubeißen, und dabei in den Spiegel zu sehen. Wenn Ihr Kaumuskel hervortritt und sichtbar wird, dann könnte dies Ihre Problemzone sein. Beobachten Sie sich selbst den Tag über, um festzustellen, ob Sie Ihre Kiefermuskulatur verspannen. Wenn dies der Fall ist, versuchen Sie es mit der folgenden Übung:

Beißen Sie fünf Sekunden lang die Zähne aufeinander, und beobachten Sie dabei sorgfältig das Gefühl der Anspannung in diesem Bereich. Entspannen Sie den Muskel wieder. Konzentrieren Sie sich ganz darauf. Lassen Sie den Muskel dreißig bis fünfundvierzig Sekunden lang entspannt. Wenn Sie danach immer noch ein Gefühl der Verspannung haben, beginnen Sie mit der Übung von vorn.

Verspannung des Nackens und der Schultern

Einer der verbreitetsten Missetäter in der Nacken- und Schulterregion ist der Trapezius-Muskel, der sich quer über die Schulter, den Nacken hinauf und quer über den Hinterkopf zum Scheitel hin erstreckt. Wenn Sie gelegentlich Schmerzen im Nacken oder in den Schultern haben, oder wenn die Schmerzen im Nacken oder im Hinterkopf beginnen und nach oben in den Kopf ausstrahlen, dann haben Sie Grund, diesen Muskel als Auslöser zu verdächtigen. Manchmal kann Anspannung des Trapezius oder anderer Muskeln in diesem Bereich die Verspannung selbst auslösen. Aber auch ein ungeeignetes Kopfkissen, eine schlechte Körperhaltung und bestimmte Tätigkeiten wie Auto fahren, Schreibmaschine schreiben oder andere Arbeiten, bei denen Sie lange Zeit Ihre Hände vor Ihren Körper halten müssen, können dazu führen, daß sich dieser Muskel verspannt. Manchmal können schon einfache Veränderungen, wie etwa ein anderes Kissen, eine bessere Körperhaltung oder eine andere Stuhlhöhe beim Tippen falsche Anspannung und damit auch den Schmerz beseitigen. Wenn jedoch solche Veränderungen bei Ihnen nicht zum Erfolg führen, können Sie einige Übungen für diesen Körperbereich lernen, so daß Sie häufig mit regelmäßigen Entspannungszeiten der Anspannung entgegenwirken und sie so in normalen Grenzen halten können.

Es gibt vier Arten von Übungen, um den Nacken und die Schultern zu entspannen. Sie sollten besonders gegen Spannungskopfschmerzen helfen. Falls Sie ein Halskorsett tragen oder eine akute Halsverletzung haben, wie zum Beispiel ein Schleudertrauma, sollten Sie vorher unbedingt mit Ihrem Arzt darüber sprechen.

1. Um die Nackenregion anzuspannen, beugen Sie den Kopf nach vorn, bis Ihr Kinn fast die Brust berührt. Stellen Sie sich vor, eine Kraft zieht Ihr Kinn von der Brust weg. Kämpfen Sie gegen diese Kraft an. Dadurch sollten sich alle Ihre Nackenmuskeln anspannen. Halten Sie diese Anspannung etwa fünf Sekunden lang aufrecht, dann lockern Sie Ihre Nackenmuskulatur wieder und lassen Ihren Kopf in die normale Stellung zurückkehren. Die Muskeln brauchen mehrere Sekunden, um sich völlig zu entspannen. Beobachten Sie den Entspannungsprozeß. Lassen Sie ihn etwa 30 bis 45 Sekunden lang andauern, dann achten Sie genau darauf, wie sich die Muskeln im entspannten Zustand anfühlen. Wenn sich Ihre Muskeln nicht völlig entspannt haben, wiederholen Sie die An- und Entspannungsübung.
2. Beugen Sie Ihren Kopf vorsichtig so weit nach hinten, wie Sie es bequem schaffen. Spannen Sie dabei den Nacken an. Halten Sie die Spannung etwa fünf Sekunden lang. Beachten Sie, wie sich die angespannten Muskeln anfühlen. Jetzt entspannen Sie die Muskeln wieder, und lassen Sie den Kopf in seine normale Stellung zurückkommen. Lassen Sie die Entspannung etwa 30 bis 45 Sekunden lang dauern. Beachten Sie, wie anders sich dieselben Muskeln anfühlen, wenn sie entspannt sind. Wenn sich diese Muskeln nicht völlig entspannt anfühlen, wiederholen Sie die Übung.
3. Bewegen Sie die Schulterblätter hinter Ihrem Rücken aufeinander zu, als wollten sie sich gegenseitig berühren. Beachten Sie die dadurch entstehende Anspannung. Bleiben Sie etwa fünf Sekunden lang in dieser Haltung. Entspannen Sie jetzt Ihre Schultern, und achten Sie auf den Unterschied. Lassen Sie die Muskeln 30 bis 45 Sekunden lang entspannt, und konzentrieren Sie sich auf dieses Gefühl in den Muskeln. Wenn diese Muskeln sich nicht völlig entspannt anfühlen, sollten Sie die Übung wiederholen.
4. Ziehen Sie die Schultern hoch, bis sie fast Ihre Ohren berühren. Spüren Sie die Anspannung in Ihren Schultern und im Nacken. Behalten Sie diese hochgezogene Position etwa fünf Sekunden lang bei. Nun entspannen Sie sich wieder und lassen Sie Ihre Muskeln von der Entspannung durchströmen. Beachten Sie, wie sich das anfühlt. Lassen Sie Ihren Hals und die Schultern etwa 30 bis 45 Sekunden lang entspannt. Wenn nötig, können Sie die Übung wiederholen.

Machen Sie diese Übungen, wenn Sie Schmerzen haben, werden Sie feststellen, daß die Schmerzen dadurch etwas stärker werden. Wenn das der Fall ist, bedeutet das wahrscheinlich, daß Sie die richtige Körperregion erwischt haben und daß Sie diese Übungen häufig praktizieren müssen. Denken Sie daran, daß diese Übungen nicht dazu da sind, die Schmerzen zu beseitigen, wenn Sie sie bereits haben. Sie dienen dazu, Schmerzen zu vermeiden, indem das Niveau der Muskelspannung unter Kontrolle gehalten wird. (Manche Menschen stellen jedoch fest, daß die Durchführung der Übungen auch bereits aufgebaute Verspannungen und Schmerzen lindert. Obwohl dies nicht die ideale Art ist, Entspannungsübungen zu benutzen, können Sie es ruhig ausprobieren, um festzustellen, ob es Ihnen hilft.)

Üben Sie die Entspannung

Damit sie wirken, müssen die Entspannungsübungen auch praktiziert werden. Dafür können Sie bestimmte Zeiten festlegen, wie zum Beispiel 30 Sekunden lang, alle halbe Stunde. Manche Leute kaufen sich Kurzzeitwecker oder Schlüsselanhänger mit Weckuhr als Erinnerungshilfe (diese können Sie in einer Handtasche oder Aktentasche mit sich herumtragen oder in die Schreibtischschublade legen). Sie können die Übungen auch mit bestimmten Ereignissen koppeln. Zum Beispiel machen Sie Ihre Übung jedesmal, wenn das Telefon klingelt, jedesmal, wenn Sie an einer roten Ampel anhalten müssen, oder jedesmal, wenn Sie durch eine Tür gehen. Jede Technik funktioniert. Das Wichtigste ist, etwas zu tun, was Sie daran *erinnert*, die Übung zu machen. Muskelverspannungen sind nämlich häufig ein Problem von Menschen, die viel zu tun haben – so viel, daß sie die Übungen vergessen. Dabei brauchen gerade diejenigen Menschen, die im Stress sind, die Übungen wahrscheinlich am dringendsten.

Ziel der Übung sollte sein, die schnelle Entspannung der betreffenden Muskeln durch Anwendung der entsprechenden Übung(en) zu erlernen. Wie ich bereits angemerkt habe, besteht die Grundidee dieser wiederholten An- und Entspannungszyklen darin, daß Sie das Gefühl der Entspannung in diesen besonderen Muskeln genauestens kennenlernen. Es ist von Mensch zu Mensch verschieden, wie lange dieser Lernprozeß dauert, aber mit zunehmender Übung erreicht schließlich jeder dieses Ziel. Wenn Sie soweit sind, wird der Vorgang einfacher, weil Sie dann die Anspannung auslassen und direkt zur Phase der Entspannung übergehen können. Wenn Sie an diesem Punkt angekommen sind, werden Ihre Entspannungsübungen gradliniger und einfacher werden, und dadurch wird es auch leichter, die Übungen sogar noch häufiger zu machen. Irgendwann sollten sie Ihnen gänzlich zur Gewohnheit werden. Diejenigen Menschen, die wirklich davon profitieren, weil sie ihre früheren Verspannungsschmerzen losgeworden sind, berichten, daß ihre Entspannung inzwischen automatisch und unbewußt abläuft, weil sie sie zu einer Gewohnheit gemacht haben.

Sie versuchen gerade, Ihre Muskeln umzugewöhnen. Jahrelang haben Sie unbewußt Ihre Muskeln zur Anspannung trainiert. Es wird einiges an Arbeit kosten, diesen Muskeln Entspannung beizubringen. Der Schlüssel ist praktische Übung – je mehr, desto besser. Immer und immer wieder sollten Sie den Muskel loslassen und aktiv entspannen, auch wenn es nur für fünf Sekunden ist. Der Erfolg wird sich lohnen – Sie verhindern damit, daß diese Muskeln in Zukunft Spannungsschmerzen verursachen.

Biofeedback

Wenn Sie feststellen, daß Ihnen die Entspannungsübungen, die in diesem Kapitel beschrieben sind, nicht weiterhelfen, aber trotzdem denken, daß Sie Probleme mit Muskelverspannungen haben, könnte EMG-Biofeedback Abhilfe schaffen. (EMG steht für ‹Elektromyogramm›, das bedeutet die Aufzeichnung elektrischer Impulse der Muskelaktivität.) EMG-Biofeedback wird heute von vielen Psychologen benutzt, um Krankheiten wie etwa Spannungskopfschmerzen oder Nackenschmerzen zu behandeln. Dafür werden in mehreren Behandlungssitzungen kleine Elektroden auf den schmerzenden Muskeln angebracht. Diese Elektroden zeichnen die elektrischen Kräfte in Ihren Muskeln auf und übertragen sie auf ein Biofeedbackgerät, das vor Ihnen steht und Ihnen die genauen Werte der An- oder Entspannung Ihrer Muskeln anzeigt. Durch diese sofortige Rückmeldung aus Ihrem Körper lernen Sie, zwischen Muskelanspannung und Muskelentspannung zu unterscheiden. Während Sie immer besser zu unterscheiden lernen, können Sie anfangen, den Entspannungszustand selbst herzustellen. Darüber hinaus gibt Ihnen währenddessen das

Biofeedbackgerät ständig und sofort Erfolgsmeldungen. So können Sie üben und diejenige Entspannungstechnik herausfinden, die bei Ihnen am besten funktioniert.

Eine weitere Art Biofeedback, genannt ‹Hauttemperatur Biofeedback› (Vasokonstriktions-Biofeedback) kann ebenfalls dazu beitragen, Schmerzen bei Menschen zu verhindern, die unter Migräne oder Histaminkopfschmerzen leiden. Diese Arten von Kopfschmerz beruhen nicht auf Muskelverspannungen, sondern hängen vermutlich mit Verengungen und Erweiterungen von Blutgefäßen zusammen. Für die Behandlung benützt man die Biofeedbackapparatur, um schnelle Informationen über Ihre Hauttemperatur zu erhalten, die wiederum Rückschlüsse auf den Blutstrom zuläßt. Durch dieses Feedback sollen Patienten lernen können, eine gewisse Kontrolle über ihr Gefäßsystem auszuüben und so die Entstehung bestimmter Bedingungen zu verhindern, die die Kopfschmerzen verursachen.

Biofeedbackbehandlungen sind heute in vielen Städten möglich. Erkundigen Sie sich in der nächstgelegenen Schmerzklinik (Adressen siehe Anhang) oder bei Ihrem Hausarzt, welche Praxen in Ihrer Nähe Biofeedback anbieten.

Zusammenfassung

In diesem Kapitel wurde darauf hingewiesen, daß Schmerzen durch verspannte Muskeln verursacht werden können. Um dies zu verhindern, ist es zunächst notwendig, genau die Muskeln oder Muskelgruppen festzustellen, die die Ursache des Problems sind. Möglicherweise können Sie dies alleine beurteilen, sonst kann Ihnen Ihr Arzt oder Ihr Krankengymnast dabei behilflich sein. Wenn Sie die Regionen bestimmt haben, sollten Sie regelmäßig Entspannungsübungen durchführen. Wenn sie häufig genug angewandt werden, sollten die Übungen zu einem allgemein entspannteren Zustand der problematischen Muskeln führen, wodurch Spannungsschmerzen vermieden werden können.

Biofeedbackbehandlungen, die von Ärzten und Psychologen angeboten werden, stellen ein anderes Mittel dar, um den Spannungsschmerzen entgegenzuwirken, ebenso der Migräne und dem Histaminkopfschmerz. Biofeedback ist jedoch eher eine klinische Behandlungsmethode als eine, die für die Selbsthilfe geeignet wäre.

Die Arten der Muskelentspannung, die hier aufgezählt sind, richten sich auf die Verminderung von Verspannungen in besonderen, abgegrenzten Bereichen. Es gibt jedoch auch Programme zur generellen Muskelentspannung. Der interessierte Leser kann sich im Abschnitt ‹Literaturhinweise› auf den Seiten 215ff informieren.

11. Probleme lösen, die Schmerzen verschlimmern können

Edna, 62 Jahre alt, litt fünf Jahre lang unter schweren chronischen Rückenschmerzen, nachdem sie durch einen Autounfall querschnittsgelähmt geworden war und dabei ihren behinderten Sohn verloren hatte. Ednas Ehemann war als Fahrer des Unfallautos ohne ernsthafte Verletzungen davongekommen. Edna hatte sich gut auf das Leben im Rollstuhl eingestellt, hatte kochen gelernt und übernahm unabhängig viele Pflichten im Haushalt, aber sie klagte ständig über Schmerzen. Sie hatte die gesamte Palette der Schmerzmedikamente ausprobiert, aber selbst in starken Dosen halfen sie nicht. Sie beklagte sich bitter bei ihrem Ehemann und den Nachbarn und weinte schnell und oft. Ihr Mann wußte nicht mehr, was er tun sollte, und fühlte sich hilflos.

Edna und Ihrem Mann wurden Strategien gezeigt, wie sie ihre Aufmerksamkeit von den Schmerzen ablenken und ihre negativen Gedanken und Unterhaltungen durch positivere, ausgeglichenere ersetzen konnten. Durch eingehendere Untersuchungen wurde deutlich, daß Edna noch unter anderen Problemen litt als den Schmerzen – nämlich an Depressionen und unausgesprochener Wut. Ihre Lähmung und der Tod ihres Sohnes hatten sie depressiv gemacht, und sie hegte einen Groll gegen ihren Mann, dem sie die Verantwortung für den Unfall anlastete. Alle diese Gefühle hatte sie unterdrückt aus Angst, den Zorn ihres Mannes auf sich zu ziehen, von dem sie sich nun mehr denn je abhängig fühlte. Ihre Klagen über den Schmerz waren ihr einziges Ventil für diese aufgestauten Probleme. Das Ergebnis davon war, daß sie ihre Schmerzen um so schlimmer erlebte. Und nun, da die Schmerzen mit der Depression und der Wut heillos verwickelt waren, war es nicht mehr möglich, nur sie allein zu behandeln.

Menschen, die unter chronischen Schmerzen leiden, fühlen sich anderen Problemen nicht gewachsen. Welche zusätzlichen Probleme auch immer jemand in seinem Leben noch hat, sie können ihre Ursache vor oder nach dem erstmaligen Auftreten der chronischen Schmerzen haben. Es ist nicht so wichtig zu wissen, in welcher Reihenfolge die Probleme aufgetreten sind, doch sollte man genau feststellen, welche Verquickungen sich über die Jahre hinweg zwischen solchen vorhandenen Problemen entwickelt haben. Kein Problem existiert für sich alleine; viele Probleme beeinflussen sich gegenseitig, und im allgemeinen können sie sich gegenseitig verschlimmern oder zumindest aufrechterhalten. Diese Situation ist besonders schwierig aufzulösen, da das eine Problem vielleicht eine sehr nützliche Funktion erfüllt, indem es die Konfrontation mit den anderen verhindert. Dieses Muster tritt tatsächlich bei Schmerzen sehr häufig auf. Das bedeutet, daß der Schmerz oft einen Grund dafür liefern kann, daß die Auseinandersetzung mit den anderen Problemen oder unangenehmen Situationen vermieden wird.

Das heißt nicht, daß der Schmerz zu dem Zweck *erzeugt* wird, sich aus einer Sache herauszuhalten. Eher ist es einfach so, daß, wenn Schmerzen und andere Probleme nebeneinander existieren, der Schmerz schließlich eine solche Funktion erfüllen kann.

Natürlich gibt es viele Möglichkeiten, die Konfrontation mit Problemen zu vermeiden (zum Beispiel kann man seine Arbeitsstelle kündigen, sich scheiden lassen oder weglaufen); Schmerzen zu haben, ist aber eine Möglichkeit, die sozial relativ weitgehend akzeptiert ist. Krankheit wird in unserer Kultur mit Anteilnahme betrachtet, und dem chronisch kranken Menschen wird eine gewisse Nachsicht und Toleranz entgegengebracht. Mit anderen Worten, der Schmerzpatient kann es vermeiden, anderen Problemen ins Auge zu sehen, da wegen seiner Schmerzen wenig sozialer Druck auf ihn ausgeübt wird. Häufig nehmen es die Patienten selbst nicht wahr, daß ihre Schmerzen diese Funktionen übernehmen können. Selbst wenn die Furcht oder die Angst, die von einem oder mehreren anderen Problemen verursacht wird, sehr stark ist, können Patienten deren Existenz ignorieren. Auf die Frage, welche anderen Probleme sie noch haben könnten, berichten viele Schmerzpatienten, daß ihnen keines bewußt sei, oder jedenfalls keines, das sie als ernsthaft bezeichnen würden. Wenn der Patient seine Lebenssituation daraufhin jedoch etwas genauer erforscht, erkennt er häufig, daß solche anderen Probleme durchaus existieren, und er beginnt, sie von seinen Schmerzen zu trennen. Unter diesen Umständen bilden die Schmerzen einen derart wirkungsvollen Puffer gegen andere Probleme, daß der Patient nicht einmal merkt, daß er außer seinen Schmerzen noch irgendwelche anderen

Schwierigkeiten hat. Wiederum muß betont werden, daß damit nicht behauptet werden soll, daß der Schmerz zu diesem Zweck existiere. Es verhält sich lediglich so, daß der real vorhandene Schmerz inzwischen die Funktion erhalten hat, dem Patienten zu helfen, Dinge zu vermeiden, vor denen er Angst hat oder die ihm unangenehm sind.

Es hat jedoch einige sehr unglückliche Folgen, wenn der Schmerz eine derartige Funktion übernimmt. Wenn Schmerzen wiederholt dazu führen, daß die Auseinandersetzung mit anderen Problemen vermieden wird, können sich die Schmerzen durch einen Lerneffekt verschlimmern. Darüber hinaus wird jeder Versuch, die Schmerzen zu verringern, dazu führen, daß der Patient sich mit Problemen auseinandersetzen muß, deren Konfrontation er vielleicht lange Zeit vermieden hat. So wird dies ein fast aussichtsloser Kampf. In der Tat kann es schwierig oder gar unmöglich werden, dem Selbsthilfeprogramm dieses Buches zu folgen, da es etwas geben könnte, was dem Erfolg entgegenwirkt – die Angst davor, irgendwelchen anderen Problemen begegnen zu müssen. Daher ist es für den Schmerzpatienten um so wichtiger, sich ernsthafte Gedanken darüber zu machen, welche anderen Probleme er noch hat und was er dagegen tun kann, damit diese Probleme nicht letzten Endes dazu führen, daß die Schmerzen verschlimmert oder aufrechterhalten werden. Es gibt viele Probleme, bei denen es leichter ist, sie zu umgehen, als sich mit ihnen auseinanderzusetzen. Einige der häufigsten sind: sexuelle Probleme; Ehe- und Beziehungsprobleme; Schwierigkeiten im Umgang mit anderen Menschen; die Angst, Erwartungen nicht gerecht zu werden; berufliche Schwierigkeiten; Alkoholprobleme. Schmerzen können sich auch durch belastende Rechtsstreitigkeiten, z. B. nach einem Unfall, und Muskelverspannungen verschlimmern. Auf alle diese Probleme wird im folgenden genauer eingegangen.

Sexuelle Probleme

Ned, 41 Jahre alt, war in den vorangegangenen Jahren, langsam und (für ihn) unerklärlich, impotent geworden. Marie, seine Frau, hatte in etwa demselben Zeitraum unter Schmerzen im Kreuz gelitten. Das Paar vermied den Geschlechtsverkehr ‹wegen Maries Rücken›. In Abwesenheit Neds drückte Marie ihre Erleichterung darüber aus, daß Ihre Rückenschmerzen verhindert hatten, daß Ned sich dem Verlust seiner Männlichkeit stellen mußte, was er auf sexuelles Versagen zurückführte. Ned selbst befürchtete dagegen, daß Marie, nachdem sich ihre Rückenschmerzen gebessert hätten, Anforderungen an ihn stellen könnte, die er nicht würde erfüllen können.

Glücklicherweise waren Ned und Marie mit dem Vorschlag einverstanden, wegen ihres sexuellen Problems eine Sexualberatung in Anspruch zu nehmen, nachdem ihr Arzt ihnen versichert hatte, daß Maries Rücken durch Geschlechtsverkehr keinen weiteren Schaden nehmen könne. Als sie den Ratschlägen des Therapeuten einige Wochen lang gefolgt waren, berichteten sie glücklich, daß sich ihr sexuelles Problem gelöst hatte. Obwohl Marie noch immer Schmerzen hatte, stellte sie fest, daß sie besserer Stimmung war und wieder mehr Selbstvertrauen gewonnen hatte.

Ned und Marie waren dann bereit, das in diesem Buch vorgeschlagene Programm mitzumachen, nachdem sie erfolgreich ein Problem gelöst hatten, das die Schmerzen möglicherweise verschlimmert hatte.

Viele Schmerzpatienten und ihre Ehepartner haben sexuelle Probleme. In manchen Fällen existierten diese bereits, bevor der Schmerz zum Problem wurde; in anderen begannen sie erst nach dem Einsetzen der Schmerzen. In jedem Fall kann der Schmerz als Entschuldigung für fehlende sexuelle Aktivität dienen und dadurch dem Paar ermöglichen, sich dem sexuellen Problem oder dem als mögliches sexuelles Versagen wahrgenommenen Phänomen nicht zu stellen.

Nicht immer ist es der Schmerzpatient, auf den das sexuelle Problem zurückzuführen ist; häufig ist es auch der Partner. Natürlich sind sexuelle Probleme immer Probleme beider Partner. Die verbreitetsten sexuellen Probleme von Männern sind Impotenz und vorzeitige Ejakulation. Bei Frauen sind es die Unfähigkeit zum Orgasmus, Vaginismus (Probleme beim Einführen des Gliedes aufgrund von Muskelverspannungen in der Scheide) und Dyspareunie (Scheidenschmerz während des Geschlechtsverkehrs). Wenn Paare monatelang oder jahrelang mit solchen sexuellen Problemen leben, wird der Geschlechtsverkehr oft ein Erlebnis, das mehr mit Verkrampfung und Leistungsdruck als mit Freude verbunden ist. Wenn dies der Fall ist, kann es einfacher sein, sexuelle Aktivitäten zu umgehen, als sich damit zu konfrontieren, was beide Partner möglicherweise als sexuelles Versagen des einen oder anderen oder beider wahrnehmen. Chronische Schmerzen können als Grund herhalten, um den Geschlechtsverkehr zu unterlassen. Beide Partner behaupten und glauben, daß es die Schmerzen seien, deretwegen sie sexuelle Aktivitäten vermeiden. Die Angst vor sexuellem Versagen oder Frustration wird nicht offen zugegeben als Grund für die Vermeidung von Sexualität. Schmerzen im Kreuz sind für viele Paare eine ständige ‹Ausrede›, nicht miteinander zu schlafen – aus Angst, dem Rücken des Patienten noch mehr zu schaden oder ihm Schmerzen zu verursachen. Spezifische Schmerzattacken wie zum Beispiel Kopfschmerzen, können als Grund dienen, keine Lust auf Sex zu haben. (Der alte Witz: ‹Nicht heute, mein Schatz, ich habe Kopfschmerzen›, ist vielleicht gar nicht so lustig.) Dies ist aus verschiedenen Gründen ein äußerst verhängnisvoller Zustand. Das sexuelle Problem trägt nicht nur dazu bei, die Schmerzen zu erhalten, sondern hält den Patienten und seinen Partner von einer anderen schönen Aktivität ab, die sie zusammen genießen könnten. Abgesehen davon, daß Geschlechtsverkehr etwas Genußvolles ist, ist er auch ausgezeichnet geeignet, die Stimmung zu heben und Spannungen zu lösen.

Diese Situation ist besonders traurig, da die meisten sexuellen Probleme heutzutage *einfach* zu lösen sind. Seit der Arbeit von Masters und Johnson (und neuerdings auch vielen anderen) gibt es ausgezeichnete verhaltenstherapeutische Trainingsprogramme für die oben aufgeführten sexuellen Probleme. Weitere Hilfe bei diesem und anderen Problemen erhalten Sie auch durch die örtliche Schmerzklinik (siehe Anhang), durch Ihren Hausarzt oder bei der nächstgelegenen Eheberatungseinrichtung (siehe Telefonbuch). Häufig lassen sich schon in wenigen Therapiesitzungen Probleme lösen, mit denen Sie jahrelang leben mußten. Die Therapie besteht normalerweise darin, daß Ihnen der Therapeut einige Übungen vorschlägt oder Ihnen besondere Anleitungen gibt, die Sie allein oder mit Ihrem Partner zu Hause durchführen sollen. Heutzutage nehmen viele Menschen diese Beratung in Anspruch, und die meisten finden sie hilfreich. Wenn Ihnen der Selbsthilfeansatz mehr zusagt, finden Sie im Anhang Titelvorschläge für Bücher, die sich mit sexuellen Problemen befassen (siehe Seite 217).

Schmerzen sollten kein Grund werden, Geschlechtsverkehr zu vermeiden. Nach einigem Ausprobieren finden die meisten Paare befriedigende Stellungen heraus, bei denen der Geschlechtsverkehr keine Schmerzen hervorruft. Wenn Sie Sorge haben, den Partner oder sich selbst zu verletzen, fragen Sie Ihren Arzt. In den meisten Fällen wird er Ihnen versichern, daß Verletzungen praktisch ausgeschlossen sind.

Es gibt wirklich *keinen* Grund, eine befriedigende sexuelle Beziehung *nicht* zu genießen. Wenn Ihnen Sex Probleme zu machen scheint, suchen Sie zusammen nach Abhilfe, und versuchen Sie, diese Probleme zu lösen. Sehr wahrscheinlich werden Sie überrascht sein, wie einfach das ist. Vielleicht haben Sie Ihre sexuellen Gewohnheiten zu sehr eingeschränkt. Das Buch *Freude am Sex* von Alex Comfort kann Ihnen nützliche Hinweise geben für neue Möglichkeiten, Freude zu geben und zu bekommen. Wenn Sie sich einfach ‹nicht danach fühlen›, überlegen Sie noch einmal, ob Sie nicht doch Lust haben. Denken Sie an das, was in Kapitel 8 darüber gesagt wurde, worauf Sie Ihre Gedanken konzentrieren sollen: daß Sie die Schmerzen weniger wahrnehmen werden, wenn Sie sich für eine Aktivität interessieren und sie durchführen. Was für eine bessere Ablenkung könnte es geben als ein befriedigendes Sexualleben?

Sie sollten auch bedenken, daß der Geschlechtsverkehr für beide Partner schöner wird, wenn er oft praktiziert wird. Wenn sie *nicht* häufig genug miteinander schlafen, können Männer leichter die Beherrschung verlieren und Frauen unter Umständen schwerer erregbar werden. Also können Sie schon allein dadurch zur Lösung sexueller Probleme beitragen und die Sexualität mehr genießen, indem Sie häufiger miteinander schlafen.

Schließlich hat die Forschung erwiesen, daß manche Frauen, die selten oder nie einen Orgasmus erleben, Rückenschmerzen bekommen können, weil ihnen die dem Orgasmus folgende Entspannung fehlt. Allgemeiner gesagt: Der Verzicht auf ein befriedigendes Sexualleben fordert unnötige Opfer von jedem Schmerzpatienten. Dadurch wird Ihnen dieses natürliche Beruhigungsmittel und Antidepressivum entzogen, das Sie früher vielleicht häufiger genossen haben.

Ehe- und Beziehungsprobleme

Betty, eine 70jährige Frau, hatte in den vergangenen sieben Jahren Steißbeinschmerzen. Obwohl sie 20mal im Krankenhaus war, hatte keine Behandlung (einschließlich Operationen) länger als ein paar Wochen lang eine Wirkung gezeigt. Wegen der Schmerzen konnte sie nur wenige Schritte gehen und überhaupt nicht sitzen, so daß ihre Aktivitäten stark eingeschränkt waren.

Seit 30 Jahren war Betty mit Clyde verheiratet – und sie stritten sich ständig. Alles, was der eine tat, ärgerte den anderen. Beide versuchten, jeden

Schritt des anderen zu kontrollieren. Da die Schmerzen Bettys Handlungsfähigkeit stark beeinträchtigten, hatte Clyde es übernommen, für sie und den Haushalt zu sorgen. Und obwohl sie sich beide schon sehr oft über diese Verteilung beklagt hatten, gab es Hinweise, die die Annahme nahelegten, daß es vielleicht gerade diese Verteilung war, die sie beide im Grunde wollten. Sie war beispielsweise empört, wenn er sich einen Tag frei nahm, um angeln zu gehen. Er kritisierte jeden Versuch, den sie unternahm, um ihre Abhängigkeit zu verringern, und schimpfte selbst wenn sie einfache Arbeiten übernahm, etwa Gelee zu kochen oder ihr Bett selbst zu machen. Gleichzeitig fühlten Sie sich beide sehr verletzt durch die ständigen Streitereien. Jeder verteidigte sich mit immer noch schlimmeren Gegenbeschuldigungen.

Offen und wiederholt äußerte Betty die Meinung, daß Clyde die Ursache für ihre Steißbeinschmerzen sei. ‹Er ist der *eigentliche* Grund meiner Schmerzen›, sagte sie heftig. Sie behauptete, daß ihre häufigen Krankenhausaufenthalte zum Teil dazu dienten, ihr ‹Erholung› von ihm zu verschaffen; meistens bat sie darum, daß Clydes Besuchszeiten noch mehr eingeschränkt wurden, als es die Krankenhausvorschriften vorsahen.

Betty und Clydes Eheprobleme verschlimmerten die Schmerzen.

Enge menschliche Beziehungen sind immer sehr komplex. Wenn wir jemanden lange kennen oder mit ihm zusammenleben, entwickeln wir im gegenseitigen Umgang ziemlich starre Verhaltensmuster. Man lernt, was man von dem anderen erwarten kann, so daß man oft sogar in der Lage ist, das Verhalten des anderen vorauszusagen. Manchmal gibt uns das eingeschliffene Verhaltensmuster genau das, was wir in der Beziehung brauchen – Liebe, Zuneigung, Kameradschaft oder Aufmerksamkeit. Manchmal ist das aber auch nicht der Fall. In diesem Fall sprechen wir davon, daß die beiden ‹nicht zusammenpassen›. Paare haben oft etwas von beidem – einige zusammenpassende und einige nicht zusammenpassende Verhaltensmuster. Das Problem besteht darin, die nicht zusammenpassenden Muster herauszufinden und zu verstehen, wie sie mit dem Schmerzproblem in Wechselwirkung stehen.

Dabei gibt es eine ganze Reihe von Möglichkeiten. Die Schmerzen können der verzweifelte Versuch sein, sich an den anderen zu klammern und ihn oder sie davon abzuhalten, sich aus der Beziehung zu lösen. (‹Wenn ich dich nicht hätte, ich weiß nicht, was ich tun würde. Ich glaube, ich würde mich umbringen.›) Oft intensiviert einer der Partner aus Angst, der andere könnte in der Beziehung unglücklich oder unzufrieden sein, das Schmerzverhalten, um den Partner durch Schuld- und Mitleidsgefühle an sich zu binden. Schmerzverhalten kann einem Schmerzpatienten auch einen Grund dafür liefern, den Bedürfnissen des anderen nicht gerecht zu werden. Dies kann eine kurzfristige Lösung für ein Eheproblem darstellen, aber normalerweise versagt es langfristig. Schließlich kann es sogar die *Ursache* dafür sein, daß die Beziehung zerbricht. Letzten Endes werden sich die meisten Menschen gegen eine Beziehung entscheiden, wenn ihr die Wechselseitigkeit gänzlich fehlt. Dies ist natürlich nur eine Möglichkeit, wie Schmerzen Teil eines Beziehungsproblems werden können.

Die meisten langfristigen Lösungen setzen immer voraus, daß Sie sich Ihren Beziehungsproblemen stellen, wie auch immer diese aussehen, daß Sie erkennen, welche Ihrer Verhaltensmuster Sie ändern müssen, und daß Sie dann aktiv daran arbeiten. Wenn Sie dies selbst tun wollen, können ihnen einige Bücher dabei helfen (siehe Seite 217). Ansonsten hilft eine Ehe- bzw. Partnerschaftsberatung bei einer Eheberatungseinrichtung (Adressen im örtlichen Telefonbuch) oder bei einem Psychologen (Ihr Hausarzt kann Ihnen jemanden empfehlen oder Sie überweisen). Manche Menschen haben Angst vor der Eheberatung. Sie befürchten, daß sie gerügt werden oder daß der Berater sich auf die Seite des anderen Partners stellt. In Wirklichkeit verhält es sich jedoch so, daß Berater normalerweise annehmen, daß die Probleme nicht auf einen von Ihnen beiden zurückzuführen sind, sondern eher wechselseitigen Charakter haben und durch bessere Verständigung gelöst werden können. Die Beratung kann Sie zu direkterer Kommunikation anleiten, die dazu führt, daß beide Partner ihre Bedürfnisse offen ausdrücken können und daß diese Bedürfnisse erfüllt werden. Dieselben Grundsätze gelten für die Beratung bei Beziehungsproblemen außerhalb von Paarbeziehungen – zum Beispiel Schwierigkeiten zwischen Eltern und Kindern.

Schwierigkeiten im Umgang mit anderen Menschen

Wenn jemand Schwierigkeiten damit hat, Beziehungen zu anderen Menschen einzugehen, können ihm die Schmerzen als Grund dienen, die Begegnung mit anderen Menschen zu vermeiden. Manche Menschen hatten nie die Gelegenheit, das zu lernen, was Psychologen *soziale Fähigkeiten* nennen – die Fähigkeit, problemlos mit anderen Menschen umzugehen. Andere haben Probleme mit ihrem Selbstbewußtsein. Dabei gibt es zwei Möglichkeiten – entweder ist jemand zu unsicher (so daß er von anderen zu deren Vorteil benutzt wird) oder er ist zu aggressiv und fordernd. In jedem Fall ist es wahrscheinlich, daß Sie sich in Gegenwart anderer unbehaglich fühlen. Vielleicht spüren Sie, daß Sie nicht in der Lage sind, enge Beziehungen aufzubauen, oder daß Sie nicht mit anderen reden können. Vielleicht haben Sie das Gefühl, daß die anderen Sie nicht um Ihrer selbst willen mögen. Vielleicht fühlen Sie sich unwohl, wenn Sie mit Menschen des anderen Geschlechts zusammen sind – weil Sie unsicher sind, was diese von Ihnen wollen oder wie Sie sich ihnen nähern sollen.

Alle diese Probleme können und werden die Schmerzen verschlimmern, wenn der Schmerz als Ausflucht dient, um den Ängsten und der Unbehaglichkeit zu entgehen, die Sie in Gegenwart anderer Menschen befällt. Wenn Sie Schmerzen haben, erwartet niemand von Ihnen, daß Sie häufig ausgehen und sich unter die Leute mischen. Sie haben eine gute, allgemein akzeptierte Entschuldigung dafür, daß Sie zu Hause bleiben. Niemand wird herausfinden, daß Sie sich in Gegenwart anderer Menschen unwohl fühlen, und auch Sie selbst werden nicht schmerzlich daran erinnert. Sie vermeiden einfach die Begegnung mit dem Problem. Da die Schmerzen Ihnen dabei helfen, werden diese verstärkt, und die Möglichkeit, daß sie zum gelernten Verhalten werden, ebenso wie die Wahrscheinlichkeit, daß sie weiterhin chronisch bleiben, nimmt zu.

Auch diese Probleme sind zu lösen, und es ist eine Schande, nicht an ihrer Lösung zu arbeiten, da zwischenmenschliche Beziehungen im Leben der meisten Menschen die Quelle größter Freude darstellen. Warum sollten Sie sich davon ausschließen, nur weil es Ihnen an ein paar Fähigkeiten fehlt, die Sie mit etwas Geduld erlernen könnten?

Viele Probleme im sozialen Umgang entstehen, weil Sie entweder das Gefühl haben, nicht das Richtige zum richtigen Zeitpunkt sagen zu können, oder weil Sie zum falschen Zeitpunkt das Falsche sagen. Wie Sie eine Situation richtig einschätzen können und wie Sie am besten reagieren, können Sie lernen, indem Sie ein paar Fähigkeiten erwerben, diese wiederholt anwenden und in die Praxis umsetzen. Auch hierfür gibt es verschiedene Bücher, wenn Sie dieses Problem gerne in Selbsthilfe anpacken möchten. Sie finden sie im Anhang unter den ‹Literaturhinweisen› (Seite 216/217). Außerdem können Sie an diesen Problemen in einer Therapie arbeiten. Erkundigen Sie sich bei Ihrem Hausarzt nach empfehlenswerten Therapeuten.

Noch eine allgemeine Bemerkung zum Thema Verbesserung sozialer Fähigkeiten: Es ist wichtig, sie praktisch anzuwenden. Je mehr Sie es vermeiden, mit anderen zusammenzukommen, desto unbeholfener werden Sie sich vorkommen, wenn Sie es dennoch müssen. Die Praxis wird Sie unempfindlicher machen und Ihnen zeigen, daß Sie es schaffen können, anderen zu geben und von anderen zu nehmen.

Die Angst, Erwartungen nicht gerecht zu werden

Susan, eine 26jährige Arztsekretärin, hatte sich vor sieben Jahren beim Skifahren eine Rückenverletzung zugezogen. Seither hat sie vier Operationen, physiotherapeutische Behandlungen und Streckungen hinter sich gebracht, aber nichts davon hatte sie von den Schmerzen befreien können, die sie nach der Verletzung quälten. Susan stammte aus einer reichen Familie, deren vielbeschworenes Ziel für die Tochter darin bestand, daß sie den ‹richtigen› jungen Mann heiraten und Kinder bekommen sollte. Kurz vor ihrem Skiunfall schienen diese Hoffnungen zunichte zu werden. Susan war schwanger geworden, hatte eine Abtreibung und kurze Zeit später die Universität verlassen. Diese Folge von Ereignissen hatten sowohl Susan als auch ihre Eltern in Aufregung versetzt. Ihre Eltern hatten das Gefühl, daß Susan sie im Stich gelassen hatte, und auch sie selbst kam sich so vor. Nach dem Unfall jedoch wurden ihre Eltern sehr fürsorglich und fingen an, sie wie einen Säugling zu umsorgen und alles für sie zu tun. Susan fühlte sich in ihrer Obhut wieder sicher. Da sie nichts tat, begann sie zuzunehmen. Dies, ihre Rückenschmerzen sowie ihre häufigen Krankenhausaufenthalte reduzierten ihr früher aktives soziales Leben auf Null. Schließlich nahm sie eine Stelle als Arztsekretärin an, aber ihre Schmerzen behinderten sie bei der Arbeit, weshalb sie häufig fehlte.

Mit den Jahren wurden Susans Eltern allmählich ungehalten und begannen, sie zu ermutigen, ihren früheren Aktivitäten nachzugehen, Freunde zu besuchen und auszugehen. Susan hatte jedoch Angst vor den Gefahren der Unabhängigkeit und war zu diesem Zeitpunkt in Gesellschaft ängstlich geworden, besonders im Hinblick auf Männer. Obwohl sie jeden Abend zu Hause saß, äußerte sie weiterhin den Wunsch nach einer Heirat mit dem ‹richtigen› Mann, genau wie es sich ihre Familie immer gewünscht hatte.

In Susans Fall war es ihre Unfähigkeit, den Erwartungen, die an sie gestellt wurden, gerecht zu werden, die ihre Schmerzen verschlimmerte.

Das Gefühl, Ihren eigenen Ansprüchen oder denen von anderen nicht zu genügen, kann dazu beitragen, daß Ihre Schmerzen anhalten. Sie werden zu einem akzeptablen Grund, warum Sie Erwartungen nicht entsprechen.

Einer der häufigsten Fälle, in denen eine Erwartungshaltung zu Problemen führt, scheint dann einzutreten, wenn Eltern darin verwickelt sind. Die Ansprüche von Eltern an ihre Kinder können unrealistisch hoch sein oder zielen, auch wenn sie leicht zu erreichen sind, vielleicht an dem, was das Kind für sich selbst möchte, vorbei. Nichtsdestotrotz wollen wir alle unsere Eltern erfreuen, selbst dann noch, wenn wir längst erwachsen sind. Ihr Lob oder ihre Kritik können uns immer noch auf vielerlei Art motivieren oder entmutigen. Tatsächlich stellen wir oft fest, daß wir die Ansprüche unserer Eltern, zusammen mit ihrem Lob und ihrer Kritik in einem sehr realen Sinn verinnerlicht haben. Bei einer Sache zu versagen, von der wir glauben, wir müßten sie erreichen können, kann eine niederschmetternde Erfahrung für unser Selbstbild sein. Schmerzen können jedoch für uns selbst und für andere einen bequemen Grund liefern, warum wir nicht in der Lage sind, das, was von uns erwartet wird, zu leisten.

Normalerweise wird man aus den folgenden drei Gründen den eigenen oder fremden Ansprüchen nicht gerecht:

1. Man besitzt nicht die notwendigen Fähigkeiten,
2. man besitzt nicht die nötige Motivation (vielleicht gibt es einen Konflikt zwischen den Erwartungen der Eltern oder den von ihnen Erlernten, und den eigenen Erwartungen), oder
3. man hat selbst unrealistische Ansprüche.

In den meisten Fällen treffen die Gründe 2 oder 3 zu. Wenn Sie sich selbst hinterfragen und feststellen, daß es an einem davon oder an beiden liegt, dann besteht offensichtlich die Lösung für Ihr Problem darin, Ihre Erwartungen so zu verändern, daß sie realistischer, vernünftiger werden. Gleichzeitig müssen Sie natürlich die alten Ansprüche abschütteln, deretwegen Sie sich als Versager gefühlt haben. Es kann allerdings ein schwieriger Prozeß werden, alte, unrealistische, perfektionistische Vorstellungen abzulegen und sich einzugestehen, daß man auch bloß ein Mensch ist. Aber es ist durchaus machbar. (Vorschläge für eine vertiefende Beschäftigung mit dem Thema finden Sie unter den Literaturhinweisen im Anhang: ‹Selbstbewußtsein und Selbstbehauptung›).

Vielleicht fällt es Ihnen aber auch leichter, Ihre Eigenerwartungen und Selbsteinschätzungen zu verändern, wenn Sie die Hilfe eines Psychologen in Anspruch nehmen können. (Fragen Sie Ihren Hausarzt, wo Sie einen Psychologen finden können.) Verändern Sie Ihre negative Selbsteinschätzung und Ihre unrealistischen Erwartungen an sich selbst. Dabei können Sie lernen, sich mehr auf Ihr Selbstlob und Ihre Selbstkritik zu verlassen und weniger empfindlich für die Ansprüche und Einschätzungen anderer zu sein. Dann wird es nicht mehr nötig sein, daß Sie Ihre Schmerzen dazu benutzen, Situationen zu vermeiden, in denen Sie fürchten zu versagen. Wenn die Erwartungen angemessen sind, brauchen Sie keine Versagensängste mehr zu haben.

Berufliche Schwierigkeiten

Manche Menschen üben einen Beruf aus, den sie verabscheuen, und sehen keine Möglichkeit der Veränderung. Es gibt eine Menge Gründe, seine Arbeit nicht zu mögen; vielleicht ist sie zu hektisch, zu langweilig oder sie bringt Sie mit Menschen zusammen, die Ihnen unangenehm sind. Viel zu oft haben Menschen das Gefühl, daß Sie an einer bedauerlichen beruflichen Situation nichts ändern können. Entweder ist die Familie von den Einkünften abhängig oder es scheint unmöglich, sich für eine andere Position umschulen zu lassen. Ein Arbeiter fühlt sich vielleicht nicht qualifiziert genug, um einen anderen Beruf auszuüben, oder er denkt, er sei zu alt, um noch eine andere Stelle zu finden. Chronische Schmerzen können ein Grund sein, Arbeit grundsätzlich aus dem Weg zu gehen. Über kurz oder lang kündigen die meisten Menschen mit chronischen Schmerzen ihre Anstellung. Der Rückzug aus der Arbeitswelt verschlimmert das Problem allerdings auf vielerlei Weise:

1. Er trägt dazu bei, die Schmerzen zu verstärken, ein Effekt, der vom Körper gelernt und damit chronisch wird;
2. Er treibt Sie in die Schonungsfalle, die in Kapitel 2 beschrieben wird;
3. Ihre finanziellen Schwierigkeiten können größer denn je werden, was zu Spannungen führt und die Schmerzen noch weiter verschlimmert;
4. Ihr Selbstwertgefühl wird wahrscheinlich darunter leiden, da Sie Ihre eigenen Vorstellungen von Wert und Bedeutung der Arbeit nicht mehr umsetzen.

Wenn Sie chronische Schmerzen haben, wenn Sie nicht mehr arbeiten und wenn Sie Ihre Arbeit verabscheuen oder ihr nur sehr ungern nachgegangen sind, dann ist die Wahrscheinlichkeit groß, daß Ihre Probleme auf diese Weise miteinander in Verbindung stehen. Vielleicht sind Sie sich dieser Verbindungen nicht bewußt. Unangenehme Tatsachen werden leichter verdrängt. Unabhängig davon, ob Sie sich dessen bewußt sind oder nicht, verstärkt diese Situation wahrscheinlich Ihre Schmerzen, und sie führt dazu, daß sie chronisch werden.

Wenn diese drei oben aufgezählten ‹Wenns› auf Sie zutreffen, dann haben Sie drei Möglichkeiten:

1. in den verhaßten Job zurückzukehren, was Ihren Schmerz vielleicht verschlimmert (so daß Sie schließlich ohnehin gezwungen werden, sich vorzeitig pensionieren oder in Rente schicken zu lassen),
2. permanent in der chronischen Schmerzfalle gefangen zu bleiben, oder
3. eine andere berufliche Laufbahn anzustreben bzw. eine weniger anspruchsvolle Arbeit zu suchen.

Im Augenblick glauben Sie vielleicht, daß die dritte Möglichkeit unrealistisch ist. Aber ist sie das wirklich? Oder bauen Sie nur künstliche Hindernisse auf?

Wenn Sie Ihre Arbeit nicht mögen, müssen Sie als erstes vor sich selbst und vor Ihrer Familie zugeben, daß dies so ist. Das ist kein Verbrechen. Viele Menschen verabscheuen ihre Arbeit, und es wäre wirklich dumm, den Rest Ihres Lebens mit etwas zu verbringen, das Sie nicht gerne tun. Schließlich beansprucht die Arbeit den wichtigsten Teil des Tages, warum also sollten Sie sich an eine unzumutbare Betätigung klammern? Wenn Sie eine Arbeit nicht mögen, dann heißt das ja nicht, daß das für Sie auf jede Arbeit bezogen zutrifft. In Wirklichkeit kann dies eine ausgezeichnete Gelegenheit sein, sich Gedanken zu machen und etwas Neues auszuprobieren. Ein Neuanfang mag Ihnen schwer vorkommen, aber finden Sie das auch dann noch, wenn Sie ihn mit den Schwierigkeiten der chronischen Schmerzfalle vergleichen? Vielleicht machen Sie sich Sorgen, daß der finanzielle Druck für Ihre Familie dadurch zuviel werden könnte, aber ist das auch so, wenn Sie ihn mit dem Druck, der Anspannung und dem Ärger der chronischen Schmerzfalle vergleichen? Schmerzpatienten stellen oft fest, daß sie, während sich die Rentenjahre dahinschleppen, unfähig sind, ihr Leben zu genießen, und sich langweilen. Der Partner und die Kinder fangen oft an, die Tatsache, daß der Patient keiner Arbeit nachgeht, zu hinterfragen oder offen abzulehnen. Der Patient hingegen verliert sein Selbstwertgefühl, weil er meint, er habe nichts zustande gebracht, trage zu nichts etwas bei und sei zu nichts nütze.

Es gibt Alternativen, doch diese sind individuell sehr verschieden, so daß Sie einige Zeit werden investieren müssen, um herauszufinden, was das Richtige für Sie ist. Eine gute Möglichkeit für einen Neuanfang ist, sich an das zu erinnern, was Sie schon immer gerne getan hätten. Finden Sie Ihre persönlichen Stärken heraus (zum Beispiel: geschickt im Umgang mit Menschen, ein gutes Gefühl für Zahlen, handwerklich versiert, unabhängig, einfallsreich usw.), und vergleichen Sie Ihre Stärken mit denen, die für eine mögliche Arbeit erforderlich sind. Das ist etwas, was Sie gut mit Ihrem Partner oder einem anderen Familienmitglied zusammen überlegen können. Machen Sie eine Liste mit drei möglichen anderen Berufen, die Sie ausüben könnten, wenn Sie die richtige Ausbildung hätten. Machen Sie Ihre Hausaufgaben, und erkundigen Sie sich nach den Mindestvoraussetzungen für jede Arbeit. Hausaufgaben können in diesem Fall darin bestehen, bei Vertretern von Personalabteilungen Erkundigungen über die Stellen einzuholen, Schulungseinrichtungen anzurufen wie zum Beispiel Universitäten, Technische Schulen oder Fachhochschulen, mit Verwandten oder Freunden zu sprechen, die diesen Beruf bereits ausüben, oder einen Berufsberater des Arbeitsamtes zu konsultieren, ob in ihrem Fall eine Umschulungsmöglichkeit besteht. Wenn Sie unter chronischen Schmerzen leiden, könnten Sie sich eventuell als Behinderte(r) bewerben, wodurch Sie in den Genuß bestimmter Vorteile kommen können. Sie sollten Ihren Arzt fragen und die örtliche Beratungsstelle sowie das Arbeitsamt aufsuchen.

Achten Sie darauf, daß Sie nicht die ganze Zeit wieder dieselben Fehler machen; Sie suchen eine Arbeit, die Sie gerne machen, oder zumindest eine, die Sie aushalten können. Machen Sie nicht wieder den Fehler, eine Arbeit anzunehmen, die Sie zu sehr unter Druck setzt oder bei der Sie sich langweilen.

Der Beginn einer neuen beruflichen Laufbahn oder ein Stellenwechsel können einige Dinge erforderlich machen, die schwierig sind. Es kann bedeuten, daß Sie das Bild von sich selbst ebenso wie das, welches Ihre Familie von Ihnen hat, verändern müssen. Wenn Sie sich immer sehr mit Ihrem bisherigen Beruf identifiziert haben, kann das Umschwenken hart werden. Vielleicht fangen Sie mit einem niedrigeren Gehalt an oder in einer weniger angesehenen Stellung, als Sie es gewöhnt sind. Vielleicht beginnen Sie in Ihrem neuen Job sogar mit Teilzeitarbeit.

Vielleicht denken Sie, daß dies alles auf Sie nicht zutrifft, wenn Sie Hausfrau und Mutter sind. Aber Hausfrauen und Mütter können mit Ihrer Arbeit genauso unzufrieden sein wie jeder andere auch, besonders, wenn Sie lange Zeit nichts anderes gemacht haben. Hausfrau und Mutter kann ein sehr befriedigender Beruf sein, aber er ist nur befriedigend, wenn Ihnen diese Tätigkeit liegt, sie ausfüllt, und wenn Sie von der Familie genug Belohnungen und Anerkennung bekommen. So wie nicht jeder Mann z. B. für die Arbeit eines Buchhalters geschaffen ist, so hat auch nicht jede Frau Spaß an Hausarbeit und Kindererziehung. Außerdem können sich, wie in jedem Job, die Arbeitsbedingungen mit den Jahren ändern, und eine Arbeit, mit der Sie früher zufrieden waren, kann Ihnen heute vielleicht weniger Freude bereiten. Oft beginnt der Beruf einer Hausfrau dann leer oder bedeutungslos zu erscheinen, wenn die Kinder älter werden und schließlich von zu Hause ausziehen. Aber obwohl die alte Arbeit ihren Glanz verloren hat, scheint es keine Alternativen zu geben. Viele Frauen glauben, daß es für sie keine Möglichkeit gäbe, etwas anderes zu machen, oder daß sie zu alt seien, um noch eine Stelle zu bekommen. Dies ist jedoch nicht wahr. Vielleicht ist es schwieriger, wenn Sie älter sind, aber *es ist nie zu spät, um etwas Neues anzufangen*. Und wenn Sie lange genug suchen, *werden* Sie eine Arbeit finden, die Sie annehmen können. Vielleicht haben Sie sogar einen Vorteil, wenn Sie zu einem späteren Zeitpunkt Ihres Lebens einen Beruf wählen. Wahrscheinlich haben Sie sich selbst inzwischen kennengelernt und können besser benennen, was Ihnen gefallen wird.

Wenn Sie sich schließlich für einen neuen Job entscheiden, stellen Sie vielleicht fest, daß Sie dafür eine besondere Ausbildung brauchen. Aber auch das kann viel Spaß bringen. Viele Menschen haben das Gefühl, sie seien zu alt, um noch einmal zur Schule zu gehen; sie befürchten, es nicht zu schaffen. In Wirklichkeit trifft das fast nie zu; im Gegenteil, ältere Lernende sind oft die besten. Sie sind erwachsener, motivierter, lernen fleißiger und haben normalerweise einen stabileren Lebenswandel als ihre jüngeren Konkurrenten. Wenn Sie sich für ein Fach entscheiden, für das Sie längerfristiges Interesse aufbringen können, und wenn Sie sich etwas Zeit lassen, um sich an Ihren neuen Tagesablauf zu gewöhnen, sind Ihre Erfolgschancen sehr gut.

Denken Sie aber daran, daß dieser Rollenwechsel den Ehepartnern und Familien manchmal Anpassungsschwierigkeiten bereitet. Ehemänner haben möglicherweise unbegründete Ängste, die Aufmerksamkeit zu verlieren, an die sie jahrelang gewöhnt waren, oder daß sie ihre Frau überhaupt ganz an einen anderen Mann verlieren könnten. Kinder befürchten manchmal, daß die Mutter ihnen die mütterliche Liebe und Unterstützung, die sie brauchen, entziehen könnte. Normalerweise verschwinden diese Ängste jedoch nach einigen Monaten, bis die Familie sich an die neue Situation gewöhnt hat. Möglicherweise gibt es eine Übergangszeit mit Ärger, ausgesprochenen oder unausgesprochenen Meinungsverschiedenheiten, aber zuletzt wird sich die Einstellung Ihrer Familie ändern, wenn sich die befürchteten Konsequenzen nicht einstellen.

Darüber hinaus werden Ihre Familienmitglieder, wenn sie sich über die Alternative klarwerden (nämlich in der chronischen Schmerzfalle weiterzuleben) – besonders, wenn sie dieses Buch gelesen haben –, Sie wahrscheinlich in Ihrer neuen Richtung unterstützen. Tatsächlich stellen die meisten Leute fest, daß sich ihre Familienbeziehungen verbessern, wenn die Hausfrau und Mutter mit ihrer Arbeit glücklicher ist.

Der wichtige Punkt bei alldem ist, daß es, wenn Ihnen Ihre Arbeit nicht gefällt – ob es sich nun um eine bezahlte Stelle oder um Hausarbeit handelt – nie zu spät ist, eine neue berufliche Laufbahn auszuprobieren. Auf lange Sicht ist dies viel besser für Ihre Gesundheit, als einer unangenehmen Arbeit nachzugehen, wo die Anspannung Ihre Schmerzen verschlimmern wird. Es ist außerdem weitaus besser als vorzeitiges Ausscheiden aus dem Berufsleben – mit all den gefährlichen Begleiterscheinungen der Schonungsfalle, wie sie in Kapitel 2 dargestellt sind. Dies könnte eine einzigartige Gelegenheit sein, einen wichtigen Teil Ihres Lebens zu überdenken und neu anzufangen. Vielleicht kostet es Sie etwas an Einkommen und Prestige, aber wie unwichtig ist dies doch im Vergleich zu besserer Gesundheit und größerem Glück.

Alkoholprobleme

Margaret, eine 49jährige Hausfrau und frühere Fabrikarbeiterin, litt nach einem Autounfall unter Schmerzen im Nacken und in den Schultern. Sie und ihr Mann hatten vor dem Unfall in Gesellschaft immer ziemlich viel getrunken. Nachdem Operationen, krankengymnastische und medikamentöse Behandlungen wirkungslos geblieben waren, begann Margaret tagsüber, während ihr Mann bei der Arbeit war, Wodka und Gin zu trinken, um die Schmerzen erträglicher zu machen. Wenn er abends nach Hause kam, trank sie mit ihm zusammen weiter.

Da sie oft schon angetrunken war, wenn er nach Hause kam, machte ihr Mann sich Sorgen über ihren Alkoholkonsum. Er selbst begann daraufhin, weniger zu trinken, und versuchte, ihr zu helfen, sich ebenfalls zu mäßigen. Aber Margaret war der Meinung, er könne sie nicht verstehen, da er nicht, wie sie, unter chronischen Schmerzen litte. Sie behauptete, wenn sie ihren Alkoholkonsum reduziere, würden die Schmerzen schlimmer. Und überhaupt stritt sie ab, zuviel zu trinken.

Margaret war in einen Teufelskreis von Schmerzen und Alkoholmißbrauch geraten.

Manchmal kann das Alkoholproblem das ‹andere Problem› sein, dem man sich nicht stellt. Es kann sehr schwierig sein, der Tatsache ins Auge zu sehen, daß die eigenen Trinkgewohnheiten außer Kontrolle geraten sind. Allein schon die Feststellung, daß man als ‹Alkoholiker› gilt, kann zu schmerzhaft sein, um damit zu leben. Selbst wenn Sie vor sich selbst zugeben können, daß Ihnen der Alkohol zum Problem geworden ist, kann der Gedanke an die allgemein für richtig befundene ‹Heilung› – nämlich das Trinken aufzugeben – noch schmerzhafter sein und daher vermieden werden.

Chronische Schmerzen können scheinbar einen guten Grund dafür abgeben, sich nicht mit den Alkoholproblemen konfrontieren zu müssen, besonders dann, wenn der Alkohol als Schmerzmittel benutzt wird. Viele Patienten haben das Gefühl, daß der Alkohol, wenn er dazu benutzt wird, die Schmerzen abzutöten oder zu betäuben, für sie selbst und für ihre Familie akzeptabel sei. Dazu kommt, daß der Lebensstil eines Schmerzpatienten – ohne Arbeit, ohne Aktivitäten und ohne die Möglichkeit, am geselligen Leben teilzunehmen – die Folgen von übermäßigem Alkoholkonsum gut verdeckt. Nicht zuletzt sind chronische Schmerzen ein sehr viel akzeptablerer Grund, sich aus dem Leben zurückzuziehen, als ‹Alkoholismus›. Hier muß erneut betont werden, daß die Schmerzen nicht erst geschaffen oder erfunden werden, um diese Funktion zu erfüllen, aber sie können sich dahingehend entwickeln. Unglücklicherweise kann diese nützliche Funktion die Schmerzen nur verschlimmern, und die Wahrscheinlichkeit, daß Sie auf keinerlei Behandlung ansprechen, nimmt zu. Auf diese Weise gehen chronische Schmerzen und problematische Trinkgewohnheiten eine Wechselwirkung ein, die Ihre Situation schlimmer und schlimmer machen.

Wenn Ihnen diese Zusammenhänge vertraut sind, oder wenn Sie Alkohol als Schmerzmittel einsetzen, dann sollten Sie Ihr zweites Problem – das Trinken – angehen, bevor oder während Sie daran arbeiten, Ihr Schmerzproblem zu lösen. Es gibt viele Möglichkeiten, Alkoholprobleme zu lösen. Wenn sie es mit Selbsthilfe versuchen wollen, finden Sie Hinweise auf Literatur im Anhang des Buches. Rufen Sie Ihren Hausarzt an, die nächste Schmerzklinik (siehe Anhang) oder Ihre örtliche Beratungsstelle. Die ‹Anonymen Alkoholiker› (AA), die es ebenfalls in den meisten Gemeinden gibt und die Sie im Telefonbuch finden, haben noch immer eine der höchsten Erfolgsquoten. Der Ansatz der ‹Anonymen Alkoholiker› ist die totale Abstinenz, unterstützt durch gruppentherapeutische Maßnahmen, bei denen sich Betroffene gegenseitig helfen.

Egal wie Sie ein Alkoholproblem angehen, es ist von Anfang an notwendig, daß Sie das Trinken von den Schmerzen trennen. Hören Sie damit auf, Alkohol als Schmerzmittel zu benutzen. Trinken Sie keinen Alkohol, wenn Sie einen Schmerzanfall haben. Lesen Sie noch einmal Kapitel 7, ‹Der Umgang mit Schmerzmitteln› und Kapitel 8, ‹Was kann ich bei Schmerzen tun, was sollte ich lassen?›.

Ein Wort zur Warnung: Alkohol verträgt sich mit vielen anderen Drogen nicht und kann schädliche oder sogar tödliche Wirkung haben, wenn er zusammen mit Medikamenten eingenommen wird. Es gibt Fälle, in denen Patienten sich versehentlich selbst umgebracht haben, weil sie nicht darauf achteten, welche Medikamente sich nicht mit Alkohol vertragen, oder weil sie sich selbst oder ihren Arzt darüber im unklaren ließen, wieviel Alkohol sie wirklich trinken oder welche anderen Drogen sie einnehmen. Auf diese Weise kann die Verdrängung oder Leugnung des Alkoholproblems tödlich enden.

Alkohol ist natürlich nicht die einzige Droge, die auf diese Weise mit dem Schmerz zusammenwirken kann. Im Abschnitt über die Medikamentenfalle in Kapitel 2 und im gesamten Kapitel 7 wurde bereits dargelegt, wie die regelmäßige Einnahme verschreibungspflichtiger

Arzeimittel nicht nur die Schmerzen verschlimmern, sondern selbst zum Problem werden kann. Illegale ‹Straßendrogen› können ebenfalls verhängnisvolle Wechselwirkungen mit chronischen Schmerzen eingehen, durch die beide Probleme aufrechterhalten werden. Ungeachtet jedoch der jeweiligen Art von Drogen, um die es im einzelnen geht, funktionieren die oben und in den Kapiteln 7 und 8 empfohlenen Lösungswege gleichermaßen gut.

Rechtsstreitigkeiten

Manchmal wurden Patienten bei Arbeits- und Autounfällen oder unter anderen Umständen durch Fremdverschulden verletzt. In einem solchen Fall kann der Patient vielleicht die andere Partei verklagen. Und tatsächlich sind eine große Anzahl von Menschen, die unter chronischen Schmerzen leiden, in ein Gerichtsverfahren verwickelt.

Das Problem von Rechtsstreitigkeiten besteht darin, daß es normalerweise sehr lange dauert, bis sie beigelegt sind – oft mehrere Jahre –, und daß der Patient *beweisen* muß, wie behindert er oder sie während dieser ganzen Zeit ist. So steht der Patient ständig unter dem subtilen Zwang, chronisch schmerzkrank zu bleiben. Der Kampf gegen die Firma oder die Person, ständige Untersuchungen, Neu-Untersuchungen und Bescheinigungen durch verschiedene Ärzte und Spezialisten üben Druck aus, daß bewiesen werden muß, wie behindert der Patient ist. Dem Patienten wird vielleicht von seiner Familie oder von seinem Rechtsanwalt geraten, nicht allzu gesund auszusehen. Vielleicht sagt man ihm, er solle nicht arbeiten und auch nicht den Anschein erwecken, sein Leben im Ruhestand zu sehr zu genießen. Natürlich wirkt all dies einer Rehabilitation entgegen. Und ob es dem Patienten bewußt ist oder nicht, diese Umstände *verstärken* die Schmerzen.

Es gibt noch zwei weitere Faktoren im Zusammenhang mit Rechtsstreitigkeiten, die Probleme verursachen können. Der eine ist die Anspannung, die damit verbunden ist, in juristische Auseinandersetzungen verwickelt zu sein. Der Kläger will gewinnen; die angeklagte Person oder Firma will nicht verlieren. Die daraus resultierenden Streitigkeiten und Feindseligkeiten führen zu Verspannungen, und diese wiederum verschlimmern die Schmerzen. Der andere Faktor betrifft die beträchtlichen Geldsummen, um die es in den Gerichtsverfahren geht. Die Aussicht auf einen großzügigen Schadenersatz ist nicht nur für den Patienten, sondern auch für seinen Rechtsanwalt und die Familie selbst in der Regel von großer Bedeutung. Das kann dazu beitragen, daß die gelernte Komponente der Schmerzen sich verstärkt.

Ein zusätzliches Problem bei Rechtsstreitigkeiten ist das Mißtrauen, das sofort in deren Zusammenhang auftaucht. Allein schon die Verwicklung in ein Gerichtsverfahren reicht für manche Menschen aus, Ihnen zu unterstellen, die Schmerzen aus verschiedenen Gründen behalten zu wollen. Dies bringt Sie in die wenig beneidenswerte Position, daß andere, ob sie nun mit dem Rechtsstreit zu tun haben oder nicht, von Ihnen glauben, daß Sie sich die Schmerzen nur einbilden oder sie übertreiben. Viele Ärzte zum Beispiel sind automatisch mißtrauischer gegenüber den Motiven ihrer Patienten, wenn diese in einen Rechtsstreit verwickelt sind.

All dies vorausgesetzt, müssen Sie sich fragen, ob sich das alles wirklich lohnt. Ihr Engagement im Rechtsstreit steht Ihrer Rückkehr in ein normales Leben entgegen und fördert Ihr Weiterleben in der chronischen Schmerzfalle. Ist ein Rechtsstreit all das wert? Ist irgendetwas, selbst Geld, es wert, daß Sie dafür Gesundheit und Glück verlieren? Der Druck, der durch einen Rechtsstreit auf Ihnen lastet, ist so groß, daß es fast unmöglich ist, den Konsequenzen des Lernens und den ungünstigen Wirkungen im Hinblick auf ihr Schmerzproblem zu entgehen. Denken Sie sorgfältig darüber nach.

Muskelverspannungen

Verspannungen und Ängste verursachen Schmerzen nicht nur, sondern verschlimmern sie auch. Dies ist eine wohlbekannte Tatsache. Obwohl es sich dabei um zwei verschiedene Dinge handelt und das eine auch ohne das andere existieren kann, geht beides oft Hand in Hand.

Halten Sie sich selbst für verspannt oder ängstlich? Überlegen Sie, ob Sie eines der folgenden Symptome an sich beobachten können: harte und schmerzhafte Muskulatur im Nacken- oder Schulterbereich, Spannungskopfschmerzen, Schwindelgefühle, Herzrasen, Schwierigkeiten mit der Atmung, Beklemmungen im Brustraum oder zitternde Hände? Machen Sie sich zu viele Sorgen, quälen Sie sich mit geringfügigen Problemen herum, haben Sie Schwierigkeiten, sich zu entspannen, oder können Sie abends vor lauter Grübeln nicht einschlafen? Wenn Sie eines der genannten Symptome haben, könnten Verspannungen Ihr Schmerzproblem verschlimmert oder sogar verursacht haben. (Wenn Sie es noch nicht getan haben, sollten Sie unbedingt Ihrem Arzt von diesen Symptomen berichten, denn in manchen Fällen können diese mit anderen gesundheitlichen Problemen zusammenhängen, die behandelt werden sollten.)

Wenn Sie Verspannungen oder Beklemmungen haben, könnte das Erlernen einer Technik, die man ‹Progressives Muskelentspannungstraining› nennt, eine große Hilfe für Sie bedeuten. Wenn Sie diese richtig üben und anwenden, können Sie dadurch lernen, sich schnell und wirkungsvoll zu entspannen und Beklemmungen zu vermeiden. In Kapitel 10 wurden einige kurze Entspannungsübungen dargestellt, die bei Spannungsschmerzen in einigen spezifischen Muskeln angewandt werden können. Das ‹Progressive Muskelentspannungstraining› beinhaltet im wesentlichen dieselben Vorgänge. Diese werden jedoch vollständiger und systematischer auf den gesamten Körper angewendet. Es kann Spaß machen, dies zu lernen und anzuwenden. Mit dem Üben der Entspannungstechniken ist es wie mit jeder Ausbildung: Sie werden erst mit zunehmendem Training immer besser. Ziel ist, zu verhindern, daß Sie sich verspannen und unter Beklemmungen leiden, und damit zu bewirken, daß Sie anders auf die Probleme in Ihrem Leben reagieren. Sie können Entspannungstechniken beispielsweise auch bei einem Psychologen erlernen. Bitten Sie die nächstgelegene Schmerzklinik oder Ihren Hausarzt um eine Überweisung.

Zusammenfassung

Alle möglichen Probleme können mit Schmerzen einhergehen. Einige der häufiger auftretenden wurden hier beschrieben: sexuelle Probleme, Beziehungsprobleme, Schwierigkeiten im Umgang mit anderen Menschen, Versagensängste, berufliche Schwierigkeiten, Alkohol, Rechtsstreitigkeiten und Verspannungen. Durch Wechselwirkungen können diese Faktoren ein Schmerzproblem verstärken, entweder indem Sie es verkomplizieren oder dadurch, daß der Schmerz ermöglicht, der Konfrontation mit anderen Problemen aus dem Weg zu gehen. Die obige Liste ist keinesfalls vollständig. Letztlich kann jedes Problem im Leben mit den Schmerzen in Wechselwirkung treten. Wichtig dabei ist zu erkennen, welche anderen Probleme überhaupt existieren, und zu versuchen, diese im Rahmen Ihres Selbsthilfeprogramms zu verändern und zu korrigieren. In den ‹Literaturhinweisen› auf den Seiten 215–217 finden Sie Angaben zu Selbsthilfebüchern für alle angesprochenen Probleme. Auch eine Therapie kann ein geeignetes Mittel sein, solche Probleme zu lösen. Psychologen oder Therapeuten finden Sie mit Hilfe der nächstgelegenen Schmerzklinik (siehe Anhang), Ihres Hausarztes oder der Beratungsstellen.

Die Lösung anderer Probleme ist besonders wichtig für Menschen, die unter chronischen Schmerzen leiden. Wenn Sie nicht vorher oder parallel an deren Lösung arbeiten, werden die Selbsthilfeansätze in diesem Buch wahrscheinlich nicht funktionieren. Andere Probleme, die mit dem Schmerz zusammenhängen, werden ständig Ihrer Rehabilitation entgegenstehen. Vorausgesetzt jedoch, Sie sind willens, die notwendige Mühe zu investieren, lassen sich die richtigen Lösungen für solche Probleme fast immer finden.

12. Es geht voran...

Wie viele und welche Fortschritte Sie machen werden, läßt sich im voraus kaum einschätzen. Der einzige Weg, herauszufinden, was dieses Programm Ihnen bringt, besteht darin, es auszuprobieren. Wenn Sie es nie ernsthaft versuchen, wird es auch nicht funktionieren. Viele ehemalige Patienten haben angedeutet, daß sie sich über das Verfahren zunächst sehr unsicher waren, es aber ausprobieren wollten. Als die Techniken tatsächlich *wirkten*, waren sie dann angenehm überrascht.

Es gibt zwei grundlegende Ziele dieses Programms: zu lernen, ein aktiveres, normaleres Leben zu führen, und die Bedeutung des Schmerzes in Ihrem Leben zu reduzieren. Welchen Nutzen Sie aus diesem Selbsthilfeprogramm auch immer gezogen haben – wenn Sie sich diesen bewahren wollen, müssen Sie Ihre Fortschritte zunächst in diesem Bereich einschätzen. Es gibt drei Möglichkeiten:

1. Sie haben überhaupt keine Fortschritte gemacht,
2. Sie haben kleine Fortschritte gemacht, oder
3. Sie haben große Fortschritte gemacht.

Wenn Sie keines Ihrer Ziele erreicht haben, könnte es sein, daß in Ihrem Fall ein Selbsthilfebuch kein ausreichendes Mittel darstellt. Manche Menschen brauchen die Hilfe von Fachkräften, mit denen sie die Probleme durcharbeiten, Ideen entwickeln und Vorgehensweisen diskutieren können und die Ihre Anstrengungen positiv verstärken. In den einführenden Kapiteln wird der Vorschlag gemacht, daß Ihr Arzt vielleicht dieses Buch mit Ihnen zusammen liest und Sie dabei unterstützt, wenn Sie mit den Programmen arbeiten. Außerdem werden Ihnen im Anhang dieses Buches Schmerzkliniken genannt, an die Sie sich um Hilfe wenden können. Einige Kliniken betreuen ihre Patienten ambulant; in anderen wiederum können Sie auch stationär aufgenommen werden und dort ein Programm ähnlich dem hier beschriebenen absolvieren, nur mit dem Unterschied, daß Sie sich in einer entsprechend strukturierten Umgebung befinden und daß Ihnen viele Fachkräfte dabei zur Seite stehen. Wie bereits erwähnt, kann Ihnen auch ein Psychologe an Ihrem Wohnort weiterhelfen.

Wenn Sie durch die Anwendung dieses Buches zumindest einige Fortschritte gemacht haben, ist es wichtig, daß Sie diese Fortschritte beibehalten und nicht wieder in die chronische Schmerzfalle gehen. Denken Sie daran, daß Ihr Problem *chronisch* ist. Chronische Krankheiten werden nicht geheilt, man kann sie aber unter Kontrolle halten. Sie müssen Ihre Techniken kontinuierlich anwenden: Das Ab- und Umschalten von Gedanken, das Planen von Aktivitäten, die Selbststärkung, die Entspannung, anderen gegenüber kein Wort über die Schmerzen verlieren und so weiter. Diese Art zu denken und zu handeln muß ein Teil Ihrer selbst *und* Ihrer Familie werden. Sie müssen sie *ständig* durchführen und daran weiterarbeiten. Dies ist weniger anstrengend, als es sich anhört. Nach ausreichender Übung laufen diese Prozesse ziemlich automatisch ab. Und sie sind sicher weniger anstrengend als chronische Schmerzen. Wenn Ihnen die Techniken geholfen haben, einige Fortschritte zu machen, wird Ihnen die Praxis zweifellos helfen, auch weiterhin einen Nutzen daraus zu ziehen.

Wenn Ihre Fortschritte außergewöhnlich groß waren, ist es genauso wichtig, Ihre Übungen und Techniken weiterhin durchzuführen. Natürlich ist eine normale Lebensführung an sich schon eine Belohnung. Die neuen Verhaltensweisen, die Sie gelernt haben, werden Sie vielleicht allein schon deshalb beibehalten, weil Sie dadurch ein erfüllteres und befriedigenderes Leben führen können. Durch gesünderes Verhalten eröffnen sich Ihnen neue Perspektiven im Hinblick auf ein zufriedeneres Leben. Bestimmte Aktivitäten zur Aufrechterhaltung dieses Zustands sind allerdings immer noch ratsam, um sicherzustellen, daß die Verbesserung auch von Dauer ist.

Gut wäre es, Ihren Fortschritt mindestens einmal im Monat anhand eines Fortschrittsberichts (siehe gegenüberliegende Seite) zu überprüfen. Wenn Sie alle Fragen in diesem Arbeitsblatt mit ‹ja› beantworten können, haben Sie weitere Fortschritte gemacht. Wenn Sie auf irgendeine Frage mit ‹nein› antworten, sollten Sie zum entsprechenden Abschnitt zurückkehren, ihn aufs neue lesen und dem dargestellten Vorgehen noch einmal folgen. Lassen Sie gelegentlich auch Ihren Partner

Bericht über Ihre Fortschritte

Antworten Sie auf die folgenden Fragen mit ‹ja› oder ‹nein›, um Ihre Fortschritte zu verfolgen. Wenn Sie auf irgendeine Frage mit ‹nein› antworten, lesen Sie das angegebene Kapitel noch einmal nach.

1. Sind Sie jeden Tag ziemlich aktiv? **(Kapitel 5)** _____
2. Wenn Sie Medikamente nehmen, tun Sie das nach einem regelmäßigen Plan? **(Kapitel 7)** _____
3. Konnten Sie es vermeiden, die Arzneimittelmenge zu erhöhen? **(Kapitel 7)** _____
4. Vermeiden Sie es, an Ihre Schmerzen zu denken. **(Kapitel 8)** _____
5. Vermeiden Sie es, Gespräche über Ihre Schmerzen zu führen. **(Kapitel 8)** _____
6. Vermeiden Sie es, Ihre Schmerzen zu zeigen. **(Kapitel 8)** _____
7. Ziehen Sie sich jeden Morgen an? **(Kapitel 8)** _____
8. Können Sie eine angemessene Strecke zu Fuß gehen? **(Kapitel 5)** _____
9. Können Sie eine angemessene Zeit sitzen? **(Kapitel 5)** _____
10. Schaffen Sie es, die Schmerzen aus allem herauszuhalten, was Sie tun wollen? **(Kapitel 5)** _____
11. Vermeidet es Ihre Familie tatsächlich, über Ihre Schmerzen oder andere Probleme zu reden? **(Kapitel 9)** _____
12. Haben Sie regelmäßig angenehme Beschäftigungen eingeplant und genossen? **(Kapitel 6)** _____
13. Versuchen Sie, sich selbst jeden Tag zu loben? **(Kapitel 6)** _____
14. Wenn Sie Muskelverspannungen haben, machen Sie häufig Entspannungsübungen? **(Kapitel 10)** _____
15. Haben Sie andere Probleme, die vielleicht Ihre Schmerzen verschlimmern, gelöst, oder sind Sie dabei, sie zu lösen? **(Kapitel 11)** _____

Beispiel für eine Erfolgs-Checkliste

Notieren Sie hier Ihre Übungen und Techniken aus diesem Selbsthilfebuch, die Sie anwenden und an deren Durchführung Sie sich erinnern wollen, ebenso wie die Zeiten, zu denen Sie sie durchführen wollen. Prüfen Sie an jedem Wochentag, ob Sie die Übung oder Technik so angewandt haben, wie Sie es vorhatten.

Verhalten	Datum						
Schmerz-cocktail	16.3. Mo	17.3. Di	18.3. Mi	19.3. Do	20.3. Fr	21.3. Sa	22.3. So
8.00	✓	✓	✓	✓	✓	✓	✓
13.00	✓	✓	✓	✓		✓	✓
18.00	✓	✓	✓	✓	✓	✓	✓
Entspannungs-übungen	✓	✓			✓	✓	✓
Gehen ½ km pro Tag	✓	✓	✓	✓	✓	✓	✓
Selbstlob (Kartei-karten lesen, 2 mal pro Tag)		✓ ✓	✓ ✓	✓		✓ ✓	✓ ✓
Schmerzen nicht erwähnt	✓	✓	✓		✓	✓	✓

Meine Erfolgs-Checkliste

Notieren Sie hier Ihre Übungen und Techniken aus diesem Selbsthilfebuch, die Sie anwenden und an deren Durchführung Sie sich erinnern wollen, ebenso wie die Zeiten, zu denen Sie sie durchführen wollen. Prüfen Sie an jedem Wochentag, ob Sie die Übung oder Technik so angewandt haben, wie Sie es vorhatten.

Verhalten	Datum						

oder ein anderes Familienmitglied den Fortschrittsbericht für Sie ausfüllen, und hören Sie sich seine Meinung über Ihre Fortschritte an. Dadurch können Sie Ihren Erfolg objektiver einschätzen und außerdem Ihre Familie daran erinnern, daß sie mitverantwortlich für den Erhalt Ihrer Fortschritte ist.

Außerdem können Sie Ihre eigene Erfolgs-Checkliste entwickeln, so wie auf Seite 213 aufgeführt. Notieren Sie die Teile des Programms, die Sie erfolgreich absolviert haben, und checken Sie die Liste täglich durch, um sicherzustellen, daß Sie den Anleitungen gefolgt sind.

Die Grundsätze, die in diesem Buch dargestellt sind, müssen auf Ihre individuellen Umstände und Ihren Lebensstil zugeschnitten sein, und wie Sie das im einzelnen tun, ist Ihre Sache. Nur Sie selbst können sich selber helfen. Nur Sie selbst können die Verantwortung dafür übernehmen, daß Ihre Schmerzen nachlassen. Niemand anders kann das für Sie übernehmen. Dieses Buch hat Ihnen einige Techniken vorgeschlagen, die viele andere Menschen als nützlich empfunden haben. Ob diese bei Ihnen auch funktionieren, werden Sie nur herausfinden, wenn Sie sie ausprobieren. Und wenn sie funktionieren, so werden sie das auch nur dann weiterhin tun, wenn Sie sie auf Dauer praktizieren, Ihre Fortschritte beobachten und aufzeichnen.

Das ganze Buch hindurch wurden Sie als ‹Patient› oder ‹Schmerzpatient› bezeichnet. Aber wenn Sie das Programm in den vorausgehenden Kapiteln gelesen, aufgenommen und durchgeführt haben, sollten Sie sich nicht länger als *Patienten* ansehen. Sie erwarten nicht mehr passiv Hilfe von anderen. Sie helfen sich nun aktiv selber und entwikkeln Strategien, wie Sie mit den Schmerzen leben können. Sie sorgen dafür, daß Ihre chronischen Schmerzen nachlassen und Sie in Ihrem Leben Befriedigung und Erfüllung erfahren.

Anhang

Literaturhinweise

Diese kleine Auswahl von Büchern zu Themenkomplexen, die in einer engen Beziehung zu Ihrem chronischen Schmerzgeschehen stehen können, soll Ihnen Möglichkeiten zur Selbsthilfe eröffnen.

Alkoholprobleme

W. Feuerlein u. F. Dittmar: Wenn Alkohol zum Problem wird; Trias 1982

H. Harsch: Hilfe für Alkoholiker und andere Drogenabhängige; Kaiser/Grunewald; 1984

G. Krause u. W. Weikert: Alkoholismus – Ein Ratgeber; rororo Bd. 7449

S.-L. Neuendorff u. J. Schiel: Al-Anon: Selbsthilfe für Angehörige von Alkoholkranken; Fischer Tb Bd. 3361

H. Nullmeyer: Ich heiße Erika und bin Alkoholikerin; Fischer Tb Bd. 3808

Depression

F. F. Flach: Depression als Lebenschance – Seelische Krisen und wie man sie nutzt; rororo Bd. 7168

R. Merkl: Nie mehr deprimiert – Selbsthilfeprogramm zur Überwindung negativer Gefühle, mvg 1987

C. Monden-Engelhardt: Depressionen; Econ Tb Bd. 20201

K. Nairne u. G. Smith: Leiden an der Wirklichkeit – Frauen und Depressionen; rororo Bd. 8358

E. Opitz: Horch in das Dunkel – Ein Bericht über eine Depression; Fischer Tb Bd. 5193

P. Russianow: Warum nicht einfach glücklich sein – Wege aus Schuldgefühlen, Depression und Angst; Heyne Tb Bd. 17/27

Entspannung und Stressbewältigung

C. L. Cooper: Streßbewältigung; dtv Bd. 15027

D. Hales: Schlafen wie ein Murmeltier. Natürliche Wege zum erholsamen Schlaf; rororo Bd. 8528

D. Juli und M. Engelbrecht-Greve: Stressverhalten ändern lernen – Programm zum Abbau psychosomatischer Krankheitsrisiken; rororo Bd. 7193

M. Kjellrup: Bewußt mit dem Körper leben – Eutonie: durch Spannungsabbau zu Harmonie und Wohlbefinden; Goldmann Bd. 10304

E. Müller: Auf der Silberlichtstraße des Mondes – Autogenes Training mit Märchen zum Entspannen und Träumen; Fischer Tb Bd. 3363

I. H. Schultz: Übungsheft für das Autogene Training – Konzentrative Selbstentspannung; Trias 1987

L. Schwäbisch u. M. Siems: Selbstentfaltung durch Meditation; rororo Bd. 8321

U. Sollmann: Bioenergetik in der Praxis – Streßbewältigung und Regeneration; rororo Bd. 8484

K. Thomas: Praxis des Autogenen Trainings. Selbsthypnose nach J. H. Schultz; Trias 1989

T. Tulku: Selbstheilung durch Entspannung; Scherz 1987

Fitness/Gesundheit/Sportliche Betätigung

K. H. Cooper: Bewegungstraining; Fischer Tb Bd. 1104

M. u. K. H. Cooper: Bewegungstraining für die Frau; Fischer Tb Bd. 1608

H. Cotta: Der Mensch ist so jung wie seine Gelenke; Piper; SP 275

M. Feldenkrais: Bewußtsein durch Bewegung; Suhrkamp st 429

J. Gavin: Welcher Sport für wen? – Mehr Spaß und Lebensfreude durch Ihren typgerechten Sport; BLV; 1989

Th. Hettinger: Fit sein, fit bleiben. Isometrisches Muskeltraining für den Alltag; Trias 1989

Isometrische Gymnastik; Econ Tb Bd. 20241

Kommunikations- und Beziehungsschwierigkeiten

F. Schulz von Thun: Miteinander reden: Störungen und Klärungen; rororo Bd. 7489

F. Schulz von Thun: Miteinander reden 2: Stile, Werte und Persönlichkeitsentwicklung; rororo Bd. 8496

L. Schwäbisch u. M. Siems: Anleitung zum sozialen Lernen für Paare, Gruppen und Erzieher; rororo Bd. 6846

R. A. Spitz: Vom Dialog; dtv/Klett-Cotta (Bd. 15047)

R. Stalmann: Guten Tag, Traurigkeit – Ein psychologisches Brevier über den Umgang mit sich selber und mit anderen; Fischer Tb Bd. 3242

Lebensänderung

D. Beck: Krankheit als Selbstheilung; Suhrkamp Bd. st 1126

H. Hegewisch: Jetzt oder nie – Schock und Chance des Neubeginns; Rowohlt 1988

M. Lüscher: Das Harmoniegesetz in uns – Ein neuer Weg zu innerem Gleichgewicht und sinnerfülltem Leben; Heyne Tb Bd. 17/1

F. Teegen, A. Grundmann u. A. Röhrs: Sich ändern lernen – Anleitungen zur Selbsterfahrung und Verhaltensmodifikation; rororo Bd. 6931

Partnerprobleme und Familie

G. R. Bach u. P. Wyden: Streiten verbindet – Spielregeln für Liebe und Ehe; Fischer Tb Bd. 3321

U. Beer: Spinnenweib und Scherbenhaufen – Kriegsspiele zwischen ihm und ihr; Heyne Tb Bd. 17/31

N. Branden: Liebe für ein ganzes Leben; rororo Bd. 7867

H. J. Eysenck: Das Partnerbuch – Anleitung zum Glücklichsein; Goldmann Bd. 6877

A. Heigl-Evers u. F. Heigl: Gelten und Geltenlassen in der Ehe; Fischer Tb Bd. 42128

E. Jaeggi u. W. Hollstein: Wenn Ehen älter werden – Liebe, Krise, Neubeginn; Piper Bd. SP 867

M. L. Moeller: Die Wahrheit beginnt zu zweit – Das Paar im Gespräch; Rowohlt 1988

J. Selby: Einander finden; rororo Bd. 7991

C. R. Rogers: Partnerschule; Kindler 1975

Selbstbewußtsein und Selbstbehauptung

G. R. Bach u. H. Goldberg: Keine Angst vor Aggression – Die Kunst der Selbstbehauptung; Fischer Tb Bd. 3314

L. Z. Bloom, K. Coburn u. J. Pearlman: Die selbstsichere Frau – Anleitung zur Selbstbehauptung; rororo Bd. 7281

N. Branden: Ich liebe mich auch – Selbstvertrauen lernen; rororo Bd. 8486

J. Kirschner: So wehrt man sich gegen Manipulation; Knaur; 1987

P. Lauster: Lassen Sie sich nichts gefallen; Econ Tb Bd. 23026

G. Ritter: Psycho-Training; Heyne Bd. 08/9522

P. G. Zimbardo: Nicht so schüchtern; mvg 1986

Sexuelle Probleme

L. Barbach: Mehr Lust. Gemeinsame Freude an der Liebe; rororo Bd. 8378

C. Botwin: Sex in der Ehe – Für eine lust- und liebevolle Partnerschaft; mvg 1988

A. Comfort: Joy of Sex – Freude am Sex; Ullstein Bd. 20148

Schmerztherapeutische Einrichtungen in der Bundesrepublik Deutschland

In der folgenden Aufstellung finden sich sowohl niedergelassene Ärzte, die sich vor allem der Schmerztherapie verschrieben haben, als auch Klinikambulanzen, die häufig sogar zusätzlich die Möglichkeit der stationären Aufnahme bieten.

Sehr viele dieser Einrichtungen arbeiten nur auf Überweisung Ihres Hausarztes. Wollen Sie sich also an eine dieser Ambulanzen oder Arztpraxen wenden, informieren Sie sich doch vorher über die Modalitäten (Anruf genügt, die jeweilige Telefonnummer finden Sie zusammen mit den Adressen auf den folgenden Seiten).

Bei der Zusammenstellung der Einrichtungen wurde darauf geachtet, daß Sie dort, wenn Sie wollen, auch psychologische Hilfe erhalten können. Diese ist häufig bei der Überwindung eines chronischen Schmerzproblems von hervorragender Bedeutung.

Die Ordnung der Schmerztherapieeinrichtungen erfolgte zur besseren Übersicht nach Postleitzahlen.

Diese Liste erhebt nicht den Anspruch auf Vollständigkeit. Die Angaben sind ohne Gewähr.

1000	Berlin 21 Turmstr. 21 (030)3937629	Dr. med. A. Ernst Krankenhaus Moabit Schmerzambulanz
2000	Hamburg 20 Woldsenweg 3 (040)487717	Dr. med. H. A. Baar Dr. phil. F. Hoppe
2000	Hamburg 1 Jakobikirchhof 9 (040)330902	Dres. med. D. u. E. Jungck
2000	Hamburg 76 Alfredstr. 9 (040)257980	Dr. med. K. Schilling Marienkrankenhaus
2000	Hamburg 73 Hermann-Balk-Str. 117 (040)6444848	Dr. med. R. Zimmermann Dr. med. G. Schwartz
2300	Kiel Schwanenweg 21 (0431)5972971	Abt. für Anästhesiologie im Klinikum der Universität

2400	Lübeck Ratzeburger Allee 160 (0451)500–3286	Institut für Anästhesiologie der Medizin. Universität Schmerzambulanz
2407	Bad Schwartau Am Hochkamp 21 (0451)26621	Dr. med. H. Hoffmann Schmerzpraxis Agnes-Karll-Krankenhaus
2850	Bremerhaven Wiener Str. 1 (0471)4805421	Dr. med. H. Kayser Dr. med. H. Munkel Bereich Schmerztherapie St.-Joseph-Hospital
3000	Hannover 51 Podbielskistr. 380 (0511)6461–651	Prof. Dr. med. I. Pichlmayr Schmerzambulanz
3200	Hildesheim Kurzer Hagen 18–20 (05121)33080	Dres. med. A. u. M. Jankovic
3400	Göttingen Robert-Koch-Str. 40 (0551)398816	Dr. med. J. Hildebrandt Dipl.-Psych. C. Franz Ambulanz für Schmerzbehandlung Universitätsklinik
3500	Kassel Städt. Kliniken (0561)803–1/3263	Dr. med. K. Böhme Schmerzambulanz Städt. Kliniken Kassel
4000	Düsseldorf 1 Moorenstr. 5 (02101)3118101	Zentrum für Anästhesiologie der Universität
4040	Neuss-Grimlingshausen Bonner Str. 56 (02101)32683	Dr. med. L. Funke
4400	Münster Albert-Schweitzer-Str. 33 (0251)838016	Prof. Dr. G. Brune Klinik für Neurologie der Universität

4400	Münster Albert-Schweitzer-Str. 33 (0251)837255	Dr. med. Dipl. Psych. I. Grabow Klinik für Anästhesiologie der Universität
4500	Osnabrück Natruper-Tor-Wall 1 (0541)3234348	Prof. Dr. med. H. Kreuscher Inst. für Anästhesiologie der Städt. Kliniken
4630	Bochum 1 Gilsingstr. 14 (0234)3026825	Prof. Dr. med. M. Zenz Krankenanstalten «Bergmannsheil» Schmerzambulanz
4690	Herne 1 Hölkeskampring 40 (02323)499-414/409	Klinik für Anästhesiologie Marienhospital Herne
4800	Bielefeld 13 Königsweg 5 (0521)14429-60/61	Dr. med. A. Krau Klinik für Anästhesiologie u. op. Intensivmedizin Schmerzambulanz
4950	Minden Friedrichstr. 17 (0571)8010	Dr. med. J. Meyer Inst. für Anästhesiologie Klinikum Minden
5000	Köln 41 Joseph-Stelzmann-Str. 9 (0221)4784884	Dr. med. D. Zech Inst. für Anästhesiologie der Universität
5100	Aachen Pauwelstr. (0241)8088251	Med. Einrichtungen der RWTH Schmerzambulanz
5600	Wuppertal Heusner Str. 40 (0202)566456	Dr. med. R. Pothmann Klinikum Barmen
5804	Herdecke Beckweg 4 (02330)62-3078/3501	Dr. med. H. C. Müller-Busch Gemeinschaftskrankenhaus Schmerzambulanz

6000	Frankfurt/M. Roßmarkt 23 (069)2998800	Dres. med. T. u. L. Flöter Schmerztherapeut. Kolloqium e. V.
6000	Frankfurt/M. Schleusenweg 2–16 (069)6301–5939	Prof. Dr. med. G. Thomalske Zentrum der Neurologie und Neurochirurgie der Universität
6200	Wiesbaden Aukammallee 33 (06121)577–0/304/413	Deutsche Klinik für Diagnostik
6200	Wiesbaden Rheintalstr. 10 (06121)420665	Dr. med. U. Mohr Dr. med. Hiller-Kempter
6300	Gießen Friedrichstr. 24 (0641)702–3507	Funktionsbereich Schmerztherapie der Universität
6400	Fulda Pacelliallee 4 (0661)848–03/21	Prof. Dr. H.-P. Richter Prof. Dr. H. D. Langohr Städt. Kliniken
6500	Mainz Auf der Steig 14–16 (06131)838–0	DRK Schmerz-Zentrum
6650	Homburg/Saar (06841)162443	Inst. für Anästhesie der Universitätskliniken
6900	Heidelberg Im Neuenheimer Feld 110 (06221)566254	Dr. med. M. V. Fischer Schmerzzentrum der Universität
6990	Bad Mergentheim Schönbornstr. 10 (07931)54930	Prof. Dr. med. R. Leeser Schmerztherapiezentrum
7400	Tübingen 1 Hoppe-Seyler-Str. 3 (07071)292051	Neurolog. Univ.-Klinik

7400	Tübingen 1 Poststr. 2–4 (07071)35194	Dr. med. A. Linke Dr. med. W. Larbig
7525	Bad Schönborn Waldparkstr. 20 (07253)31865	Dr. med. R. Wörz Schmerzzentrum
7710	Donaueschingen Alte Wolterdinger Str. 68 (0771)8511	Baar-Klinik Fachklinik für Verhaltensmedizin und Psychosomatik
7750	Konstanz Luisenstr. 7 (07531)801–409/323	Dr. med. D. Covic Zentrum für Schmerzbehandlung Anästhesie II/Krankenanstalten
7900	Ulm Prittwitzstr. 43 (0731)179–4119/4149	Schmerzambulanz Universitätsklinik für Anästhesiologie
7928	Giengen/Brenz Heidenheimer Str. 49 (07322)7088	J. Schimek
8000	München 81 Cosimastr. 4 (080)916039	Dr. med. M. Gessler
8000	München 80 Möhlstr. 28 (089)4140–4643	Prof. Dr. med. A. Struppler Neurologische Klinik der Technischen Universität
8520	Erlangen Schwabachanlage 6 (09131)854455	Neurologische Universitätsklinik; interdisziplin. Schmerzambulanz

In Österreich wenden Sie sich bitte an:

A–1130	Wien Speisinger Str.	Prof. Dr. med. H. Tilscher Orthopädisches Spital

In der Schweiz können Sie sich wenden an:

CH-5400	Baden Mellingerstr. 1	Dr. med. Ch. Meyer